Orden de embargo

Orden de embargo

Una historia real de blanqueo de dinero,
asesinatos y resistencia frente a Vladímir Putin

Bill Browder

Traducción de Ana Herrera

Rocaeditorial

Título original en inglés: *Freezing Order*

© 2022, Hermitage Media Limited

Primera edición: junio de 2022

© de esta traducción: 2022, Ana Herrera
© de esta edición: 2022, Roca Editorial de Libros, S. L.
Av. Marquès de l'Argentera 17, pral.
08003 Barcelona
actualidad@rocaeditorial.com
www.rocalibros.com

Impreso por LIBERDÚPLEX, S.L.U.
Printed in Spain – Impreso en España

ISBN: 978-84-19283-10-8
Depósito legal: B. 10575-2022

RE83108

Para mi mujer y mis hijos, que me han apoyado,
alentado y amado mientras se desarrollaban los
acontecimientos aquí narrados. Sé que no ha sido
fácil, pero os estoy eternamente agradecido a todos.

Nota del autor

Esta es una historia real que seguramente ofenderá a personas muy poderosas y peligrosas. Para proteger a los inocentes, se han cambiado algunos nombres, ubicaciones y detalles.

Índice

Orden de embargo: un procedimiento legal que impide que un acusado traslade sus activos fuera del alcance de un tribunal.

1

El arresto de Madrid

Primavera de 2018

*E*n Madrid hacía un frío poco habitual para finales de la primavera. Yo había volado allí para reunirme con José Grinda, el fiscal jefe anticorrupción de España, y compartir con él pruebas de que el dinero negro relacionado con el asesinato de mi abogado ruso, Serguéi Magnitski, se había usado para comprar propiedades de lujo a lo largo de toda la Costa del Sol española. La reunión estaba prevista para las once de la mañana siguiente, que en España es una hora temprana.

Cuando llegué a mi hotel aquella noche, el director salió al mostrador de recepción y apartó al empleado.

—¿El señor Browder? —me preguntó. Yo asentí—. Bienvenido al Gran Hotel Inglés. ¡Tenemos una sorpresa muy especial para usted!

Me alojo en muchos hoteles. No es habitual que el director tenga sorpresas para mí.

—¿De qué se trata? —pregunté.

—Ya lo verá. Le acompañaré a su habitación. —Hablaba en un cuidado inglés—. Por favor, ¿podría usted entregarme su pasaporte y su tarjeta de crédito?

Le tendí ambos. Examinó mi pasaporte y pasó la tarjeta de crédito, una American Express negra de la que había sido beneficiario recientemente, por un lector de chips. Me tendió la llave de una habitación con las dos manos ahuecadas, con un estilo vagamente japonés, y salió de detrás del mostrador. Levantó el brazo y me dijo:

—Por favor. Detrás de usted.

Fui hasta el ascensor, con el director justo detrás de mí. Subimos al piso más alto.

Él se apartó cuando se abrió la puerta, dejándome espacio para que saliera primero, pero en cuanto estuve en el vestíbulo pasó por delante de mí y se detuvo ante una puerta blanca. Trasteó un momento con su llave maestra y abrió. Miré dentro. Me habían subido de categoría, a una suite presidencial. Estaba seguro de que aquello no era por el hecho de ser yo, sino por la tarjeta nueva de American Express. Siempre me había preguntado por qué se armaba tanto jaleo con esas cosas. Pues bien, ya lo sabía.

—Guau —dije.

Entré en el vestíbulo y pasé a un salón blanco decorado con muebles modernos y de buen gusto. En una mesita de centro había un surtido de quesos españoles, jamón ibérico y fruta. El director dijo que era un honor tenerme como huésped, aunque yo dudaba de que supiera nada de mí, aparte del tipo de tarjeta de crédito que llevaba.

Me fue enseñando toda la habitación, buscando mi aprobación. Había un comedor, en cuya mesa se habían colocado pasteles, chocolate y champán en un cubo de hielo; después pasamos a la sala de lectura, con una pequeña biblioteca privada y una sala de estar con un bar con cubierta de cristal; después un pequeño despacho con una luz amortiguada, y finalmente el dormitorio, que tenía una bañera exenta colocada bajo una alta ventana.

Tuve que contenerme para no reír. Por supuesto, me encantaba la habitación, ¿a quién no le habría gustado? Pero estaba en Madrid para un viaje de negocios de una sola noche. La comida que me habían puesto bastaba para alimentar a media docena de personas. Además, si el director hubiese conocido la naturaleza de mi visita (hablar con los agentes de la ley sobre el tipo de gánsteres rusos que solían reservar a menudo habitaciones como aquella), probablemente no se habría mostrado tan entusiasta. Aun así, no quería ser maleducado. Cuando hubimos vuelto al vestíbulo asentí, agradecido.

—Muy bonito todo —dije—. Gracias.

En cuanto se hubo ido llamé a Elena, mi mujer, que estaba en casa en Londres con nuestros cuatro hijos, y le conté lo de la habitación, lo extravagante y ridícula que era, y que ojalá hubiera estado allí conmigo.

Después de nuestra llamada, me cambié, me puse unos vaqueros y un jersey ligero y salí a dar un paseo por las calles de Madrid, preparándome mentalmente para mi reunión con José Grinda al día siguiente. Al final, sin embargo, me perdí por las callejuelas y plazas que eran como un laberinto, y tuve que coger un taxi para que me llevara de vuelta al hotel.

La mañana del día siguiente amaneció radiante y soleada. A diferencia del día anterior, iba a hacer mucho calor.

Hacia las ocho y cuarto yo ya había comprobado todos mis documentos y tarjetas y abrí la puerta para bajar a desayunar.

Pero me detuve de repente.

El director estaba ante mí, a punto de llamar.

A ambos lados del director se encontraba un policía uniformado. Las insignias de sus impecables camisas azul marino decían: POLICÍA NACIONAL.

—Discúlpeme, señor Browder —dijo el director, mirando el suelo—. Pero estos señores necesitan ver su identificación.

Le tendí mi pasaporte británico al más alto de los dos oficiales, de rostro pétreo. Lo examinó, lo comparó con un papel que llevaba en la otra mano y le dijo algo al director en español que no entendí.

El director me lo tradujo.

—Lo siento mucho, señor Browder, pero tiene usted que acompañar a estos hombres.

—¿Para qué? —pregunté, mirando más allá del director.

Él se volvió hacia el oficial más alto y le dijo algo en español.

El policía, mirándome directamente, declaró: «Interpol. Rusia».

Joder.

Los rusos llevaban años intentando arrestarme, y ahora finalmente lo iban a conseguir.

Percibes unas cosas muy extrañas cuando te sube la adrenalina. Yo noté que había luz fuera, en el extremo del vestíbulo, y que el director tenía una pequeña mancha en la solapa. También

17

observé que el director no parecía tan contrito como preocupado. Seguro que no era por mí. Lo que le preocupaba era que su suite presidencial estuviera inhabilitada mientras contuviese mis pertenencias. Quería sacar mis cosas lo antes posible.

Habló rápidamente con los dos policías y luego dijo:

—Estos caballeros le darán unos momentos para que haga el equipaje.

Corrí por la serie de habitaciones hacia el dormitorio, dejando a los policías esperando en la entrada. De repente me di cuenta de que estaba solo y tenía una oportunidad. Si había pensado que el cambio a una habitación mejor era frívolo antes, ahora me parecía una auténtica bendición.

Llamé a Elena, pero no contestó.

Entonces llamé a Ruperto, mi abogado español, que había arreglado la reunión con el fiscal Grinda. Tampoco me respondió.

Corrí a hacer el equipaje recordando algo que me había dicho Elena después de que me detuvieran en el aeropuerto de Ginebra en el mes de febrero: «Si te vuelve a ocurrir algo semejante —me dijo ella— y no puedes contactar con nadie, ponlo en Twitter». Empecé a usar Twitter un par de años antes, y entonces tenía unos 135000 seguidores, muchos de ellos periodistas, funcionarios del Gobierno y políticos de todo el mundo.

Seguí sus instrucciones y tuiteé: «Urgente: acabo de ser arrestado por la policía española en Madrid, con una orden de detención de la Interpol rusa. Voy a la comisaría ahora mismo».

Cogí mi bolsa y volví con los dos policías que me aguardaban. Esperaba que me arrestasen formalmente, pero no se comportaron como los policías de las películas. No me pusieron unas esposas, ni me registraron, ni me quitaron mis cosas. Sencillamente, me dijeron que les siguiera.

Bajamos las escaleras sin decirnos una sola palabra. Los policías se quedaron detrás de mí mientras pagaba la cuenta. Otros huéspedes nos miraban mientras pasaban por el vestíbulo.

El director, detrás del mostrador de nuevo, rompió el silencio.

18

—¿Quiere dejar su bolsa aquí, señor Browder, mientras estos señores le llevan a comisaría? Estoy seguro de que se solucionará rápidamente.

Sabiendo lo que yo sabía sobre Putin y Rusia, estaba seguro de que no sería así.

—No, me la llevaré, gracias —le respondí.

Me volví hacia los oficiales, que se pusieron uno delante y otro detrás de mí. Me llevaron hasta su pequeño coche de policía Peugeot. Uno me cogió la bolsa y la puso en el maletero, el otro me empujó ligeramente hacia el asiento trasero.

Se cerró la portezuela.

Una pantalla de plexiglás me separaba de los oficiales. El asiento de atrás era de plástico duro, como los de un estadio. No había manijas en las puertas, ni forma alguna de abrir las ventanas. El interior estaba impregnado de un hedor a sudor y orina. El conductor puso en marcha el coche, y el otro oficial las luces y las sirenas. Salimos.

En cuanto empezaron a sonar las sirenas del coche de policía, se me ocurrió una idea terrible. ¿Y si aquellas personas no eran oficiales de policía? ¿Y si de alguna manera habían conseguido unos uniformes de policía y un coche y estaban suplantando a policías de verdad?

¿Y si, en lugar de llevarme a la comisaría, me estaban llevando a una pista de aterrizaje, me metían en un avión privado y me llevaban directamente a Moscú?

Aquella no era una simple fantasía paranoica. Había sufrido docenas de amenazas de muerte, e incluso varios años antes un funcionario del Gobierno de Estados Unidos me advirtió de que estaban planeando una entrega extrajudicial para mí.

Me latía muy deprisa el corazón. ¿Cómo iba a salir de aquello? Empecé a preocuparme de que las personas que hubieran visto mi tuit no lo creyeran. Quizá pensaran que alguien me había hackeado la cuenta, o que el tuit era una broma.

Afortunadamente, los oficiales de policía (o quienesquiera que fuesen) no me habían quitado el teléfono.

Saqué el móvil del bolsillo de mi chaqueta y disimuladamente hice una foto a través del plexiglás, captando la parte de atrás de la cabeza de los dos policías y su radio policial, montada en el salpicadero. Tuiteé la imagen inmediatamente.

19

Si alguien hubiese dudado de mi arresto antes, ciertamente, no lo harían entonces.

Bill Browder ✔
@Billbrowder

In the back of the Spanish police car going to the station on the Russian arrest warrant. They won't tell me which station

«En la parte de atrás de un coche de policía español, yendo hacia la comisaría con la orden rusa de arresto. No me han dicho qué comisaría.»

8.36 a.m. 30 de mayo de 2018. Twitter para iPhone.

Bill Browder, vía Twitter (© BILL BROWDER)

Mi teléfono estaba silenciado, pero al cabo de unos segundos se iluminó. Empezaron a llegar llamadas de periodistas de todas partes. Yo no podía responder a ninguna, pero entonces llamó mi abogado español. Tenía que hacerle saber lo que estaba pasando, de modo que me agaché mucho detrás de la mampara y puse la mano hueca encima del teléfono.

—Estoy arrestado —susurré—. Voy en un coche patrulla.

Los policías me oyeron. El conductor apartó el coche a un lado de la calzada. Ambos hombres salieron al momento. Se abrió mi portezuela y el oficial más alto me sacó a la calle. Agresivamente me cacheó y me confiscó los dos teléfonos que llevaba.

—¡Teléfonos no! —gritó el oficial más bajo—. ¡Está arrestado!

—Abogado —le dije yo.

—¡Abogado no!

El hombre más alto me volvió a meter a empujones en el coche y cerró la puerta. Partimos de nuevo, recorriendo las calles de Madrid.

¿Abogado no? ¿Qué demonios significaba eso? Estábamos en un país europeo. Estaba seguro de que tenía derecho a un abogado.

Examiné las calles, buscando alguna señal de comisaría de policía. No había ninguna. Intenté convencerme a mí mismo: «No me han secuestrado. No me han secuestrado. No me han secuestrado». Pero, por supuesto, podía ser un secuestro, perfectamente.

Dimos un giro brusco y de repente quedamos metidos detrás de un camión aparcado en doble fila. Cuando el coche quedó al ralentí, me entró el pánico e intenté buscar desesperadamente una vía de escape. Pero no había ninguna.

Al final salió el conductor del camión de un edificio cercano, vio las luces del coche de policía que relampagueaban y trasladó su vehículo, apartándolo del camino. Continuamos serpenteando por las estrechas calles más de quince minutos. Finalmente fuimos aminorando al llegar a una plaza vacía.

Nos detuvimos ante un edificio de oficinas anodino. No había personas allí ni señal alguna de que fuera una comisaría de policía. Los oficiales salieron del coche y, de pie uno junto al otro, me ordenaron que saliera.

—¿Qué estamos haciendo aquí? —les pregunté, cuando salí.

—Examen médico —me gritó el oficial más bajo.

«¿Examen médico?» Nunca había oído decir que te hicieran un examen médico cuando te arrestaban.

Notaba las palmas de las manos mojadas por un sudor frío. Se me erizaron los pelos de la nuca.

Por nada del mundo entraría voluntariamente en un edifi-

21

cio sin letrero alguno para someterme a un examen de ningún tipo. Si era un secuestro, y estaba empezando a creer que lo era, podía imaginarme lo que había dentro: una oficina blanca muy iluminada con una camilla de metal, una mesa pequeña con un surtido de jeringuillas y unos rusos con trajes baratos. Una vez en el interior, me inyectarían algo. Y a continuación me despertaría en una prisión rusa. Mi vida habría terminado.

—¡No, examen médico no! —grité con todas mis fuerzas. Apreté los puños cuando el instinto de luchar o huir se apoderó de mí. No me había peleado a puñetazos desde que iba al colegio, cuando era el niño más bajito de un internado en Steamboat Springs, Colorado, pero de repente me sentía perfectamente preparado para un enfrentamiento físico con aquellos hombres, si eso significaba evitar que me secuestraran.

Pero en aquel momento algo cambió en su conducta. Uno de los oficiales se acercó mucho a mí mientras el otro hacía una frenética llamada con su móvil. Habló por teléfono un par de minutos y, después de colgar, escribió algo. Me lo enseñó. Google Translate. Decía: «Protocolo estándar de examen médico».

—Una mierda. Quiero a mi abogado. ¡Ahora!

El otro me respondió, rotundamente:

—Abogado no.

Me apoyé en el coche y apreté los pies contra el suelo. El que llevaba el teléfono hizo otra llamada y luego exclamó algo en español. Antes de que me pudiera dar cuenta, habían abierto la portezuela del coche y me empujaron otra vez dentro.

Volvieron a poner en marcha las luces y las sirenas. Salimos de la plaza y fuimos en una dirección distinta. Pronto nos vimos metidos de nuevo entre el tráfico, esta vez delante del Palacio Real, entre una multitud de autobuses y colegiales. O bien me iban a secuestrar o a arrestar, pero el mundo exterior no se daba cuenta de nada y disfrutaba de una excursión visitando los puntos de interés.

Diez minutos más tarde entramos en una calle estrecha en la que se veían aparcados coches de policía a ambos lados. Una señal azul oscuro decía POLICÍA, sobresaliendo de la parte lateral de un edificio muy desgastado de piedra y ladrillo rojo.

Aquellos oficiales eran policías de verdad. Estaba en un sistema europeo legal auténtico, y no en manos de unos secuestradores rusos. Al menos se me permitiría seguir un proceso claro, antes de que hubiese alguna posibilidad de ser extraditado a Moscú.

Los oficiales me sacaron del coche y me llevaron al interior. Había un aire palpable de emoción en aquella comisaría. Desde su perspectiva, habían seguido la pista y arrestado con éxito a un fugitivo internacional buscado por la Interpol, cosa que probablemente no ocurría todos los días en aquella pequeña comisaría del centro de Madrid.

Me dejaron en la sala de tramitación y pusieron mi maleta en un rincón. Colocaron mis teléfonos boca abajo encima de un mostrador. Uno de los oficiales del arresto me ordenó que no tocara nada. Era difícil. Mis teléfonos sonaban y se iluminaban con mensajes, tuits y llamadas no respondidas. Me alivió ver que mi situación estaba obteniendo tanta atención.

Mientras estaba allí sentado, solo, la gravedad de mi situación empezó a hacer mella en mí. Quizá no me hubiesen secuestrado, pero estaba en el sistema de justicia criminal español, con una orden de arresto rusa. Temía un momento como aquel desde hacía años. Me habían explicado muy bien cómo funcionaría el proceso. El país del arresto llamaría a Moscú y diría: «Tenemos a su fugitivo. ¿Qué quieren que hagamos con él?». Rusia respondería: «Extradítenlo». Rusia tendría cuarenta y cinco días para presentar una petición formal de extradición. Yo entonces tendría treinta días para responder, y los rusos tendrían otros treinta días para contestar a mi respuesta.

Con los inevitables retrasos, me esperaba un mínimo de seis meses de estancia en una calurosa celda española antes de ser liberado o enviado a Rusia.

Pensé en mi hija de doce años, Jessica. Solo una semana antes la había llevado a un viaje que le había prometido hacía mucho tiempo a los Cotswolds, en Inglaterra, solos los dos. Pensaba en mi hija de diez años, Veronica, a quien había prometido un viaje similar, pero que tendría que esperar mucho, mucho tiempo. Pensé en mi hijo mayor, David, que ya era estudiante de Stanford, y que se estaba empezando a construir una vida propia. Hasta ahora había llevado muy bien todos mis problemas con Rusia, pero estaba seguro de que iría siguiendo aquella odisea por Twitter, muerto de preocupación.

Pensé en mi mujer y lo que debía de estar sintiendo en aquel momento.

Veinte largos minutos después, una mujer joven entró en la sala y se sentó a mi lado.

—Soy la intérprete —dijo en inglés sin acento español.

—¿Cuándo podré hablar con mi abogado? —le pregunté.

—Lo siento, yo solo traduzco. Quería presentarme. —Se levantó y se fue. Ni siquiera me dijo su nombre.

Diez minutos después, ella volvió con un oficial de policía que parecía de alto rango. Este se situó a mi lado y me entregó la hoja de mi acusación, escrita en inglés. Bajo las leyes de la Unión Europea, a cualquiera que fuese arrestado se le debía entregar su acusación en su lengua nativa.

Me incliné sobre aquella hoja de papel. Era un impreso estándar, excepto un pequeño espacio para indicar los supuestos delitos que yo había cometido. La única palabra que se veía allí era «fraude». Nada más.

Me eché atrás. La silla de madera crujió. Miré al oficial y a la intérprete. Esperaban algún tipo de reacción, pero los rusos llevaban tanto tiempo acusándome de delitos mucho más graves que aquel, que la simple acusación de fraude casi no tuvo impacto sobre mí. Me sorprendía que hubiesen empezado tan discretamente.

Una vez más, les pregunté si podía hablar con mi abogado. La intérprete me contestó: «A su debido tiempo».

En aquel momento, una conmoción estalló en el vestíbulo. Un oficial a quien no había visto antes irrumpió en una habitación adyacente llena de personas con uniforme. La puerta se cerró de golpe. El oficial y la intérprete que estaban conmigo se miraron y luego desaparecieron, dejándome solo de nuevo.

Cinco minutos más tarde, la puerta que conducía a la sala llena de oficiales se abrió. Empezó a salir la gente. Llamé a la intérprete, que se asomó a mi habitación.

—¿Qué está pasando? —le supliqué. Ella me ignoró y se fue.

Unos minutos más tarde, el oficial de alto rango que me había entregado mi acusación volvió a entrar en la sala, con la intérprete detrás, ambos con la cabeza gacha. Él le dijo algo a ella en español, y ella se volvió hacia mí y me dijo:

—Señor Browder, el secretariado general de la Interpol en Lyon nos acaba de enviar un mensaje. Nos han ordenado que le pongamos en libertad. La orden de detención no es válida.

Mi estado de ánimo se elevó al momento. Sonó mi teléfono. Me puse de pie.

—¿Puedo usar el móvil ahora?

—*Sí*. —No necesitaron traducírmelo.

Cogí el documento de acusación junto con mis teléfonos. Tenía 178 llamadas perdidas. Había un mensaje del secretario británico de Asuntos Exteriores, Boris Johnson, pidiéndome que le llamara lo antes posible. Todos los medios de información (ABC, Sky News, la BBC, CNN, *Time*, el *Washington Post*) querían saber qué estaba pasando. Lo mismo ocurría con Elena, David y amigos de todo el mundo, incluyendo varios de Rusia. Envié un texto a Elena diciéndole que estaba bien y que la llamaría muy pronto. Hice lo mismo con David y mis colegas de oficina en Londres.

Salí a la parte abierta de la comisaría de policía. El humor había cambiado mucho. Pensaban que habían cogido a un Carlos el Chacal de la era moderna y ahora se les iba a escapar.

Al menos pude contactar con mi abogado español. Mientras estaba sentado en la comisaría, él había estado muy ocupado llamando a todo el que conocía del sistema legal español, sin resultado.

Lo que me salvó fue Twitter. Mis tuits generaron cientos de llamadas de teléfono a la Interpol y las autoridades españolas, que pronto se dieron cuenta del lío impresionante en el que se habían metido.

Cuando salí de la comisaría, los oficiales que me arrestaron aparecieron tímidamente ante mí con la intérprete.

—Les gustaría que borrase usted el tuit en el que se veía su foto. ¿Le parecería bien? —me pidió ella.

—¿Transgrediría yo alguna ley si no lo hiciera? —Ella tradujo. Los policías se encogieron de hombros—. Entonces no, no pienso hacerlo.

El tuit sigue ahí todavía hoy en día.

Me ofrecieron llevarme a mi hotel en coche. Me eché a reír.

—No, gracias. Esta dura experiencia ha hecho que llegue cuarenta y cinco minutos tarde a una reunión… con José Grinda.

Cuando oyeron ese nombre todos se quedaron blancos. Prácticamente se atropellaron unos a otros para ofrecerme llevarme en coche al despacho de Grinda.

Acepté. Esta vez fuimos en un vehículo mucho más bonito.

Menos de media hora más tarde entrábamos en el despacho del fiscal. Me recibió en el vestíbulo el propio fiscal Grinda en persona. Se disculpó profusamente, avergonzado por haberme invitado a acudir a Madrid para aportar pruebas contra unos delincuentes rusos y acabar arrestado por sus colegas siguiendo una orden de esos mismos delincuentes.

Me llevó a su despacho, donde le conté la historia de Serguéi Magnitski, mi abogado ruso, que había contado ya muchas veces antes. Le expliqué que, en 2008, Serguéi fue tomado como rehén por funcionarios rusos corruptos y al final lo mataron en prisión como representante mío. Hablé con las personas que habían asesinado a Serguéi y se habían aprovechado del fraude de la devolución de 230 millones de dólares en impuestos que él había desenmascarado. Le expliqué que se había utilizado parte de ese dinero para comprar propiedades por valor de 33 millones de dólares a lo largo de la costa española.

Por el brillo en los ojos del fiscal Grinda, vi que se tomaba muy en serio todo lo que yo le estaba contando. Cuando terminó nuestra reunión, me sentí confiado en que había conseguido otro aliado en Occidente… y que la Rusia de Putin había perdido unas cuantas capas más de su maltrecha credibilidad.

2

La flauta

1975

¿Cómo acabé metido en semejante lío?

Pues todo empezó con una flauta. Una flauta de plata de ley, para ser más exactos. Me la regalaron para mi decimoprimer cumpleaños. Era un regalo de mi tío favorito, llamado también Bill, flautista aficionado y profesor de matemáticas en Princeton.

A mí me encantaba mi flauta. Me encantaba el aspecto que tenía, la sensación que me daba tenerla entre las manos. Los sonidos que producía. Pero no se me daba demasiado bien tocarla. Practicaba todo lo que podía, eso sí, y así pude ocupar la plaza de última flauta en la orquestra del colegio, que ensayaba tres veces a la semana.

La escuela era la Lab School, en Hyde Park, en el South Side de Chicago. Mi familia vivía en una casa de ladrillo rojo a cuatro manzanas de la Universidad de Chicago, donde, como mi tío, mi padre era profesor de matemáticas. Por aquel entonces, Hyde Park era un barrio duro, y las zonas circundantes, peores todavía. De niños, nos habían enseñado que no debíamos cruzar jamás la calle 63 hacia el sur, Cottage Grove hacia el oeste o la calle 47 hacia el norte. Hacia el este se encontraba el lago Míchigan. Siempre preocupada por la seguridad de sus profesores y sus familias, la universidad tenía contratada una impresionante fuerza policial privada, y habían instalado teléfonos de seguridad en cada esquina. Combinados con el Departamento de Policía de

Chicago (CPD por sus siglas en inglés), había más policías *per capita* en Hyde Park que en cualquier otra comunidad de Estados Unidos.

A causa de toda esa seguridad, mis padres me dejaban ir andando al colegio solo todos los días.

Una mañana de la primavera de 1975, cuando iba de camino al colegio, se me acercaron tres adolescentes mucho mayores que yo. Uno de ellos señaló la funda de la flauta que llevaba en la mano izquierda y me dijo:

—Eh, chico, ¿qué llevas en esa funda?

Yo sujeté mi flauta con las dos manos.

—Nada.

—Seguro que no es nada —dijo el otro, riéndose—. ¿Por qué no me dejas ver lo que hay dentro?

Antes de que pudiera responder, otro chico me agarró, y el tercero fue a coger la flauta. Yo intenté soltarme, pero no me sirvió de nada. Eran tres y yo solo tenía once años. Al final el mayor de ellos cogió el estuche y me lo arrancó de las manos. Entonces se volvieron y echaron a correr.

Fui tras ellos un par de manzanas, pero luego atravesaron la calle 63 y desaparecieron. Yo corrí hasta el teléfono universitario policial más cercano y les expliqué lo que había pasado. Al cabo de pocos minutos llegaron dos coches patrulla de la policía universitaria, y poco después también apareció la CPD.

Dos oficiales de policía de Chicago me acompañaron a casa, hasta nuestra puerta de entrada, y llamaron al timbre.

Abrió mi madre.

—¿Qué pasa? —dijo desde la puerta, mirándonos a los tres por turno. Yo me eché a llorar.

—Unos chicos le han robado su instrumento musical, señora —dijo uno de los oficiales. Ella le dio las gracias por traerme a casa y me metió dentro. Cuando ya cerraba la puerta, uno de los oficiales le preguntó si yo haría una declaración con la descripción de los chicos.

Ella no respondió de inmediato. Me pareció que no quería que lo hiciera. Limpiándome las lágrimas de los ojos, insistí. «Quiero hacerlo, Eva» (mi hermano y yo teníamos la extraña costumbre de llamar a nuestros padres por su nombre de pila). Discutimos unos segundos y al final ella cedió y de mala gana hizo sentar a los oficiales a la mesa de nuestra cocina.

Respondí sus preguntas mientras uno de ellos tomaba notas en un pequeño bloc. Cuando se fueron, mi madre me dijo que ya no volvería a saber nada más de la Policía de Chicago sobre mi flauta.

Pero un mes más tarde me llamó la policía. Habían arrestado a tres chicos intentando vender instrumentos musicales robados en una tienda de empeños. Coincidían con la descripción que yo les había dado. Mi flauta había desaparecido, pero la policía quería saber si yo estaría dispuesto a acudir a la comisaría para una rueda de reconocimiento.

Mi madre no quería problemas, pero yo me mostré muy terco, y un poco después estábamos en el antiguo Buick Century de camino a la comisaría.

Cuando llegamos, un oficial joven nos condujo a través de una serie de salas vacías y sucias hasta una pequeña habitación a oscuras con una ventana de cristal que daba a otra habitación adyacente. El policía nos explicó que nosotros podríamos ver a los jóvenes que estaban al otro lado, pero ellos no nos podrían ver a nosotros.

—¿Es alguno de esos chicos uno de los que te robaron la flauta? —me preguntó el oficial.

Los tres estaban allí, de pie junto a otros chicos. Uno de ellos incluso llevaba el mismo jersey rojo de manga corta que aquel día.

—Son esos —dije, señalando a cada uno de ellos.

—¿Estás seguro?

—Sí, completamente. —Nunca olvidaría sus caras.

—Bien —dijo, volviéndose hacia mi madre—. Señora, nos gustaría que su hijo testificara contra esos individuos.

—Ni hablar —dijo ella.

Yo le tiré de la manga.

—No. Yo quiero hacerlo. —Esos chicos habían hecho algo malo, y yo pensaba que debían pagarlo.

Dos meses más tarde fuimos en coche hasta el Tribunal de Menores del condado de Cook, un edificio nuevecito en Roosevelt Road, al otro lado de la calle de la oficina del FBI en Chicago. La audiencia fue en una sala grande y moderna. Las únicas personas que estaban allí eran los tres chicos, sus madres, el juez, un defensor público, el ayudante del fiscal del distrito, mi madre y yo.

Los tres chicos se comportaban como si no tuvieran preocupación alguna en este mundo. Iban alborotando, e incluso después de que empezara a hablar el juez, seguían cuchicheando y riéndose. Sin embargo, cuando el fiscal me pidió que los identificara, las bromitas se terminaron, y todos se me quedaron mirando fijamente.

No había ninguna defensa, en realidad. Después de que yo explicara lo que había pasado, el juez los encontró a los tres culpables de robo. Pero en lugar de enviarlos a un correccional, el juez les suspendió la sentencia a los tres, y con eso quería decir que no pasarían ni un solo día entre rejas.

Yo no recuperé nunca mi flauta, y el incidente me apartó completamente de la música.

Pero me conectó por el contrario con algo completamente distinto: el mundo de la ley.

Desde ese momento me obsesioné con todo lo que tuviera que ver con la policía.

En mi camino diario al colegio pasaba junto a un restaurante griego que se llamaba Agora, en la calle 57. Observé que siempre había coches de patrulla de la policía aparcados justo delante. A menudo me preguntaba qué estarían haciendo allí.

Un día reuní el valor suficiente para entrar y verlo por mí mismo. Le pregunté a la cajera si podía ir al baño. Ella me dijo que sí. Al acercarme a los lavabos, vi a dos grupos de oficiales de policía sentados juntos bebiendo café y mirando unas hojas de papel que contenían fotos de hombres y mujeres con un aspecto terrorífico.

De vuelta del baño, secándome las manos en la parte delantera de los pantalones, intenté echar otro vistazo a los papeles que tenían los policías. ¿Quiénes serían esas personas de las fotos?

Cuando volví a casa registré mi habitación en busca de monedas sueltas, y al día siguiente, de vuelta a casa desde el colegio, fui de nuevo al Agora. Esta vez me senté en una mesa junto a los policías, pedí un refresco y eché unas miradas furtivas a aquellos documentos.

Yo no sabía disimular bien. Un policía grueso de mediana edad me vio y me dijo, muy serio:

—Eh, no puedes mirar eso. Es confidencial.

Yo miré mi refresco y di un largo trago.

Los oficiales se echaron a reír. Otro de los policías dijo:

—Ven, chico. —Yo estaba seguro de que me había metido en un problema. Pero, por el contrario, me dijo—: No hagas caso a ese tío. Está de broma. ¿Quieres echar un vistazo?

Yo asentí, tímidamente. Él me enseñó algo que llamó la «hoja de arrestos» de aquel día. En un lado estaban los números de matrícula de coches robados recientemente. En el otro se veían fotos y descripciones de fugitivos a los que perseguía la Policía de Chicago, junto con los delitos que supuestamente habían cometido. Aquel día, en la hoja de arrestos aparecían dos personas buscadas por asesinato, una por violación y dos por asalto a mano armada.

Yo no sabía lo que significaba aquello exactamente, pero sonaba muy peligroso. Y emocionante también. Cada foto era una ventana a una historia terrible, y yo quería saber más al respecto.

El policía amistoso vio que yo estaba interesado.

—¿La quieres? —me preguntó. Yo asentí—. Es tuya. Vuelve mañana si quieres más.

Y eso hice. Recogí otra hoja de arrestos. Y otra, y otra más. En junio de aquel año ya tenía más de cien. Estaba tan entusiasmado que uno de los oficiales me preguntó si quería unirme a algo que llamaban Patrulla de Policía Juvenil de Chicago.

Sin saber siquiera lo que era, exclamé:

—¡Sí!

Al siguiente año escolar, cada jueves por la tarde, me reunía con otros chicos que vivían en la zona de Chicago para asistir a charlas de criminología, policía y carreras relacionadas con el cumplimiento de la ley.

Como ocurre con otros intereses infantiles, el mío se fue desvaneciendo hasta que llegó un momento en que se me olvidó.

Entonces no sabía que más adelante el cumplimiento de la ley se convertiría en parte central de mi vida.

31

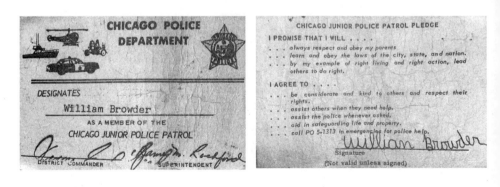

Tarjeta de miembro de la Patrulla de la Policía Juvenil de Chicago.
(© BILL BROWDER)

3

John Moscow

1989-2008

Catorce años más tarde me gradué en la Facultad de Empresariales de Stanford. Era 1989, el mismo año en que cayó el Muro de Berlín. Tres años después entré a trabajar en el departamento de Europa del Este del banco de inversiones americano Salomon Brothers en Londres. Las oportunidades eran tan grandes en aquella parte del mundo que en 1996 me trasladé a Moscú para poner en marcha un fondo de cobertura llamado Hermitage Fund. Lo llamé así por el Museo del Hermitage en San Petersburgo, donde Rusia mantiene sus tesoros artísticos más preciados.

Llevar el fondo no fue algo fácil. Las empresas en las que invertí fueron desvalijadas por oligarcas rusos y funcionarios corruptos.

Mis compatriotas de los mercados financieros aceptaban sin rechistar todo eso como el coste inevitable de hacer negocios con Rusia, y nadie decía nada. Pero yo no podía aceptar que un grupito de personas pudieran robárselo prácticamente todo a todo el mundo y se salieran con la suya. Me parecía como lo de mi flauta, pero a una escala mucho mayor.

Decidí luchar. En lugar de centrarme solamente en los resultados y hojas de balance de las empresas, como los directores normales de fondos, mi equipo y yo investigamos cuánto dinero se había robado, cómo consiguieron llevar a cabo el robo los ladrones y quién se había embolsado el dinero. Usaríamos esa información para presentar denuncias, iniciar batallas por poderes e informar a los ministerios del Gobierno del daño que se estaba causando a su país.

Estas actividades tuvieron algo de impacto, pero nuestra arma más efectiva fue airear los trapos sucios en la prensa internacional.

Yo no pretendía detener por completo los robos. Simplemente, tenía que crear la presión suficiente para que hubiera un cambio mínimo. Las acciones de las empresas estaban tan infravaloradas que cualquier mejora haría que su valoración subiera estratosféricamente.

Este enfoque de hacer denuncias públicas resultó ser notablemente provechoso, y el Hermitage Fund se convirtió en uno de los fondos de inversión libre que mejores resultados obtenían del mundo. En la cima de mi carrera, era responsable de 4500 millones de dólares invertidos en valores rusos.

Pero, por supuesto, desenmascarar a los oligarcas corruptos no me hizo demasiado popular en Rusia. Y llegó un momento en que mis actos condujeron a una serie de desastrosas consecuencias.

En noviembre de 2005, Putin declaró que yo era una amenaza para la seguridad nacional y me expulsó de Rusia. Para proteger los activos de mis clientes, mi equipo liquidó las propiedades del fondo en Rusia. También evacué a mi equipo y sus familias, incluyendo nuestro oficial jefe de operaciones, Ivan Cherkasov, y nuestro jefe de investigación, Vadim Kleiner, a Londres, y esta evacuación resultó clarividente.

Dieciocho meses más tarde, nuestra oficina en Moscú fue asaltada por docenas de oficiales del Ministerio del Interior ruso, dirigidos por un tal teniente coronel Artem Kuznetsov. Al mismo tiempo, el Ministerio del Interior también tomó por asalto la oficina de mi abogado en Moscú. Los artículos que se llevaron incluían los sellos y certificados para nuestras empresas de inversiones, que probaban nuestra propiedad. (Los sellos eran dispositivos mecánicos destinados a realizar impresiones en relieve en papel: no se podía hacer negocio en ninguna empresa sin ellos.) Estos fueron entregados entonces al comandante Pavel Karpov, también del Ministerio del Interior. Mientras estos artículos estuvieron en su custodia, fueron usados para registrar de nuevo fraudulentamente la propiedad de nuestros *holdings* de inversión a nombre de un grupo de violentos exconvictos.

Como habíamos liquidado nuestros activos, esos *holdings* estaban vacíos, de modo que su robo no fue un importante golpe financiero. La cosa podría haber quedado así, pero las autoridades rusas habían abierto un expediente criminal contra mi colega Ivan Cherkasov como pretexto para las redadas. Si Ivan hubiese vivido todavía en Rusia, este caso habría sido desastroso para él. Seguramente le habrían detenido y arrestado. Sin embargo, aunque estuviera a salvo en Londres, teníamos que defenderle, o si no sufriría las consecuencias.

Ivan Cherkasov. (© HERMITAGE)

35

Para hacerlo contratamos a un equipo de abogados defensores rusos. Trabajando juntos, ellos encontraron rápidamente pruebas de que las acusaciones contra Ivan habían sido falsificadas.

En el proceso, sin embargo, nuestros abogados hicieron un descubrimiento asombroso. La gente que había robado nuestros *holdings* también había falsificado documentos que aseguraban que esas empresas poseían de mil a tres mil millones de empresas fantasma vacías. Dichas empresas fantasma demandaron a nuestras empresas robadas en tres tribunales rusos distintos por esos mil millones de dólares ficticios. Unos abogados que también trabajaban para los criminales representaban tanto a los demandantes como a los acusados, que se declararon culpables. Entonces unos jueces corruptos aprobaron las demandas fraudulentas sin hacer preguntas, en unas vistas que duraron apenas cinco minutos.

No sabíamos qué hacer con todas esas demandas fraudulentas, pero como había implicados oficiales de policía corruptos en este caso, esperábamos que en cuanto informásemos de ellos al aparato policial ruso, ellos y sus socios criminales serían arrestados y acusados, y se cerraría el caso contra Ivan.

A principios de diciembre de 2007 presentamos tres demandas criminales separadas en Rusia, nombrando a los funcionarios implicados en el fraude, incluidos Kuznetsov y Karpov. Sin embargo, en lugar de realizar una investigación real, el Ministerio del Interior asignó a Karpov el caso, para que se investigara a sí mismo. Su primera acción «investigadora» fue presentar una acusación criminal contra mí. A continuación me puso en la lista nacional de personas buscadas por la policía.

Cuanto más ahondaban nuestros abogados, peor se ponían las cosas. En junio de 2008 uno de ellos, Serguéi Magnitski, descubrió que los delincuentes habían utilizado nuestras empresas robadas y sus falsas demandas para solicitar un reintegro de impuestos fraudulento de 230 millones de dólares. Era la misma cantidad de impuestos que habían pagado nuestras empresas en 2006, después de liquidar nuestros *holdings* en Rusia. La solicitud de reintegro fue aprobada en un solo día, la Nochebuena de 2007, y el reembolso se pagó dos días después. Una gran cantidad fue transferida a un oscuro banco ruso llamado Universal Savings Bank. En conjunto era la devolución de impuestos más cuantiosa de toda la historia de Rusia.

El Universal Savings Bank era propiedad de una figura enigmática llamada Dmitri Klyuev, y en realidad no se podía llamar «banco». Estaba clasificado como el 920.º de mayor tamaño de Rusia, con una sola sucursal y un capital total de 1,5 millones de dólares. Era más bien una empresa fantasma especializada en blanquear dinero negro que una institución financiera legítima.

Nuestros abogados presentaron nuevas demandas, esperando que hubiera una respuesta diferente. Quizá al Gobierno

36

ruso no le importase que un extranjero fuera estafado, pero ciertamente se sentirían ofendidos por el robo del dinero de su propio país. Por el contrario, hubo aún más represalias.

Los delincuentes despacharon a dos de sus socios a Londres, que fueron a la empresa de envíos DHL, oficina de Lambeth, un barrio al otro lado del Támesis desde Westminster. Desde allí enviaron documentos que se habían usado en el fraude a uno de los abogados rusos en Moscú. Pusieron «Hermitage Capital Management, 2 Golden Square, Londres, Inglaterra» como dirección del remitente en el paquete. El objetivo era que pareciese que nosotros habíamos enviado los documentos fraudulentos desde nuestro despacho en Londres a nuestros abogados en Moscú.

Casi en cuanto se entregó el paquete, el Ministerio del Interior llegó a la oficina de nuestro abogado en Moscú y se «apoderó» de los documentos.

Después, nuestros abogados fueron convocados para su interrogatorio por el Ministerio del Interior. La imagen iba cristalizando. Nuestros adversarios iban a procesarnos por el robo de los 230 millones de dólares, y nuestros abogados estaban en la línea de tiro. Dos de ellos huyeron de Rusia rápidamente y se fueron a Londres, al abrigo de la noche, pero uno de ellos, Serguéi Magnitski, se quedó. Le rogamos que se fuera también, pero no quiso. Creía que Rusia iba a cambiar a mejor, y que el imperio de la ley le protegería al final.

Si iba a quedarse y luchar, necesitaría refuerzos.

El mundo está lleno de abogados defensores, pero lo que nosotros necesitábamos era un abogado de ataque. Mientras buscaba, cuatro personas por separado me dieron el mismo nombre: John Moscow. Me echaba a reír cada vez que lo oía.

John Moscow había servido en la oficina del fiscal del distrito de Nueva York durante treinta y tres años, y era uno de sus fiscales con más empuje. Había llevado luchas contra la corrupción nacional y contra delitos financieros internacionales. Era famoso por ser el fiscal principal contra el Banco de Crédito y Comercio Internacional, que estuvo en el centro de uno de los mayores escándalos de blanqueo de dinero de la historia. También dirigió la acusación contra los ejecutivos de Tyco, un conglomerado de Estados Unidos cuyo CEO (primer ejecutivo) y CFO (director financiero) fueron hallados culpables de

37

robar cientos de millones de fondos corporativos de la empresa. A mediados de los 2000, John Moscow se dedicó a la práctica privada, y finalmente se unió a la oficina en Nueva York del prestigioso bufete legal internacional BakerHostetler.

Yo contacté con BakerHostetler en septiembre de 2008 para programar una cita con John Moscow. Su secretaria me dijo que casualmente estaba en el Reino Unido asistiendo a un acto que se llamaba Conferencia Criminológica de Cambridge. Ella se ofreció a propiciar que nos visitara cuando estuviera en Inglaterra.

El hombre que llegó a nuestro despacho unos días después no parecía el implacable luchador contra el delito del que me hablaba todo el mundo. Era un hombre de una altura por debajo de la media, con el cabello canoso y un ojo vago. Su aspecto solo se podía describir como raro.

Intenté hablar de cosas sin importancia, pero él no quiso o no supo seguir la conversación. Solo cuando le entregué una larga presentación en PowerPoint que mostraba la cronología del fraude se empezó a animar y a hacer preguntas.

John Moscow.
(© /BLOOMBERG/GETTY IMAGES)

—Ese tal teniente coronel Kuznetsov... —dijo, apoyando el dedo en la foto del hombre que había dirigido la batida a nuestras oficinas—. Necesitamos probar lo que ocurrió en ese asalto, y dónde aparecieron todas esas cosas después.

—No hay problema —le dije—. En realidad, dejaron un inventario de lo que se llevaban.

Él sonrió.

—¿Es un documento oficial?

—Sí, lo es. —Rusia es burocrática hasta la obsesión—. Siguen la pista de todo.

—Eso nos ayudará mucho. —Hojeó un poco las páginas de nuestra presentación—. Y ahora, esos sellos y certificados...

—Sí, se usaron para volver a registrar la propiedad de las empresas.

—Si todo esto llega a juicio en Estados Unidos, necesitará a alguien que conozca las leyes rusas para describir cómo funcionan esos sellos empresariales. ¿Se le ocurre alguien?

Me gustaba cómo pensaba aquel hombre. La idea de un juicio en Estados Unidos era mucho más de lo que había considerado siquiera cuando le llamé.

—Estoy seguro de que Serguéi Magnitski testificaría —dije—. Es uno de los mejores abogados de Rusia.

—Bien. La clave para que una acusación tenga éxito es la calidad de las pruebas y la credibilidad de los testigos.

—¿Le molesta que tengamos que ir en contra de algunas personas realmente peligrosas? —le pregunté.

—Bill, he pasado muchísimo tiempo encerrando a tipos malos. Es lo que sé hacer.

Entendí entonces de dónde venía su reputación.

Decididamente, lo quería de nuestro lado.

39

4

Pisadas en la nieve

Verano de 2008-otoño de 2009

*E*l 2 de octubre, el Ministerio del Interior ruso abrió casos criminales contra los dos abogados de Hermitage que habían huido a Londres. A cada uno de ellos se le acusó de utilizar poderes falsos como abogados para presentar querellas criminales sobre el robo de nuestras empresas. Les dijeron que era ilegal que ellos representaran a nuestras empresas, ya que estas ya no nos pertenecían. El Ministerio del Interior en realidad estaba diciendo que la única persona que tenía derecho a denunciar el robo de un coche era la persona que lo había robado.

Ese cinismo ofendió tanto a Serguéi que cinco días más tarde, y a pesar del obvio peligro, apareció ante el Comité Estatal de Investigación ruso (la versión rusa del FBI) para poner todos los hechos encima de la mesa. En un esfuerzo por exonerar a sus colegas, testificó que el mismo grupo criminal que había robado nuestras empresas también había robado los 230 millones de dólares.[1]

Después de su testimonio, Serguéi hizo otro descubrimiento asombroso. Encontró documentos que demostraban que un año antes del delito de los 230 millones de dólares,

---

1. Fue su segundo viaje al Comité Estatal de Investigación. Durante el primero, en junio de 2008, prestó testimonio contra Karpov y Kuznetsov por su papel en el robo de los *holdings* de inversiones Hermitage, mencionando por su nombre a los dos funcionarios del Ministerio del Interior veintisiete veces.

el mismo grupo criminal había robado 107 millones de impuestos del Tesoro ruso, que se habían pagado a una empresa distinta. Si podíamos demostrar que un año antes el mismo grupo criminal había cometido el mismo delito —un delito que no tenía absolutamente nada que ver con nosotros—, entonces resultaría extremadamente difícil para ellos incriminarnos por el delito de los 230 millones. Necesitábamos hacer pública esa información lo antes posible.

Llamé al jefe del departamento en Moscú de la revista *BusinessWeek*, un inglés llamado Jason Bush. Le conocía de los días de Hermitage, porque había trabajado revelando casos de corrupción en empresas como Gazprom.

Jason se mostró intrigado y pasó varias semanas investigando la historia. Cuanto más ahondaba, más asombroso le resultaba. El grupo criminal había enviado miles de millones de rublos a empresas fantasma con apartamentos en ruinas como dirección postal. Esas empresas a menudo se disolvían en cuanto se transfería el dinero recibido a otro sitio.

Antes de publicarlo, Jason quería hablar con la persona que había descubierto la estafa, de modo que lo preparé todo para que conociera a Serguéi en persona.

A mediados de octubre, Jason reunió todos sus documentos y fue al despacho de Serguéi. Tomando un té, Jason sacó los archivos y puso una grabadora en la mesa.

—Lo siento —dijo Serguéi—, pero preferiría que no grabara esto. No puedo aparecer en ninguna grabación.

Jason se volvió a meter la grabadora en el bolsillo de la chaqueta.

—Entendido.

—Para serle totalmente sincero, estoy un poco asustado —dijo Serguéi, casi disculpándose.

—Claro, claro. —Jason volvió al trabajo que tenían entre manos—. ¿Podemos empezar echando un vistazo a estas declaraciones, entonces?

—Sí.

Pasaron la media hora siguiente examinando los documentos. Cuando llegaron a los que demostraban el asunto del reembolso fiscal de 107 millones de dólares, Jason preguntó:

41

—¿Hay alguna explicación inocente para esto?

—He buscado alguna —dijo Serguéi—, pero, tristemente, la explicación más siniestra parece ser la única.

—¿De modo que este es otro fraude de devolución fiscal, igual que el de Hermitage?

—Sí.

No había otra explicación. El rastro documental era definitivo. El mismo grupo criminal había usado el mismo banco, los mismos abogados, la misma oficina de recaudación de impuestos, los mismos tribunales y la misma técnica para robar 107 millones de dólares del Tesoro ruso un año antes. Incluso habían usado algunos de los mismos documentos, solo cambiando las fechas y los nombres de las empresas.

El artículo de Jason salió un mes más tarde. Creó una nueva serie de problemas para nuestros adversarios. Ahora corrían el riesgo de quedar expuestos no solo por el fraude de los 230 millones, sino también por otro distinto de 107 millones de dólares.

Dieciséis días después de la publicación, el Ministerio del Interior asaltó la casa de Serguéi y le arrestó delante de su mujer, Natasha, y su hijo de siete años, Nikita. El teniente coronel Artem Kuznetsov, el mismo oficial que había dirigido el asalto a nuestro despacho, y contra el cual había testificado Serguéi, fue asignado para que llevara a cabo el arresto.

Hasta entonces nuestros problemas con los rusos habían sido virtuales, pero ahora tenían un rehén de verdad.

Una de mis primeras llamadas fue a John Moscow.

Se mostró comprensivo, pero entendía el comportamiento de las mentes criminales mejor que la mayoría.

—Lo usarán como moneda de cambio —dijo—. ¿Tiene mujer? ¿Tiene hijos?

—Sí, vamos a apoyarle con abogados y con lo que haga falta.

—No estará planeando volver allí alguna vez, ¿verdad?

—No, claro que no.

—Vale, porque vamos a empezar a decir cosas sobre esa gente que le harán poco aceptable socialmente.

—Sí —dije.

Entonces él trazó su estrategia.

—Quiero saber quién se ha llevado el dinero. ¿Recuerda usted *Jerry Maguire*, la película? «Enséñame el dinero...»

—Pero el problema es que el dinero fue enviado de un banco a otro y luego a otro —dije—. ¿Cómo le vamos a seguir la pista?

—Porque si está en dólares, está en Nueva York.

Explicó que podíamos seguir el rastro a esos dólares usando algo que se llamaba Citación 1782. Nunca había oído hablar de ello, pero sonaba prometedor. Su idea era aprovechar una característica poco conocida del sistema bancario internacional: cada vez que se transfiere dinero en dólares, aunque sea entre dos bancos de Rusia, pasa por un banco de compensación de Estados Unidos durante una fracción de segundo, dejando un registro permanente. Esos bancos tienen su cuartel general en Manhattan y están bajo la jurisdicción de los tribunales norteamericanos.

Si nosotros citábamos a esos bancos y conseguíamos los registros, podríamos usar esa información para empezar a reconstruir el rastro del dinero.

—Simplemente, vamos a hacerlo paso a paso —dijo él, confiado.

—De acuerdo.

—La buena noticia es que la cantidad de dinero es lo bastante importante para que se pueda rastrear. En estos tiempos podrían entregar un millón en metálico, y en cuestión de pruebas entonces no hay suerte.

—Pero son doscientos treinta millones, de modo que...

—Sí —dijo él, cortándome—. Es más difícil andar por un campo cubierto de nieve con doscientos treinta millones de dólares y no dejar huella alguna de tus pasos.

Su enfoque era astuto. Si podíamos averiguar quién había recibido el dinero, tendríamos algo para poder sacar a Serguéi de la cárcel.

Pero entonces, el 11 de diciembre, Bernie Madoff fue acusado en Nueva York de organizar el fraude Ponzi más grande del mundo, defraudando a los inversores de su fondo de inversión la asombrosa cantidad de 64 800 millones de dólares. ¿Por qué menciono aquí a Madoff? Porque su escándalo estaba extrañamente conectado con nuestra historia.

Fue más o menos por esas fechas cuando John Moscow empezó a resultar casi imposible de localizar. Yo le llamaba y a veces tardaba semanas en responder. Otras veces sencillamente no me devolvía la llamada.

Al principio yo me sentía confuso. Todos tenemos amigos que han dejado de hablarnos por razones desconocidas, pero John Moscow no era amigo mío. Era mi abogado y yo era su cliente, y le estaba pagando seiscientos dólares la hora. Mi confusión rápidamente se convirtió en frustración, ya que le necesitábamos. Serguéi le necesitaba. Continuó ignorando mis llamadas y mi frustración se convirtió en rabia, directamente. Es una de las cosas más raras que he visto hacer jamás a un abogado. Era como ser ignorado por un enamorado adolescente.

En un determinado momento de enero todo quedó claro. El bufete de John Moscow, BakerHostetler, se había convertido en síndico responsable de desentrañar la bancarrota de Madoff. El rumor era que BakerHostetler iba a ganar 100 millones de dólares por ese trabajo. (En el momento de escribir esto, BakerHostetler realmente ha ganado más de 1400 millones de dólares por su trabajo en la bancarrota de Madoff.) Al lado de eso, nuestros míseros 200 000 dólares en tasas legales no eran ni siquiera un error de redondeo.

Se supone que los abogados, como los hombres de negocios, son profesionales. Yo había supuesto, ingenuamente, que si contratabas a alguien, un abogado o un médico, este estaba obligado legalmente a defender a su cliente, pasara lo que pasase. Un médico no deja abandonado a un paciente simplemente porque otro paciente pueda pagarle por un procedimiento más elaborado. Trata a ambos pacientes. Lo mismo debía aplicarse a los abogados.

Su conducta resultaba aún peor porque a finales de la primavera de 2009 tuvimos algunas noticias que indicaban que Serguéi estaba siendo torturado en prisión. Los carceleros de Serguéi le encerraron en celdas con catorce presos y ocho camas, y mantenían las luces encendidas las veinticuatro horas para impedir el sueño. Estuvo en celdas sin calefacción y sin cristales en las ventanas, en pleno invierno de Moscú, donde casi muere congelado; en celdas sin váter, solo con un agujero en el suelo, del cual rebosaban las aguas residuales.

Los que le mantenían como rehén parecían tener dos objetivos. Uno era obligarle a renunciar a su testimonio contra Kuznetsov y Karpov; otro obligarle a firmar una falsa confesión diciendo que «él» había robado los 230 millones de dólares y lo había hecho siguiendo mis instrucciones.

Serguéi era un abogado de cuello blanco, que llevaba traje azul y corbata roja durante la semana y disfrutaba de la música clásica en el conservatorio con su mujer y su hijo los fines de semana. Sus torturadores pensaban que hasta la presión más nimia haría que se derrumbase. Pero le habían juzgado mal. Para Serguéi, la idea de cometer perjurio y dar falso testimonio era mucho más dolorosa que cualquier tortura física a la que pudieran someterlo. Se negaba a ceder.

Pero la tortura le afectó, claro. Al cabo de siete meses su salud se había deteriorado gravemente. Había perdido casi veinte kilos y sufría de unos dolores de estómago terribles.

Nosotros estábamos cada vez más desesperados. Teníamos que sacarle de prisión. Hicimos todo lo que se nos ocurrió: contactamos con la Asociación Internacional de Abogados, la Sociedad Legal del Reino Unido, la Asamblea Parlamentaria del Consejo de Europa y muchas otras organizaciones. Muchos intervinieron en favor de Serguéi, pero, por lo que hacía referencia a los rusos, todo aquello no era sino ruido que podían ignorar con total facilidad. Nunca me había sentido más impotente en toda mi vida.

Teníamos que encontrar esos 230 millones.

Antes de que John Moscow nos dejara de lado había preparado la Citación 1782 para que se pudiera utilizar en los dos bancos de compensación que realizaron los pagos en dólares del fraude de reembolso de impuestos: JP Morgan y Citibank. Era hora de entregarlas a los tribunales.

Contratamos un nuevo bufete para que presentara las citaciones. Por aquel entonces, Serguéi estaba gravemente enfermo. Le habían diagnosticado una pancreatitis y cálculos biliares, y necesitaba una operación que estaba programada para el 1 de agosto de 2009.

Una semana antes de la intervención, los secuestradores volvieron a su celda e intentaron obligarle una vez más a que firmara una confesión falsa. De nuevo se negó. Como represalia lo trasladaron de un centro de detención a la espera de juicio en un ala médica a una celda de una cárcel de máxima seguridad llamada Butirka, un agujero del infierno considerado una de las peores prisiones de Rusia. Y sin instalaciones médicas adecuadas. Allí su salud empeoró mucho. Sufría un dolor constante y agónico, y se le negó todo tratamiento médico.

Nuestros nuevos abogados norteamericanos entregaron las citaciones al tribunal el 28 de julio, y el juez rápidamente las firmó.

Dos semanas más tarde, mientras Serguéi languidecía en Butirka, JP Morgan y Citibank nos mandaron sus repuestas. Eran esperanzadoras, pero pronto nos dimos cuenta de que sus respuestas eran terriblemente incompletas. Ambos bancos habían dejado a un lado bloques enteros de información y se habían saltado periodos de tiempo clave, haciendo imposible que nos acercáramos más a descubrir quién había recibido en realidad el dinero robado.

Nuestros abogados volvieron a los bancos, exigiendo que hicieran el trabajo adecuadamente, pero eso costaría tiempo y Serguéi se estaba quedando sin él.

Sin embargo, teníamos un último motivo para albergar una cierta esperanza. Bajo la ley rusa, una persona solo puede ser mantenida en prisión preventiva anterior al juicio durante un año. Después de 365 días, el gobierno ruso tenía que o bien someter a juicio al acusado, o bien soltarlo. Pero en el caso de Serguéi no se podían arriesgar a que hubiera un juicio. Si lo hacían, él tendría una plataforma internacional para exponer el fraude de 230 millones, el fraude anterior de 107 millones y a todos los funcionarios del Gobierno ruso que estaban implicados. El tribunal podía declararle culpable al final (y así lo haría), pero eso no le silenciaría.

Tenían que silenciarlo.

La noche del 16 de noviembre de 2009, 358 días después de su arresto, Serguéi llegó a un estado crítico. Las autoridades de Butirka no quisieron responsabilizarse más de él, de modo que lo metieron en una ambulancia y lo transfirieron a un centro distinto, al otro lado de la ciudad, que tenía un ala médica. Pero cuando llegaron allí, en lugar de llevarlo a urgencias, lo pusieron en una celda de aislamiento, lo encadenaron a una cama y ocho guardias antidisturbios le golpearon con porras de goma hasta que Serguéi acabó muriendo.

Tenía solo treinta y siete años.

5

El mapa de carreteras

Otoño de 2008-primavera de 2010

Recibí la llamada a las 7.45 de la mañana siguiente.

Aquella llamada fue la más terrible, traumática y desoladora de toda mi vida. No estaba preparado para perder a un colega de aquella manera. Serguéi había sido asesinado porque había intentado hacer lo correcto. Lo habían matado porque trabajaba para mí. La culpa que sentí y continúo sintiendo traspasó todas y cada una de las células de mi cuerpo.

Cuando pude aclarar la mente de la niebla de histeria y dolor, solo me quedó hacer una cosa: dejar todo lo demás en mi vida y dedicar todo mi tiempo, mis recursos y mi energía a asegurarme de que los implicados en el falso arresto, la tortura y la muerte de Serguéi, así como cualquiera que hubiera recibido una parte de los 230 millones de dólares, se enfrentarían a la justicia.

Desde entonces, eso es precisamente lo que he hecho.

Después del asesinato de Serguéi, inundamos todas las agencias policiales de Rusia con denuncias criminales exigiendo justicia. Teníamos montañas de pruebas. En los 358 días que Serguéi había estado en custodia, él y sus abogados habían redactado cuatrocientas cincuenta demandas documentando los abusos y malos tratos que sufrió. Sus abogados nos habían proporcionado copias de todo ello y las habían reunido, constituyendo el caso mejor documentado de violación de los derechos humanos que ha salido de Rusia en los últimos treinta y cinco años. Los rusos tenían que hacer algo.

Pero no, no hicieron nada. Por el contrario, todo el sistema entero cerró filas y las autoridades rusas se embarcaron en una cobertura a gran escala. Menos de veinticuatro horas después del asesinato de Serguéi, el Ministerio del Interior cambió la causa de la muerte de «*shock* tóxico» a «fallo cardíaco». El Gobierno entonces rechazó la petición de la familia de una autopsia independiente y negó que Serguéi hubiera estado enfermo nunca. Todas esas mentiras, junto con muchas otras, las repitieron desde el último de los funcionarios hasta el más elevado de todo el Gobierno ruso.

Pronto recibimos más detalles de la tapadera. Dos semanas después del asesinato de Serguéi, una de las periodistas de investigación más importantes de Rusia, Yevgenia Albats, redactora jefa del *New Times Magazine*, informaba de que se había pagado un soborno de 6 millones de dólares a funcionarios de la FSB, la agencia sucesora de la KGB soviética, para arrestar a Serguéi y cubrir el fraude de los 230 millones.

Serguéi había sido asesinado por dinero, lisa y llanamente. Necesitábamos volver a JP Morgan y Citibank y que ellos colaborasen. Ya no era simplemente dinero negro, era dinero manchado de sangre.

Esta vez el banco nos tomó en serio y nos envió cada pago hecho en dólares de docenas de bancos en Rusia y la antigua Unión Soviética en un periodo de veintiocho meses. Venía como caído del cielo. En conjunto, recibimos una base de datos con más de 1,3 millones de transacciones de múltiples bancos rusos.

Inicialmente, pensamos que todo aquello sería clave para desentrañar el misterio del blanqueo de dinero, pero cuando empezamos a echar un vistazo nos dimos cuenta de que en realidad era «demasiada» información. Teníamos decenas de miles de nombres de empresas, números de cuenta e importes, pero absolutamente ningún contexto.

Sin algún tipo de mapa de carreteras que conectara aquellos datos con el fraude de los 230 millones, estábamos perdidos.

Nos pusimos en marcha. Al carecer de una forma sofisticada de determinar quién había recibido el dinero negro, nos concentramos en los perpetradores más visibles en Rusia: el comandante Pavel Karpov, el teniente coronel Artem Kuznetsov y Dmitri Klyuev, propietario del Universal Savings Bank, donde se había transferido mucho dinero después del asesinato.

Ya no teníamos a un experto en blanqueo de dinero como John Moscow en nuestro equipo, pero eso no significaba que fuéramos neófitos en lo que respecta a los detectives financieros, especialmente en Rusia. La investigación forense había formado parte en gran medida de nuestro modelo de negocio en el fondo Hermitage, y no parecía que fuera algo descabellado aplicarla aquí.

Aparte de nuestra experiencia, teníamos otros dos activos que trabajaban a nuestro favor: mi colega, Vadim Kleiner, y el hecho de que en Rusia la protección de datos sea algo virtualmente inexistente.

Vadim Kleiner.
(© HERMITAGE)

Vadim había sido analista de valores en el Hermitage Fund desde su inicio. Era moscovita, seis años más joven que yo, con un doctorado en Economía, y llevaba gafas y barba oscura. Si le hubieras visto en una fiesta o una conferencia, probablemente le habrías tomado por profesor o periodista. Pero Vadim era un analista de inversiones de primera, y, debido a su habilidad en los negocios, a la larga se había convertido en uno de los mejores investigadores forenses financieros del mundo. Y esto no es una hipérbole. Cualquiera que haya conocido a Vadim podrá confirmarlo. Es un auténtico genio.

Afortunadamente para Vadim, había un montón de información con la que podía trabajar. Aunque muchos piensan que Rusia es completamente opaca, en realidad es bastante transparente. Cada vez que alguien hace algo en Rusia, esa información queda archivada por cuadruplicado en cuatro ministerios distintos. La gente que trabaja en esos ministerios gana solo unos cuantos cientos de dólares al mes. Como resultado, casi todo está en venta.

La mayor parte de esos datos acaba en el epicentro físico del mercado de información de Rusia, un centro comercial de baja calidad al oeste del río Moscova llamado Gorbushka. En el interior se encuentra un caótico batiburrillo de quioscos que venden de todo, desde DVD de *Fast & Furious* pirateados hasta figuras de *La guerra de las galaxias* o móviles chinos. Pero si vas a la parte posterior de alguno de esos puestos, encontrarás discos de bases de datos del Gobierno en venta. Contienen cosas como información salarial, registros de móviles y de viajes, y lo máximo que tendrás que pagar por todo eso serán unos pocos dólares.

En el extremo más elevado del mercado de la información se encontraban unos agentes especializados que no tenían nada que ver con Gorbushka. Vendían unas bases de datos mucho más sofisticadas, como las pertenecientes al Banco Central Ruso o al Comité Estatal de Aduanas. Cuando yo llevaba el Hermitage Fund, Vadim y yo usábamos esas fuentes para descubrir chanchullos multimillonarios en las empresas en las que invertíamos. Ahora que llevábamos a cabo una investigación sobre blanqueo de dinero, esos recursos se volvieron impagables, aunque de una forma completamente distinta.

52

Mercado de Gorbushka, Moscú. (© HERMITAGE)

Dmitri Klyuev, propietario del Universal Savings Bank, se mostró elusivo al principio. Pero los funcionarios del Ministerio del Interior, Pavel Karpov y Artem Kuznetsov, no. Poco después de que se robaran los 230 millones de dólares, se embarcaron despreocupadamente en una escalada de gastos. Se compraron Porsches, Mercedes y Audis para ellos y para los miembros de su familia, y se fueron de vacaciones a instalaciones de cinco estrellas en lugares como Milán, Madrid, Londres y París. También vivían en pisos para multimillonarios en Moscú. No parecían preocupados en absoluto de que su salario de 15 000 dólares al año no hubiese podido soportar ese estilo de vida lujoso. Eran caricaturas de policías corruptos rusos.

Preparamos un par de vídeos de YouTube sobre Karpov y Kuznetsov, tanto en inglés como en ruso, que se hicieron virales enseguida, especialmente en Rusia.

Además de la indignación que se creó entre los rusos corrientes, estas revelaciones nos proporcionaron un premio inesperado: un denunciante interno llamado Alexander Perepilichni.

Perepilichni era consejero financiero, y dos de sus clientes habían sido Olga Stepanova, la funcionaria de Hacienda que había aprobado el grueso de la devolución de 230 millones de dólares, así como su marido, Vladlen. Perepilichni había ayudado a los Stepanov a crear y manejar sus cuentas bancarias en Suiza. En la crisis financiera de 2008-2009, sus consejos sobre inversiones habían conducido a grandes pérdidas. En lugar de aceptarlas, los Stepanov acusaron a Perepilichni de robarles su dinero y le amenazaron con investigaciones criminales en Rusia. Para evitar esos problemas, él huyó a Londres con su familia.

Alexander Perepilichni.

Como consejero financiero de los Stepanov, Perepilichni tenía pruebas que demostraban que once millones de la estafa de los 230 millones habían ido a parar a la cuenta de Vladlen Stepanov en el Credit Suisse de Zúrich. Perepilichni quería compartir esas pruebas con nosotros no porque estuviese horrorizado por la corrupción, sino porque esperaba que haciendo pública esa información crearía tal escándalo en Rusia que los Stepanov serían procesados y perderían su poder, y las amenazas legales contra él y su familia desaparecerían.

Perepilichni nos enseñó los extractos bancarios de dos empresas fantasma que revelaban los 11 millones de dólares en el

Credit Suisse. Con esta información, finalmente teníamos ya el inicio de un mapa de carreteras que podía orientarnos en los datos de los bancos de compensación.

Cuando Vadim introdujo esos nombres de empresa en la base de datos, aparecieron de inmediato y nos condujeron a otra empresa, y a otra, y a otra más. Al final, Vadim pudo rastrear la huella de esos 11 millones de dólares desde el Tesoro ruso hasta el Universal Savings Bank, a través de Moldavia y Letonia, hasta Suiza.

Como nos había prometido John Moscow, cada dólar transferido tocaba Nueva York durante una fracción de segundo. Y aunque ese dinero pasara por once pasos distintos, nuestra base de datos los recogía todos.

Si nuestros adversarios pensaban que habían borrado sus huellas en la nieve blanqueando el dinero a través de tantos países y tantas cuentas, se equivocaban. Habíamos descubierto el poder de nuestra base de datos de pagos en dólares, y no sería la última vez que la usaríamos.

6

El Finrosforum

Primavera-verano de 2010

*E*l blanqueo de dinero se considera generalmente un delito sin víctimas y sin rostro. Pero en este caso sí que tenía una víctima, Serguéi, y nosotros teníamos los rostros petulantes y sonrientes de los oficiales de policía que se habían aprovechado del delito que Serguéi había expuesto y por el que lo mataron.

Cuando la gente se imagina a un oficial de policía ruso, piensan en hombres con uniformes anticuados y conduciendo coches policiales Lada de la época soviética. Pero no era ese el caso del comandante Karpov y el teniente coronel Kuznetsov.

No llevaban uniforme, preferían llevar trajes de diseño italianos y caros relojes suizos. Karpov era especialmente descarado. En VKontakte, la versión rusa de Facebook, iba poniendo

Pavel Karpov (izquierda) y unos amigos en una fiesta.
(© TOCHKA.NET)

fotos de las fiestas a las que asistía y las vacaciones que disfrutaba, en los meses posteriores al asesinato.

Su arrogancia era mortificante. Era casi como si nos estuviera desafiando.

Cualquiera que contemplase sus vídeos de YouTube quería borrarles las sonrisas de suficiencia de la cara. Una forma de hacerlo era asegurarse de que ellos y sus colegas corruptos no pudieran utilizar sus ganancias mal conseguidas para irse de vacaciones a países extranjeros o conservar su dinero en bancos occidentales. Esa idea poco a poco evolucionó hacia una propuesta legislativa llamada Ley Magnitski, que prohibiría visados y congelaría los activos de los rusos que violasen los derechos humanos, incluyendo aquellos que habían torturado y asesinado a Serguéi.

Esa idea prendió de inmediato en Washington, cuando el senador Ben Cardin, demócrata de Maryland, la propuso como una de sus principales prioridades legislativas. Pronto tendría amplio apoyo por parte de ambos partidos, y los senadores John McCain, Roger Wiker y Joe Liberman se apuntaron como copatrocinadores originales.

El apoyo a la ley Magnitski en Estados Unidos era gratificante, pero los oficiales rusos corruptos pasaban la mayor parte de su tiempo en Europa, donde gastaban su dinero, disfrutando de lujosas vacaciones en lugares como Courchevel, Marbella y Cerdeña. Enviaban a sus hijos a internados en Suiza, a sus esposas a spas de la Costa Azul, y a sus novias a desfiles de moda en Milán.

Para dar donde doliera realmente a esa gente, necesitábamos también una Ley Magnitski europea.

Sin embargo, Europa es un terreno político muy distinto de Estados Unidos. La Unión Europea tenía veintiocho Estados miembros entonces (todo esto fue antes del Brexit) y estaba salpicada de zonas de apoyo a Putin por todas partes.

Para intentar que los europeos subieran a bordo, empecé en el Parlamento Europeo, un cuerpo legislativo más o menos equivalente al Congreso de Estados Unidos, pero que cuenta con casi el doble de legisladores.

Había tantos que no estaba seguro de por dónde empezar, pero rápidamente encontré una pista prometedora: una finlandesa miembro del Parlamento Europeo por el Partido Verde llamada Heidi Hautala. Heidi era presidenta del subcomité de derechos humanos, y conocida defensora de las víctimas del régimen de Putin. Tenía la reputación de asistir a mítines de la oposición en Moscú, donde los manifestantes acababan sistemáticamente golpeados y arrestados. Parecía una persona valiente y una buena aliada.

A finales de mayo de 2010 fui a Bruselas a reunirme con Heidi. Era mi primera visita al Parlamento Europeo, una especie de laberinto que me parecía tan confuso como la propia Europa. Había edificios modernos conectados con otros mucho más antiguos, escaleras mecánicas, ascensores y escaleras de todas las configuraciones imaginables, y los funcionarios del PE tenían un sistema numérico arcano que hacía que fueran casi imposibles de encontrar. Era un poco como entrar en un edificio diseñado por M. C. Escher.

Cuando al final encontré el pequeño despacho de Heidi, me saludó una mujer de unos cuarenta y tantos años, con el pelo corto y rubio y modales serios y formales. (Pronto supe que los finlandeses pronunciaban su nombre como «Heidi», a diferencia del inglés, «Haidi».)

57

Me senté frente a ella en su escritorio, le conté la historia de Serguéi y le expliqué lo de la Ley Magnitski. Cuando mencioné el impulso creciente en Estados Unidos, ella dijo:

—Creo que es una idea maravillosa. Debería estar también en Europa.

—De acuerdo. ¿Puede ayudarme?

—Puedo, pero este es un sitio complicado. —Agitó la mano, indicando el Parlamento Europeo—. Para conseguir que algo funcione aquí, necesitará a algunos rusos de su parte. Rusos buenos. Lo ideal sería que fueran famosos activistas de los derechos humanos.

Probablemente, ella era demasiado educada para decirlo, pero tener a un británico nacido americano, antiguo director de un fondo de cobertura, defendiendo una campaña de derechos humanos contra funcionarios corruptos rusos, definitivamente no sentaría bien a algunas personas en Bruselas. Europa es un lugar intensamente igualitario, donde el éxito en los negocios es contemplado con suspicacia. En Alemania se refieren a menudo a los fondos de capitales privados como *heuschrecke*, es decir, «plaga de langostas».

—Lo siento mucho, pero no conozco a ningún activista de los derechos humanos —le dije.

—Está bien, yo sí. Venga a Helsinki y se los presentaré.

En el mes de julio, Heidi iba a celebrar una conferencia llamada Finrosforum en un retiro cultural junto a Helsinki, y allí reuniría a los personajes más importantes de la oposición rusa y de la comunidad de los derechos humanos.

—¿Le gustaría venir y presentar allí la Ley Magnitski? —me preguntó.

Yo asentí.

—Sí.

Estaba emocionado, pero también un poco asustado por viajar a Finlandia, que comparte una frontera de 1300 kilómetros con Rusia. Su proximidad garantizaba que hubiera muchísimos rusos dando vueltas por Helsinki.

Pero no pensaba perderme esa oportunidad por miedo. Contraté a tres guardaespaldas, y junto con Vadim, viajamos a Helsinki el 20 de julio de 2010. Era la primera vez desde principios de los años 2000, durante mis luchas contra los oligarcas rusos, que confiaba en unos guardaespaldas.

En cuanto llegamos a la conferencia, me sentí fuera de lugar. Vadim y yo éramos los únicos que llevábamos traje, y nadie más tenía a tres hombres enormes protegiéndolos. Yo parecía un oligarca, que era exactamente el tipo de personas contra las cuales luchaban aquellos activistas. Estoy seguro de que algunos de ellos me odiaron en cuanto aparecí. Si yo hubiera estado en su lugar probablemente me habría odiado también.

Cuando encontramos a Heidi en un pequeño grupo, ella me saludó con calidez. Me presentó a algunos disidentes rusos, figuras de la oposición, y diversos blogueros, periodistas y representantes de ONG.

Ninguno de ellos sabía cómo tratarme y se mantuvieron a una cierta distancia, excepto uno de ellos, un documentalista ruso llamado Andréi Nekrasov, intelectual muy juvenil que andaba por la cincuentena, con una melena canosa y desordenada. Andréi era el novio de Heidi, y estaba allí con un pequeño grupo de filmación para documentar la conferencia.

Me dijo que recientemente había hecho una película sobre el asesinato de Alexander Litvinenko, el antiguo agente del FSB que fue envenenado fatalmente con polonio radioactivo en el centro de Londres. Como llevaba a todo su equipo, le pedí si podía entrevistarme para explicar lo que le había ocurrido a Serguéi. Accedió de buen grado.

Antes de mi charla del día siguiente, me senté con Andréi en un atrio inundado de luz para una larga entrevista. Sus preguntas fueron muy completas. Tocó todos los aspectos del asesinato de Serguéi, y se sintió indignado por todo lo que le había hecho el Gobierno ruso, así como con su subsiguiente intento de ocultación.

Andréi pensaba que aquella entrevista podía ser la base para una nueva película, y me preguntó si estaba dispuesto a hacer más entrevistas. También me pidió que le pusiera en contacto con la viuda y la madre de Serguéi. Mi respuesta a todo eso fue un entusiasta «sí».

Aunque la conferencia que iba a dar quedase en nada, aquel casual encuentro con Andréi había hecho que el viaje entero valiese la pena.

Después de comer entré en un auditorio grande, forrado de madera, y me senté a la mesa de los conferenciantes. La sala estaba repleta y bullente de actividad, con una audiencia formada por personas que hablaban ruso, inglés y finés. A pesar de la fría recepción que me habían dado el día anterior, en cuanto Heidi me presentó todo el mundo se calmó.

Los rusos estaban familiarizados con la historia de Serguéi, pero no conmigo. Expliqué mi relación con Serguéi, y cuando presenté la idea de la Ley Magnitski, la sala entera se convirtió en un hervidero.

Los hombres y mujeres rusos que estaban allí habían experimentado todo tipo de abusos de los derechos humanos, opresión e injusticia al que podía someterlos el régimen de Putin. Sus amigos habían desaparecido, sus familias habían sido convertidas en objetivos, les habían arrebatado su forma de vida, y muchos de ellos habían visto en persona el interior de las cárceles rusas..., sobre todo, por el «delito» de hablar contra el régimen. Por mucho que hubieran protestado, nada había cambiado.

Pero allí estaba yo, un raro director de un fondo de cobertura con acento norteamericano, diciéndoles que quizá hubiera una forma de hacer que pagasen Putin y sus secuaces. Todos los presentes en aquella sala comprendían que el régimen valoraba más el dinero que la vida humana, y que todos los burócratas rusos corruptos guardaban su dinero fuera de Rusia. Percibían que la Ley Magnitski podía golpear en el corazón del régimen de Putin. Y lo mejor era que el Kremlin no tendría nada que decir en esas sanciones.

Después se me acercó un hombre muy bronceado de unos cincuenta años que llevaba una camisa azul de lino y pantalones blancos. Parecía que acababa de bajar de un yate en Capri. No le conocía, pero le habría reconocido en cualquier parte. Me tendió la mano.

—Señor Browder, me llamo Boris Nemtsov.

No podía creerlo.

Boris Nemtsov era una leyenda. Había sido vice primer ministro con Yeltsin, y durante un tiempo se le consideró su posible sucesor. Pero después de contemplar la corrupción y la opresión de Putin, Boris se había convertido en uno de los críticos más abiertos del régimen. Le habían arrestado múltiples veces por organizar manifestaciones prohibidas, por redactar informes poniendo de relieve la riqueza ilegítima de Putin, y se negaba a ser comprado o intimidado.

A lo largo de una vida podemos conocer a cinco o seis personas que son carismáticas en todos los aspectos. Boris era una de esas personas.

—Esa Ley Magnitski suya es genial —dijo—. Pero ¿es realista?

—Pues no lo sé. Es mi primera incursión en el campo de los derechos humanos. Heidi me ha dicho que necesito voces de la oposición rusa para hacerla realidad.

—Yo podría ser una de esas voces, señor Browder —se ofreció.

—Por favor, llámeme Bill.

Él sonrió.

—Bill, nos aseguraremos de que esos hijos de puta no olviden nunca el nombre de Serguéi Magnitski.

A partir de aquel momento, Boris Nemtsov se convirtió en

mi socio para obtener justicia para Serguéi y defender la Ley Magnitski en todo el mundo.

Boris Nemtsov.
(© EVGENIY FELDMAN/NOVAYA GAZETA)

7

La Conferencia de Criminología de Cambridge

Verano-otoño de 2010

*T*ener a Boris a bordo aumentaba exponencialmente nuestras posibilidades de hacer que se aprobase la Ley Magnitski, no solo en Estados Unidos, sino en Europa también.

Sin embargo, yo sabía que en el mejor de los casos costaría años que ese proyecto se convirtiera en ley. Mientras tanto, teníamos algo que nos permitía movernos de inmediato: los millones depositados en una cuenta del Credit Suisse de Zúrich, pertenecientes a Vladlen Stepanov.

No necesitábamos una nueva ley de derechos humanos para ir a por su dinero. Era resultado de un delito, y existen ya leyes contra el blanqueo de dinero que se pueden usar para embargar esos bienes y apoderarse de ellos. Si podíamos convencer a las autoridades suizas de que emprendieran la acción, sería un golpe importante para nuestros adversarios rusos.

La cuestión era cómo hacer que se implicaran los suizos.

Aparte de mi periodo con la Patrulla de Policía Juvenil de Chicago, yo no tenía experiencia alguna en el sistema policial occidental…, pero la inexperiencia no me había impedido nunca actuar. Cuando empecé en el Hermitage Fund no conocía a una sola persona en Rusia, no hablaba el idioma y nunca había dirigido un fondo de inversión libre. Superé esos obstáculos sumergiéndome de cabeza en aguas desconocidas. Llamé a compañeros de clase de empresariales, leí recónditas publicaciones de negocios, asistí a conferencias y aproveché todas las oportunidades que pude para aprender acerca de las inversiones en Rusia.

Por supuesto, enfrentarme al sistema policial occidental era distinto. Aunque prácticamente no había normas para invertir en Rusia después de la caída del comunismo, el sistema policial occidental está construido sobre cientos de años de normas, tradiciones y procedimientos. Aun así, decidí aplicar el mismo enfoque y ver qué ocurría.

Empecé buscando congresos a los que pudiera asistir. El único del que había oído hablar era la Conferencia Criminológica de Cambridge, que era el evento al cual había asistido John Moscow en 2008 antes de venir a nuestras oficinas.

Lo googleé. Su nombre completo era Simposio Internacional de Cambridge sobre Delitos Económicos. Sonaba perfecto. Se celebraba cada año a principios de septiembre en el campus del Jesus College de la Universidad de Cambridge, a menos de una hora en tren de Londres.

Me descargué el programa. Asistirían cientos de funcionarios policiales. Y mejor aún: el segundo día, un fiscal federal suizo especializado en blanqueo de dinero y delitos económicos daría una conferencia magistral.

Decidí asistir e intentar que me escuchara ese fiscal suizo.

Me inscribí, pagué la tasa y el 5 de septiembre de 2010 cogí el tren en King's Cross en Londres hasta Cambridge. Me registré en el hotel Double-Tree, junto a la universidad, dejé el equipaje en mi habitación y recogí mis credenciales en la recepción. Me colgué la etiqueta identificativa al cuello y examiné a la multitud. La sala estaba llena de gente bebiendo, riendo y gritándose los unos a los otros como si fueran amigos que no se veían desde hacía siglos. No me había imaginado que una conferencia policial pudiera ser tan festiva.

Busqué a los funcionarios de Suiza, pero era casi imposible encontrar a alguien en concreto, de modo que me fui desplazando entre la multitud mirando los nombres, intentando entablar conversación.

Era todo un desafío. Todos parecían conocerse entre sí. Mi insignia decía: «Hermitage Capital Management», que no les sonaba absolutamente a nada.

Mientras esperaba haciendo cola en la barra, noté que la insignia de la mujer que tenía detrás de mí la identificaba como reguladora financiera caribeña. Estaba muy lejos de

63

Suiza, pero como muchas de las empresas fantasma usadas en el blanqueo de dinero están registradas en el Caribe, conocerla me podía ser útil.

Me presenté y le expliqué por qué estaba allí. Ella asintió educadamente. Después de recoger su bebida, miró por encima de mi hombro a alguien con quien realmente deseaba hablar y me interrumpió a mitad de una frase. «Encantada de conocerle, señor Browder», me dijo. Y se alejó.

Con la Coca-Cola Light en la mano, di unas cuantas vueltas más, sin conseguir hacer progresos con nadie. Al final, en un rincón alejado, sonó un gong. La multitud se dirigió al salón para comer. La sala me recordó a Harry Potter, que había leído con mis hijos: era una cámara larga, forrada de madera, con los techos muy altos y las paredes cubiertas de retratos al óleo que se remontaban al siglo xvi. Te podías sentar donde quisieras, y los grupos de amigos y colegas ocuparon las distintas mesas.

Al buscar un asiento libre, un hombre de aspecto amistoso me sonrió y me indicó que podía sentarme a su lado. Me incliné a leer su etiqueta: «Fiscal general, ciudad autónoma de Buenos Aires». La comida fue muy agradable, pero un fiscal de Argentina no podía hacer nada para ayudarme.

A la comida siguió el café y el postre y otra ronda de socialización, pero yo todavía estaba afectado por la misma extrañeza, y allí no había ni rastro del fiscal suizo. Pero no estaba preocupado. Yo sabía que acabaría encontrándolo en su conferencia magistral.

A la mañana siguiente preparé en silencio mi discurso de presentación en el desayuno, y luego me dirigí a unas de las tiendas del campus para asistir a la conferencia. No recuerdo de qué iba. Fue uno de los discursos más aburridos que he oído en mi vida, pero a todos los demás pareció gustarles. Supongo que aquel era su mundo, no el mío.

Cuando el hombre terminó, me quedé de pie junto al podio y esperé a que otras personas hicieran sus preguntas. Cuando él y yo éramos ya los únicos que quedábamos, me presenté.

Estaba claro que él no quería hablar conmigo, pero lo acorralé. Lo introduje en la historia y acabé hablando de los 11 millones de dólares del Credit Suisse.

—¿Cree que la policía suiza podría estar interesada en abrir un caso? —le pregunté.

Él respondió con brusquedad.

—Aprecio su proposición —hizo una pausa para leer mi etiqueta—, señor Browder. Pero si tiene alguna denuncia que hacer, preséntela en la oficina del fiscal general en Berna. —Y se alejó.

Ni siquiera intercambiamos nuestras tarjetas. En retrospectiva, yo fui muy ingenuo al pensar que podía aparecer sin más en aquella conferencia y hacer que Suiza emprendiera una investigación criminal. Aquel era un congreso sobre leyes, y los fiscales precisamente, más que nadie, se ajustan a las normas.

Salí, regañándome a mí mismo por haber ido a Cambridge para empezar. Pero mientras iba andando por el campus del Jesus College haciendo planes para volver a Londres, vi una cara familiar e inesperada.

John Moscow.

Por supuesto, tenía que estar allí. Aquellos eran sus dominios, y aquella era su gente.

Lo vi antes de que me viera a mí. Todavía estaba enfadado con él por abandonarnos a Serguéi y a mí, pero no podía evitar encontrarme. Estaba seguro de que me ignoraría, pero cuando me vio, exclamó:

—¡Bill! ¿Qué está haciendo aquí? —Y me tendió la mano como si no hubiera ocurrido nada.

Yo dejé a un lado mi rabia y le estreché la mano.

—Estoy intentando conocer a gente que me pueda ayudar con el caso Magnitski.

—Quizá yo conozca a algunos… —dijo. Era lo último que esperaba. Fueran cuales fuesen sus motivos para mostrarse amable, era un gigante en aquel mundo, y habría sido una tontería por mi parte guardarle rencor.

La sesión de la mañana acabó mientras hablábamos. Las tiendas se vaciaron y el césped se llenó de abogados. John miró a su alrededor y vio a alguien, y me indicó que le siguiera. Nos dirigimos hacia un hombre más o menos de mi edad que llevaba lo que parecía un traje azul típico del Gobierno, con camisa blanca y corbata roja…, obviamente, norteamericano.

John dijo:

65

—Adam, quiero que conozcas a Bill Browder. —Le estreché la mano—. Bill, este es Adam Kaufmann. Está en la oficina del fiscal del distrito de Nueva York, donde trabajaba yo antes.

Mientras hablábamos, la gente se dirigió al comedor para tomar el almuerzo. Adam nos invitó a que nos uniéramos a él.

Encontramos asientos en la misma sala grandiosa que la noche anterior, colocamos nuestras chaquetas en tres sillas contiguas y nos fuimos al buffet. El almuerzo apenas parecía comestible, era como una versión universitaria del solomillo Wellington con guisantes hervidos, rollitos de salchicha y una pasta muy recocida. Pero no me importó.

Intenté contarle a Adam mi historia mientras comíamos, pero nos interrumpía constantemente un río de conocidos. Al parecer, mucha gente quería hablar también con él. Notando mi frustración, él me ofreció una reunión como Dios manda en Londres a finales de aquella semana. Accedí.

Ya no iba a conocer a nadie más en Cambridge, de modo que después de comer me fui.

Aquel viernes, de vuelta en Londres, Adam vino a nuestras oficinas en Golden Square. Le informé del fraude de 230 millones de dólares y del asesinato de Serguéi, y le mostré lo que habíamos averiguado en Suiza.

—Si alguna vez encuentra una conexión con Nueva York, estaría interesado —me dijo.

Tuve que contener mi emoción. Como me había dicho John Moscow al principio de todo, sí que teníamos una conexión con Nueva York: todos los pagos en dólares que habían pasado a través de JP Morgan y Citibank, aunque solo hubiesen tocado Nueva York durante una fracción de segundo.

Pero cuando se lo mencioné, Adam negó con la cabeza.

—Me temo que eso es demasiado tenue. Pero si encuentra dinero en cuentas de Nueva York, o si alguien ha comprado alguna propiedad allí, tendremos un auténtico nexo con la ciudad. Entonces podríamos hacer algo.

Si el nexo con Nueva York existía, nosotros lo encontraríamos.

8

Culpad a los muertos

Otoño de 2010

*E*ra una tarde cálida de finales de verano en Moscú, en septiembre de 2008. No tenía nada de especial. Un hombre ruso de cincuenta y siete años, con expresión abatida y bigote poblado, era conducido en un Mercedes con chófer desde el centro de la ciudad a un bloque de pisos muy alto y a medio construir, junto a la Universidad Estatal de Moscú. El Mercedes pertenecía a un amigo íntimo de Dmitri Klyuev, el propietario del Universal Savings Bank.

El hombre se reunió en la obra de construcción con un agente de la propiedad inmobiliaria. Los dos llevaban cascos naranjas y subieron los diecisiete pisos de escaleras hasta el ático.

El interior del edificio estaba desnudo, y no se veía apenas nada más que bloques de cemento y hormigón. No había ventanas ni puertas, ni barandillas en los balcones. Los detalles de lo que ocurrió allí son desconocidos, pero, poco después de llegar, el hombre cayó diecisiete pisos hasta el suelo y aterrizó en el barro, quedando destrozado. El chófer, que seguía en el coche, dijo a la policía que no lo había visto caer. Tampoco el agente de la propiedad inmobiliaria. La policía declaró que la muerte del hombre era un desgraciado accidente. El nombre de aquel hombre era Semión Korobeinikov.

Seis meses antes, otro hombre ruso entró en la estación de Briansk, en Rusia, una ciudad junto a la frontera ucraniana, para reunirse con cuatro colegas. Todos eran socios de Dmitri

Klyuev, y todos exconvictos que habían pasado un tiempo en cárceles rusas por delitos que iban desde el homicidio hasta asalto a mano armada o robo. Subieron a un tren con destino a Kiev y pasaron varias semanas allí. En abril, los cuatro colegas de aquel hombre volvieron a Rusia, pero él no. Él fue encontrado muerto en Borispol, junto al aeropuerto de Kiev, el 30 de abril. Su certificado de defunción indicaba cirrosis como la causa de la muerte. Se llamaba Valeri Kurochkin. Tenía cuarenta y tres años.

En 2007, un año antes del incidente en el bloque de pisos, un tercer hombre, antiguo músico y guardia de seguridad en paro de Bakú, Azerbaiyán, que pasaba sus días bebiendo vodka en el patio trasero de su apartamento de Moscú, murió en su casa el 1 de octubre. La causa de la muerte se registró como ataque cardíaco. El nombre de ese hombre era Oktai Gasanov. Tenía cincuenta y tres años.

¿Qué tienen que ver con nosotros esas tres muertes prematuras y aparentemente sin relación entre ellas? Mucho, según las autoridades rusas.

El 15 de noviembre de 2010, un día antes del primer aniversario del asesinato de Serguéi, estaba en mi despacho de Londres reflexionando sobre todo lo que había ocurrido, cuando entró Vadim. Yo estaba perdido en mis pensamientos y apenas me di cuenta.

—¿Bill? —me dijo.

Volví en mí de repente.

—¿Qué pasa?

—El Gobierno ruso acaba de culpar oficialmente a Serguéi de robar los doscientos treinta millones.

Vadim me enseñó una transcripción de una conferencia de prensa del Ministerio del Interior que acababa de tener lugar aquella misma mañana en Moscú, junto con un artículo del *Kommersant*, un periódico ruso.

En conjunto, todos estos medios desplegaban una sofisticada teoría de la conspiración. Según el Gobierno ruso, Serguéi había preparado los documentos usados en la devolución ilegal de impuestos. El Gobierno aseguraba que Serguéi le había entregado esos documentos al borracho, Oktai Gasanov, que a su vez se los había pasado al resto de los conspiradores. Uno de ellos era el exconvicto Valeri Kurochkin, que firmó una de las solicitudes fraudulentas de devolución de impuestos y la presentó ante las autoridades rusas. En cuanto le pagaron el dinero, el hombre que más tarde se despeñaría y moriría, Semión Korobeinikov, usó un banco que el Ministerio del Interior aseguraba que le pertenecía para blanquear el dinero. Ese banco era el Universal Savings Bank, que sabíamos que de hecho pertenecía a Dmitri Klyuev. No se mencionaba a Klyuev en la transcripción de la conferencia de prensa ni en el artículo del *Kommersant*.

—¿Quiénes son todos esos? —pregunté.

—No lo sé —me respondió Vadim—. Pero tienen algo en común: todos están muertos.

—¡Joder! ¿Así que asesinaron a todos esos tipos?

—Ni idea, quizá murieran por causas naturales, por lo que sabemos. Pero una cosa está clara: ninguno de ellos puede defenderse ante los tribunales ni explicar lo que está ocurriendo en realidad.

—Tenemos que encontrar a esa otra persona, Klyuev —dije yo.

—Ya me he adelantado a ti —replicó Vadim—. Ya he empezado.

Vadim era brillante, pero desorganizado. Nadie en la oficina quería sentarse a su lado. Su escritorio parecía haber sufrido los efectos de un huracán que hubiera desperdigado documentos no solo en su lugar de trabajo, sino en cualquier otra zona cercana. Una semana después de empezar esa inmersión en el asunto Klyuev, observé que su zona estaba incluso más desordenada de lo habitual, con enormes pilas de documentos amontonados en ruso.

—¿Qué es todo esto? —le pregunté, muy despreocupadamente.

—Son los archivos del caso Mijailovski GOK.

—¿Qué es Mijailovski GOK?

—Una empresa de mineral de hierro rusa. No es la primera vez que el Ministerio del Interior saca a Klyuev de un apuro. En 2006 lo pillaron usando su Universal Savings Bank para intentar robar 1600 millones de dólares de acciones de Mijailovski GOK a un oligarca ruso.

69

—Ya me imagino que al oligarca no le haría demasiada gracia —dije yo.

—Pues no. Hizo que instruyeran una denuncia criminal contra Klyuev. Pero adivina a quién puso en el caso el Ministerio del Interior...

—Ni idea.

Vadim cogió un DVD, se acercó a mi escritorio y lo metió en mi ordenador. Era un vídeo de un reportaje televisivo sobre la investigación Mijailovski GOK que había encontrado *online*. Lo paró en una escena en la que se veía a tres hombres jóvenes inclinados sobre una pila de carpetas y documentos. Vadim señaló al hombre de en medio.

—¿Lo reconoces?

Me acerqué un poco más. El hombre miraba hacia abajo y solo se le veía la parte superior de la cabeza, pero su corte de pelo era inconfundible.

—¡Es Karpov! —Era el mismo oficial derrochador del Ministerio del Interior implicado en el fraude de los 230 millones de dólares.

—Sí. Y mira esto.

Pavel Karpov (en el centro en la pantalla).

(© HERMITAGE CAPITAL)

Vadim me enseñó dos hojas de cálculo, registros de viajes de Klyuev y Karpov. Señaló dos anotaciones subrayadas de amarillo.

—Volaron juntos a Larnaca, Chipre, al mismo tiempo que Karpov se suponía que estaba investigando a Klyuev.

—Me dejas de piedra. —Pero no era verdad.

Vladim sacó otra pila de papeles: el veredicto del tribunal por el caso contra Klyuev.

—Klyuev fue encontrado culpable, pero suspendieron la sentencia. Nunca fue a prisión.

—¿Así que no cayó nadie?

—Sí, cayeron dos tipos: el chófer de Klyuev y una especie de ayudante administrativo.

—¿Y realmente estaban implicados?

—¿Quién sabe? Ambos murieron antes del juicio. Uno tenía treinta y nueve años, y el otro cuarenta y seis.

—Déjame que lo adivine…, ¿ataques cardíacos?

—Sí.

Noté un escalofrío en la columna. El modus operandi de Klyuev era cometer delitos y culpar de esos delitos a algún muerto. Nunca sabremos exactamente cómo murieron todas esas personas, y era muy posible que hubieran muerto todos por causas naturales, pero eso no hacía menos terroríficos a Klyuev y su grupo criminal.

Vadim siguió indagando. Pronto supo que Klyuev había servido en las fuerzas especiales soviéticas en Afganistán como explorador de reconocimiento a finales de los años 80, y a finales de los 90 su nombre aparecía en un informe policial en el cual se le acusaba de asalto y robo. Unos años más tarde aparecía en otro informe policial donde se decía que él y su mujer escaparon por los pelos de un intento de asesinato en el aparcamiento del Starlite Diner, un popular restaurante de Moscú abierto las veinticuatro horas y lleno de expatriados y moscovitas adinerados.

A pesar de este perfil, Vadim solo pudo conseguir una foto de Klyuev, una muy antigua en la que se veía a un hombre nada llamativo, incluso de aspecto afable, con la cabeza ovalada y a mitad de la cuarentena.

Dmitri Klyuev.

El rastro acababa ahí, de modo que Vadim llamó a una de sus fuentes más fiables de Moscú, un hombre al que llamábamos Aslan. Trabajaba en el FSB, pero había acabado enemistándose con algunos de los mismos funcionarios rusos que nos imputaban a nosotros. Aslan a menudo compartía información con Vadim. No lo hacía porque tuviera buen corazón, sino por necesidad maquiavélica. Casi todo lo que nos daba cuadraba.

Vadim llamó a Aslan, pero en cuanto le mencionó el nombre Klyuev, hubo un largo silencio al otro lado de la línea.

Al final Aslan preguntó:

—¿Por qué quieres saber algo de él?

—Parece que está en el centro de todo —le respondió Vadim—. ¿Quién es este tío?

—Deberías comprender que simplemente hablar de él ya es peligroso —dijo Aslan en voz baja—. Es un gran jefe de la mafia. Va por ahí en un Mercedes Brabus blindado, rodeado por otros tres coches. Un séquito fuertemente armado le acompaña dondequiera que va.

—¿Cómo ha conseguido que el Ministerio del Interior le cubra?

—Prácticamente trabajan para él, Vadim. He oído que los

oficiales uniformados se cuadran y saludan cuando él los visita, como si fuera una especie de general.

Aslan acabó con una advertencia ominosa:

—Van a por Browder y a por todos vosotros. Ya he dicho demasiado. Ten cuidado, Vadim. Mucho cuidado.

9

La demanda suiza

Invierno-primavera de 2011

𝒩os tomamos muy en serio la advertencia de Aslan. Sabíamos con toda seguridad que iban a culparnos por sus propios delitos; temíamos que intentaran matarnos también. Yo no sabía cómo evitar que unos mafiosos intentaran matarnos, y eso me preocupaba muchísimo, pero confiaba en que, si los suizos acusaban con éxito a los Stepanov, los rusos ya no podrían culparnos de sus delitos de una manera creíble. Eso podría reducir también el incentivo para matarnos. No era demasiado, pero era lo único que teníamos.

A principios de 2011 habíamos formalizado una denuncia que estábamos ya dispuestos a presentar ante las autoridades suizas. Pero antes de enviarla a un apartado de Correos en Berna y esperar ciegamente que alguien la leyera y actuara, yo iba a hacer un último esfuerzo desesperado para encontrar a alguien influyente en Suiza que pudiera ayudarnos.

Tendría esa oportunidad en el Foro Económico Mundial de Davos, a finales de enero.

Asistía a Davos cada año desde 1996, y el 25 de enero volé desde Londres a Zúrich para hacer el familiar viaje en tren de tres horas hacia los Alpes. Cuando llegué a Davos, encontré las calles cubiertas por la nieve. Los militares suizos estaban colocando barricadas en las calles y tiradores en los tejados, para proteger a los vips internacionales que habían acudido a la ciudad de montaña, en otros momentos aletargada.

Me registré en el Hotel Concordia, un modesto hotel de

tres estrellas junto al centro de conferencias que cobraba la poco modesta cantidad de 500 francos suizos (unos 520 dólares) por noche por una habitación muy pequeña individual con ducha. Aun así yo estaba encantado. A los asistentes a Davos con muy mala suerte los metían en hoteles en Klosters, la ciudad más cercana bajando por el valle, a treinta minutos en coche de distancia.

El lema oficial del Foro Económico Mundial es «Comprometidos para mejorar el estado del mundo», pero en realidad muchos de los asistentes son multimillonarios, dictadores y ejecutivos de Fortune 500 que tienen poco interés en mejorar el estado del mundo. Unos pocos están interesados incluso en lo contrario, precisamente.

Para justificar su noble misión, el Foro Económico Mundial regularmente invita a un puñado de personas que sí se toman en serio el lema. En 2011 una de esas personas era un criminólogo suizo llamado Mark Pieth. A principios de la década de los 90 estaba en el Ministerio de Justicia suizo, a cargo de la lucha contra el crimen económico y organizado. Desde entonces se había convertido en profesor de la Universidad de Basilea y uno de los mayores expertos del mundo en blanqueo de dinero.

75

Todos los asistentes a Davos llenan su agenda de reuniones para justificar los 50 000 dólares que vale el precio de la entrada. Es casi imposible conseguir citas con gente como Bill Gates o Richard Branson. Pero nadie en Davos quería conocer a un experto en blanqueo de dinero... De hecho, muchos de los asistentes probablemente prefiriesen evitar a Mark Pieth como la peste.

El día después de llegar estaba programado que conociese a Mark en el Meierhof, un antiguo hotel estilo chalet suizo que estaba justo bajando por la Promenade del centro de conferencias. Cuando llegué él estaba acabando una reunión con un hombre al que reconocí como CEO de Total, la compañía petrolera francesa que en aquel momento estaba aquejada por muchas acusaciones de corrupción. El CEO parecía totalmente a sus anchas, pero debía de tener algunos enemigos importantes, porque iba flanqueado por dos corpulentos guardaespaldas con cazadoras de cuero.

En cuanto Mark hubo terminado, le saludé y ambos buscamos una mesa lo más lejos posible de la gente de Total. No eran rusos, pero aun así no quería que oyeran nada de lo que íbamos a discutir.

Encontramos una mesa tranquila en un rincón del restaurante del hotel y pedimos el desayuno. Mark tenía cincuenta y tantos años, con el pelo gris echado hacia atrás y una sonrisa juvenil. Después de presentarme y explicarle todo el asunto de Magnitski, con el que él se hallaba solo vagamente familiarizado, saqué el borrador de nuestra denuncia criminal y se lo puse encima de la mesa.

Dejé que lo hojeara un momento y luego le dirigí hacia el organigrama que mostraba los viajes del dinero desde el Universal

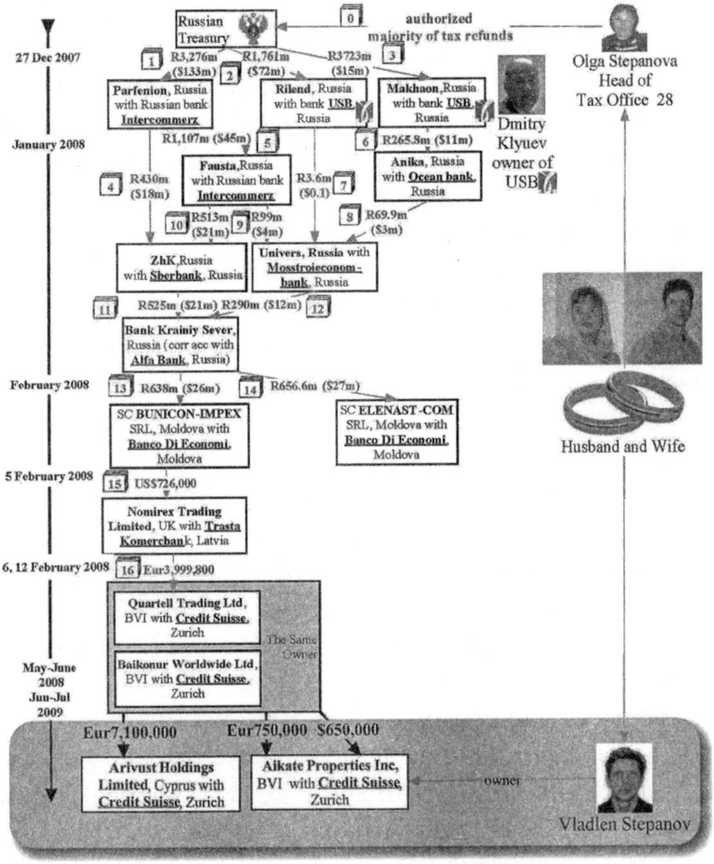

Flujo de dinero desde el Tesoro ruso hasta los Stepanov.

(© HERMITAGE)

Savings Bank, a través de Moldavia y Letonia, a cuentas del Credit Suisse. Cuando vio esto sus ojos se iluminaron.

—¿Certifica que todo esto es cierto? —me preguntó.

—Sí. Al cien por cien.

—¿Y de dónde vienen estos datos? Supongo que la policía rusa no le habrá proporcionado todo esto…

—Tenemos un denunciante interno que nos ha proporcionado los extractos del Credit Suisse, y los pagos en dólares vienen de una citación de Nueva York.

—Un trabajo impresionante, señor Browder.

—Gracias. La mayoría del mérito corresponde a mi colega Vadim Kleiner. Estoy planeando presentar esta denuncia en Berna, pero marcaría una diferencia enorme que alguien como usted pudiera representarnos y presentarla en nuestro nombre. ¿Pensará si quiere hacerlo?

Él puso los codos en la mesa y se inclinó hacia delante.

—Deje que lo lea con cuidado y me lo piense. Es el tipo de cosas en las que llevo años luchando. Si es válida, podría estar interesado.

Yo tenía la agenda llena con otras entrevistas en Davos durante los días siguientes, pero aquella era la principal, la que más me importaba. Esperaba que dijera que sí al final.

Después de Davos viajé a Estados Unidos para asistir a reuniones en Washington y Nueva York, siguiendo el tema de la Ley Magnitski, que estaba consiguiendo mucho apoyo en el Congreso. Mientras estaba en Nueva York recibí una llamada de un número desconocido con código de Suiza. Respondí. La conexión estaba llena de crujidos y ruidos, y apenas entendía a la persona que me hablaba al otro lado. Estaba a punto de colgar cuando al fin oí una voz de hombre que decía:

—¿Bill? ¿Bill? Soy Mark Pieth. ¿Me oye? —La línea se despejó.

—¡Mark! ¿Qué ocurre?

—Lo siento por las interferencias…, voy en el coche. Lo he leído todo. Es muy interesante. De hecho, es tan interesante que creo que me voy a unir a su causa.

—¿Sí? —Podría haberle abrazado por teléfono, lo habría hecho de verdad.

—Con su permiso, me gustaría presentarla de inmediato.

77

Por supuesto, estuve de acuerdo. Al día siguiente me llamó y me dijo:

—La bomba ha caído. Veamos dónde explota.

La implicación de Mark era una gran ayuda, pero, aun así, no garantizaba que los suizos actuasen. En general, los fiscales abren casos que saben que van a ganar casi con toda seguridad. Aunque las pruebas eran irrefutables, los suizos sabían que cualquier caso que implicara a los rusos sería terrible con toda seguridad. Los rusos son notoriamente poco cooperativos, levantan cortinas de humo constantemente y mienten sin parar.

Yo tenía que hacer lo que pudiera para que a los suizos les resultara imposible enterrar aquel caso. De modo que decidí implicar a la prensa.

Después del gesto conciliador de John Moscow en la Conferencia Criminológica de Cambridge, este me había presentado a un viejo amigo suyo, un reportero del semanario *Barron's* llamado Bill Alpert, a quien me describió como uno de los mejores reporteros de investigación de Nueva York. El trabajo cotidiano de Bill era como reportero del mercado de valores, cubriendo el cuidado sanitario y las acciones tecnológicas, pero además escribía también artículos de formato largo, impactantes, en las que exponían corruptelas y conductas delictivas.

Antes de volver a Londres programé una reunión con Bill para comer en el restaurante del hotel Mandarin Oriental de Nueva York, en el piso 35, con vistas a Central Park. En cuanto él entró en el restaurante, vestido con una parka azul con cremallera y unas zapatillas viejas, me di cuenta de que quizá no se sintiera a gusto en un sitio tan pijo.

—¿Eres Bill? —me preguntó, acercándose a la mesa.

—Sí. ¿Y tú?

Él se rio.

—¡Culpable!

No le preocupaba en absoluto el entorno. Con su aspecto y su despreocupación me recordaba a un detective Colombo de la era moderna. Me gustó enseguida.

Hablamos de temas triviales, y pronto nos dimos cuenta de que compartíamos algo más que el nombre de pila: los dos estábamos relacionados con comunistas famosos. Mi abuelo,

Earl Browder, había sido secretario general del Partido Comunista de Estados Unidos desde 1932 a 1945, y un primo lejano de Bill, Maxim Litvinov, había sido ministro de Asuntos Exteriores de Stalin antes de la Segunda Guerra Mundial (al final Litvinov fue reemplazado por Viacheslav Mólotov, de fama por el cóctel molotov). De alguna manera, tanto Bill como yo acabamos a una distancia enorme del comunismo, Bill como reportero de Wall Street y yo como director de un fondo de inversiones libres en Moscú.

Reportero de *Barron's*, Bill Alpert.
(© BILL ALPERT)

79

Antes de hacerse reportero, Bill estudió Derecho (se graduó en la Facultad de Derecho de Columbia en los años 80) y una de sus aficiones era examinar documentos legales en busca de escándalos empresariales. Sus jefes en *Barron's* no estaban demasiado entusiasmados con sus amados proyectos de investigación, pero mientras entregase sus artículos del mercado de valores a su debido tiempo, le dejaban que los llevara a cabo.

Mientras comíamos, le informé de la denuncia suiza. Su reacción fue similar a la de Mark Pieth, aunque desde un ángulo distinto. Bill lo veía como una exclusiva fabulosa. Lo tenía todo: un asesinato, cuentas bancarias en Suiza, denunciantes internos, funcionarios rusos corruptos y tapaderas manipuladas por el Kremlin.

Me dijo que desde luego trabajaría en ello.

Sin embargo, cuando volví a Londres y nuestros abogados se enteraron de mi reunión con Bill, pusieron mucho énfasis en que yo frenase aquella historia. Decían que hacer publicidad de la denuncia quizá enfureciese y distanciase a los fiscales suizos, que como respuesta podían retrasarla interminablemente, o incluso rechazarla.

Hablé con Bill de todo ello y estuvo de acuerdo en que esperar a que los suizos tomaran una decisión era la opción correcta.

Después esperé una respuesta de Berna. Esto es lo peor de presentar denuncias criminales. Las semanas iban pasando sin noticias. Llamé a Mark a mediados de marzo para preguntarle si sabía cuándo podríamos enterarnos de algo, pero replicó:

—Bill, has de tener paciencia. Esta gente trabaja a un ritmo distinto del nuestro.

Pero el 22 de marzo de 2011 ocurrió algo…, aunque no en Suiza. En Moscú, los rusos nombraron a un nuevo actor en el fraude de los 230 millones de impuestos. Era otro exconvicto, un ladrón llamado Viacheslav Jlébnikov, pero este estaba vivo.

El Ministerio del Interior aseguraba que Jlébnikov era uno de los principales organizadores del fraude. En términos de la mafia era un «hombre leal», alguien que aceptaba voluntariamente asumir la culpa de los delitos cometidos por él y sus asociados. Además de declararse culpable de ser una figura central en el robo de los 230 millones, «corroboró» que Serguéi y los otros tres hombres fallecidos le habían ayudado a cometer el delito.

El Ministerio del Interior respaldó su «confesión» con un extenso archivo del caso, intentando hacer que todo pareciese legítimo, pero ese archivo fue puesto a buen recaudo en el Tribunal del Distrito de Tverskoy en Moscú, donde nosotros no podíamos tener acceso a él.

Jlebnikov fue encontrado culpable basándose solo en su confesión, y sentenciado a cinco años en una colonia penal (la sentencia mínima posible) sin multa ni requisito alguno de revelar el paradero del dinero. Las autoridades concluyeron que Olga Stepanova y algunos otros funcionarios de Hacienda que habían autorizado el reembolso ilegal habían sido «engañados», y de hecho eran víctimas del delito. Las autoridades ignoraron convenientemente el hecho de que después del fraude, el marido de Olga hubiese recibido 11 millones en el Credit Suisse de Zúrich procedentes del reembolso de impuestos que ella había autorizado. También ignoraron la mansión de 28 millones, ganadora de un premio, de los Stepanov en las afueras de Moscú, registrada bajo el nombre de la madre jubilada de Vladlen, y su villa de vacaciones de 3 millones en Dubái. (Todo ello con unos ingresos anuales conjuntos de un poco más de 38 000 dólares.)

Tampoco había ninguna referencia al anterior fraude de la devolución fiscal de 107 millones de dólares, que también había aprobado Stepanova. Para todos los implicados, era como si aquello no hubiese sucedido nunca.

Pensé: «A la mierda todo. Estos tipos no pueden seguir creando sus tapaderas sin que nadie les discuta nada. No vamos a esperar a los suizos».

Mansión moscovita de los Stepanov.
(© ANDRÉI MAKHONIN)

Lo discutí con Bill y el 16 de abril de 2011 *Barron's* publicó «Crimen y castigo en la Rusia de Putin». Era un artículo de 2800 palabras que describía la pista del blanqueo de dinero y cómo parte de este había acabado en el Credit Suisse, y que mostraba unas fotos de la «casa de campo» de los Stepanov a las afueras de Moscú, describiendo la implicación de Klyuev y acabando con un desafío a los suizos para que se tomasen en serio todo esto.

Una semana más tarde, el 23 de abril, los suizos anunciaron que habían hecho exactamente eso. Embargaron los 11 millones que tenían los Stepanov en el Credit Suisse. Esa fue la primera orden de embargo del caso Magnitski.

Pero no sería la última.

10

Alexander Perepilichni

Verano de 2011-primavera de 2012

$\mathcal{D}$espués de abrir el caso, la fiscal suiza, Maria-Antonella Bino, me citó para que prestara testimonio en Lausana.

Suiza es renombrada por su neutralidad. Eso puede sonar muy bonito, pero a menudo no lo es. Sí, los suizos consiguen reunir a países en guerra para que firmen tratados de paz, y Suiza sirve como cuartel general para organizaciones multilaterales como la Organización Mundial de la Salud y la oficina de Derechos Humanos de la ONU, pero también abusan de su «neutralidad» para apoyar a algunos de los dictadores más espantosos del mundo. Raramente pasa un año sin que se oiga hablar de un escándalo en el que se encuentra implicado algún potentado africano o a algún cleptócrata de Asia Central que oculta cientos de millones de dólares en bancos suizos. Los suizos siempre se enorgullecen del hecho de dar la bienvenida a todo el mundo…, bueno o malo, no importa, mientras el país continúe aumentando sus beneficios económicos.

Me preocupaba que ese tipo de neutralidad suiza pudiera entrar en juego con nosotros. Afortunadamente, después del artículo de Bill Alpert, los medios suizos se interesaron por nuestro caso. Cuando la SRF, la empresa nacional de radiodifusión suiza, oyó que yo iba a Lausana, enviaron a un reportero para que me entrevistara allí.

El 16 de mayo volé a Ginebra y cogí el tren para Lausana. Durante el viaje de una hora que transcurre por las orillas del lago Lemán, se distinguen los Alpes coronados de nieve alzándose en la distancia. Nunca había estado en Lausana. La ciudad era una Suiza de postal: calles serpenteantes, antiguos edificios con tejados de tejas, frecuentes campanarios de iglesias y torres con aspecto medieval salpicando el horizonte, todo con el lago siempre cerca.

Al día siguiente fui a la oficina de la fiscal, que no era tan encantadora como la ciudad que la rodeaba. De hecho, era lo contrario de encantadora: un bloque de oficinas de cinco pisos utilitario que parecía haber sido construido en los años 70, con tiendas en la planta baja y un aparcamiento enfrente.

Los de la televisión se reunieron conmigo allí y pasamos bajo unos arcos para grabar algunas tomas. El reportero me preguntó qué esperaba de la investigación suiza, y si podría aportar alguna prueba nueva. Yo hablé en general, prediciendo que aquel hilo finalmente acabaría por desenredar toda la red de blanqueo de dinero usada por los criminales que habían robado los 230 millones de dólares.

Mientras nosotros trabajábamos, una mujer de unos cuarenta y tantos años y con traje de chaqueta gris se acercó a nosotros.

—¿Es usted el señor Browder? —me preguntó.

—Sí.

—Soy la fiscal Bino —me dijo ella. Miró al cámara y al reportero—. No se puede filmar aquí. —Su inglés era perfecto.

—Lo siento. Ya estábamos terminando. —Hice una seña a los periodistas—. No vendrán dentro.

Ella levantó las cejas.

—Por favor, sígame.

Entramos en el edificio. Presenté mi pasaporte en recepción, y ella me condujo hasta el ascensor. A medida que íbamos avanzando, hombro con hombro, me dijo:

—Estos procedimientos son confidenciales. Espero que esto quede claro. No lo vuelva a hacer.

Quizá hubiera empezado con el pie izquierdo con ella, pero había dejado las cosas claras. Si los suizos intentaban permanecer neutrales en aquel caso, el mundo lo sabría.

La sala de audiencias era como un pequeño tribunal, con la fiscal Bino sentada en un estrado y yo por debajo de ella, en la mesa de los testigos. Estábamos rodeados de administrativos, un alguacil y un traductor. Bajo la ley suiza, todo el procedimiento debía tener lugar en uno de sus idiomas oficiales, en este caso, francés. La fiscal Bino llevó toda la entrevista en francés, y me la iban traduciendo a mí al inglés. Yo respondía en inglés, y el proceso se repetía en sentido inverso. Lo que tendría que haber costado una hora y media acabó costando cinco horas.

La sustancia de la audiencia era poco interesante, y consistía sobre todo en que yo hacía un refrito de las alegaciones de nuestra acusación, con una excepción notable. La fiscal Bino quería saber cuál era la identidad de nuestro confidente ruso.

Como parte del arreglo con Alexander Perepilichni, nos habíamos comprometido a mantener su identidad en secreto, de modo que yo no lo nombré. Sencillamente dije que había una «persona» que había contactado con nosotros. Esa persona había corrido un gran riesgo proporcionándonos sus pruebas, y yo no pensaba aumentar ese riesgo más aún.

La fiscal Bino lo dejó correr, y la entrevista acabó poco después.

Mis precauciones con respecto a Perepilichni resultaron no servir para nada. Nuestros adversarios rusos habían estado llevando la cuenta de los procedimientos suizos, y ese mismo día en Moscú, el marido de Olga Stepanova publicó una página entera pagada en un periódico de negocios ruso desvelando el nombre de Perepilichni. «El confidente Alexander Perepilichni representó un papel en mi "notoriedad" —escribía—, ya que solo él conocía ciertos detalles, y nadie más.» Stepanov prometía «buscar reparación».

Al día siguiente un reportero de la SRF se enfrentó al presidente Dmitri Medvédev sobre nuestro caso en una conferencia de prensa en Moscú. (Medvédev fue presidente ruso entre 2008 y 2012, mientras Putin actuaba como primer ministro. Por supuesto, Putin mantenía todo el poder entre bambalinas.) El reportero preguntó: «Señor presidente…, con respecto al caso de Hermitage Capital y Serguéi Magnitski, la oficina del fiscal federal suizo está investigando el caso a instancias de Hermitage Capital, un caso que implica acusaciones de fraude fiscal en Rusia, y probable blanqueo de esos fondos en Suiza. ¿Cooperará Rusia con Suiza en este asunto?».

Medvédev eludió la sustancia de la pregunta, pero dijo que se estaba tomando el caso muy en serio, y que lo había discutido con los jefes del FSB y del Comité Investigador del Estado Ruso. Pero luego se mostró tal cual era en realidad. «Las cosas no son tan sencillas como sostiene a veces la prensa —dijo—, y debemos averiguar la verdad e identificar al círculo de personas implicadas tanto en Rusia como en otros países.» Traducción: nuestra tapadera sigue en vigor, y la gente como Bill Browder, sus colegas y Alexander Perepilichni están incluidos en ese «círculo de personas en otros países».

Unas pocas semanas más tarde, Medvédev envió al funcionario legal más importante de Rusia, el fiscal general Yuri Chaika, para que se reuniera con el fiscal general suizo, en un intento de cerrar el caso. La oficina de Chaika, posteriormente, emitió dos peticiones de asistencia legal mutua (MLA por sus siglas en inglés) con los suizos, pidiendo acceso formal al expediente.[2]

He visto a los rusos hacer un montón de movimientos raros, pero tener al presidente de Rusia y a su funcionario legal de mayor rango abierta y declaradamente implicados en la cobertura de actividad criminal organizada en Rusia y en el extranjero era algo realmente asombroso.

Sin embargo, esas intervenciones no parecieron funcionar. Los suizos no cerraron el caso, ni tampoco compartieron el expediente con los rusos en esa coyuntura.

Si las autoridades rusas no podían evitar que el caso suizo fuera adelante, la siguiente mejor opción era detener a Perepilichni.

Para hacerlo, los rusos prepararon un nuevo caso criminal con él como objetivo. A principios de septiembre, un hombre llamado Andréi Pavlov, *consigliere* y abogado personal de Dmitri Klyuev, empezó a comunicarse con Perepilichni por Skype.

Pavlov sugería que había una forma de resolver los problemas de Perepilichni, si los dos hombres se reunían en persona.

2. Las MLA se basan en tratados internacionales y están destinadas a permitir el acceso a fiscales e investigadores a pruebas e información en casos criminales y civiles. Casi siempre se respetan.

Como no había forma de que Perepilichni regresara a Moscú, accedieron a reunirse con él en el aeropuerto de Zúrich.

A primera hora del 6 de septiembre, Perepilichni voló desde Londres a Zúrich. Los dos hombres no se habían visto nunca, de modo que Perepilichni se puso una chaqueta de un naranja intenso. Se aseguró de que estaba al otro lado de Inmigración y a salvo en suelo suizo antes de que llegase Pavlov. Aunque un secuestro a plena luz del día en mitad del aeropuerto de Zúrich era altamente improbable, no lo dejó al azar. Buscó un Starbucks junto a los mostradores de facturación de la terminal 2 y esperó.

Pavlov envió un texto a Perepilichni justo antes de las ocho y media de la mañana. Insistía en que se reunieran junto a las puertas de embarque, pero Perepilichni se mantuvo firme. Al final, Pavlov cedió, y se encontraron unos veinte minutos más tarde. Se sentaron y empezaron a discutir.

El objetivo de Perepilichni era que se cerraran todos los casos criminales que se habían abierto contra él en Rusia. Pero el tren que había puesto en marcha al proporcionar basura sobre los Stepanov no había tenido el efecto deseado, y de hecho le había salido el tiro por la culata. Los Stepanov eran más poderosos que nunca, y que Pavlov estuviese sentado frente a él era prueba de ello. Perepilichni sabía que había calculado mal las cosas, y no estaba dispuesto a cooperar.

El objetivo de Pavlov era conseguir que Perepilichni se pronunciase oficialmente, asegurando que el dinero de los Stepanov en el Credit Suisse no había procedido de un fraude de impuestos, sino de actividades empresariales legítimas. Pavlov probablemente esperaba que eso comprometiera el caso suizo, y sabía que ayudaría con la narrativa de la tapadera en Rusia. El *quid pro quo* significaba que si Perepilichni hacía una declaración exonerando a los Stepanov, sus problemas en Rusia desaparecerían.

Al parecer, Perepilichni accedió a firmar esa declaración, y los hombres se separaron y se fueron cada uno por su lado.

Para cuando Perepilichni volvió a Londres, sin embargo, se dio cuenta de que la propuesta de Pavlov lo metería en un lío más gordo todavía. Sus problemas en Rusia podían desaparecer, pero su acuerdo crearía graves problemas para él en Suiza. Si aseguraba que los Stepanov «no» se habían beneficiado del

87

delito de los 230 millones, los suizos concluirían que Perepilichni no era simplemente un confidente bien dispuesto, sino más bien un coconspirador, manchado por tanto. Perepilichni podía encontrarse entonces con que los suizos le acusaban de un delito, igual que a los Stepanov. Perepilichni estaba en un grave aprieto. Se enfrentaba a una acusación de Rusia si no cooperaba con Pavlov, o a una acusación de Suiza si lo hacía.

Un poco más tarde, Pavlov envió una declaración a Perepilichni para que la firmara. Pero como Perepilichni se negó, Pavlov se puso muy nervioso e insistió en que celebrasen otra reunión, esta vez en Heathrow, en Londres.

Esa reunión no fue bien. Unas dos semanas después, el Ministerio del Interior ruso convocó al cuñado de Perepilichni en Moscú para interrogarlo.

Fuera lo que fuese lo que intentaban sacar del cuñado, no funcionó tampoco. El 19 de noviembre, Pavlov mandó un mensaje a Perepilichni: «La entrevista fue muy mal. No tendría que haberlo hecho de esa manera… Existe una posibilidad real de que si no aparece usted para su interrogatorio, preparen una acusación formal contra usted, de modo que puedan cogerlo deteniéndolo en la frontera».

Todo eso pesó mucho sobre Perepilichni durante las vacaciones de Navidad y Año Nuevo, y a principios de enero de 2012, contactó con Vadim. Se encontraron en el Polo Bar del hotel Westbury, y se sentaron a una mesita baja junto a la ventana.

Perepilichni (un hombre robusto de cuarenta y tres años con el pelo espeso y negro) normalmente se mostraba optimista y con buen sentido del humor, pero aquel día estaba inquieto, intranquilo, mirando constantemente por encima del hombro mientras hablaban.

—¿Qué ocurre? —preguntó Vadim.

Perepilichni dejó su bebida y suspiró.

—Creo que alguien quiere matarme.

—¿Cómo lo sabe? —preguntó Vadim.

—Mi familia ha recibido una llamada de la policía antiterrorista en Moscú. Recientemente han investigado la casa de un sicario en otra investigación y encontraron un archivo sobre mí.

—¿Un sicario?

—Sí. Un checheno.

—¿Y cómo sabe que eso es verdad? Llevan meses intentando asustarle...

—Porque tienen todo tipo de detalles sobre mí y mi familia, y nuestra vida en el Reino Unido. Lo único que me consuela es que tienen mi domicilio antiguo, no el actual.

—Eso no suena muy consolador... —dijo Vadim.

Después resultó que el sicario era Valid Lurajmaev, un conocido asesino checheno que respondía al nombre callejero de «Validol» (traducción rusa de Valium), un juego de palabras no demasiado sutil basado en la idea de que calmaba muy bien a sus víctimas matándolas.

Perepilichni no podía hacer gran cosa para protegerse, de modo que empezó a investigar potentes pólizas de seguros de vida en el Reino Unido. Al menos su familia quedaría a salvo, si a él le ocurría lo peor.

Fueran cuales fuesen sus miedos, no le impidieron dar testimonio. Aquella primavera hizo el mismo viaje que había hecho yo a Lausana. El 26 de abril de 2012, Perepilichni se sentó con la fiscal Bino y declaró formalmente sobre el caso de blanqueo de dinero que implicaba a los Stepanov.

La suerte estaba echada.

11

El cebo

Verano de 2012

*E*l 4 de julio de 2012 volé desde Londres a Niza, en el sur de Francia. Cuando mi vuelo de British Airways se elevaba por encima del Mediterráneo, con las tejas rojas de los tejados de Niza en la distancia, envidié a las personas que me rodeaban: todos llevaban pantalón corto y sandalias y una sonrisa en la cara, porque acababan de empezar sus vacaciones.

Yo en cambio llevaba traje.

Me dirigía a la reunión anual de la Asamblea Parlamentaria de la Organización para Seguridad y Cooperación en Europa (OSCE PA por sus siglas en inglés). La OSCE PA estaba formada por cientos de parlamentarios de cincuenta y siete países que se reunían regularmente para hablar de derechos humanos, democracia y seguridad. Aquel año se estaban reuniendo en Mónaco, a corta distancia en coche de Niza. Yo asistía porque votarían una resolución instando a todos los Estados miembros de la OSCE a que aprobaran leyes Magnitski en sus países.

Me había invitado el secretario general de la Asamblea Parlamentaria, un texano muy gregario llamado Spencer Oliver. Pensaba que me podría ayudar presentar una conferencia secundaria sobre la Ley Magnitski. Normalmente, estos actos secundarios son asuntos bastante aburridos donde las ONG presentan ponencias sobre sus políticas, pero yo pensaba que podría animar un poco las cosas presentando un breve vídeo de YouTube que recientemente habíamos preparado acerca de Dmitri Klyuev. Tenía un estilo similar a los vídeos que habíamos hecho sobre Karpov y Kuznetsov, y sería el estreno internacional del vídeo.

Nadie era más emblemático de la fusión entre el crimen organizado ruso y el Gobierno ruso que Klyuev, y eso le convertía en la persona perfecta para explicar la necesidad de una Ley Magnitski.

Políticamente, aquel acto era una oportunidad de oro, pero, personalmente, yo no deseaba visitar Mónaco. Desde 2008 estaba en la lista nacional de los más buscados de Rusia. Solo era cuestión de tiempo que me colocaran también en una internacional. Cuando esto ocurriese, no lo averiguaría hasta que me arrestasen al cruzar cualquier frontera. Por ese motivo, cuando cruzaba una frontera internacional, siempre se me aceleraba un poco el corazón. Aquel temor era particularmente agudo en Mónaco.

El príncipe Alberto, jefe del Estado de Mónaco, era un conocido compinche de Vladímir Putin. Era el único extranjero en el viaje de caza de 2007 a Siberia, que produjo la famosa foto de Putin sin camisa a lomos de un caballo. A causa de su

91

El príncipe Alberto (en el centro, con sombrero) y Vladímir Putin en Siberia en 2007. (© DMITRI ASTAKHOV/AFP/GETTY IMAGES)

amistad, el príncipe Alberto apoyaba entusiásticamente al presidente de Rusia, y ocasionalmente hacía lo que él quería.

Yo había oído decir que los enemigos de Putin que se alojaban en hoteles de Mónaco presentaban sus pasaportes y al cabo de unos minutos eran arrestados por la policía local.

Sin embargo, tenía una buena solución. Como no hay control fronterizo entre Francia y Mónaco, podía quedarme en el lado francés sin caer en ninguna trampa legal. Elegí un hotel en Roquebrune-Cap-Martin, una ciudad francesa a solo quince minutos de Montecarlo. Aun así era un poco arriesgado para mí poner los pies en Mónaco, pero como asistiría a un simposio internacional del Gobierno, presumí que sería demasiado escandaloso detenerme mientras se estaba celebrando el acto.

La mañana del 5 de julio me reuní con mi colega Mark Sabah para desayunar en mi hotel. Mark era un joven entusiasta de treinta y cinco años, mi mano derecha para presionar políticamente en la campaña de justicia. Tenía un apellido que parecía árabe, pero en realidad era judío, del norte de Londres. Había trabajado en varias campañas políticas británicas antes de unirse a mí.

Mark estaba hecho prácticamente para aquel trabajo. Era extrovertido por naturaleza, y no tenía reservas a la hora de iniciar una conversación con cualquiera. Solía ganarse enseguida la simpatía de la gente.

Después de desayunar cogimos un taxi en el centro de convenciones de Montecarlo, el Grimaldi Forum, una enorme estructura de cristal y cemento situada en un acantilado bajo, por encima del Mediterráneo. El amplísimo vestíbulo de entrada resplandecía tanto que muchas de las personas que asistían (incluido Mark, aunque no yo) llevaban gafas de sol dentro.

Nos dirigimos a una sala de conferencias grande, en lo más profundo del interior del edificio, y llegamos veinte minutos antes de nuestra hora. La gente iba entrando mientras nosotros comprobábamos el equipo, y cuando bajaron las luces, la sala estaba completamente llena. Habría fácilmente unas cien personas como público, incluyendo unos cincuenta parlamentarios de más de una docena de países.

Empezó la película. Contemplé sus rostros mientras ellos absorbían la historia de Klyuev. Señalé su historial criminal, su milagrosa habilidad para evitar la cárcel en el caso Mijaíiovski

GOK, su intimidad con el Ministerio del Interior y el comandante Karpov, y el hecho de que él y sus asociados estuvieran
rodeados de muertos a quienes convenientemente habían cul-
pado de sus propios delitos.

Fui el primero en hablar cuando terminó la película. Defen-
dí la resolución Magnitski, y concluí:

—Como pueden ver, no hay diferencia ahora entre el Gobierno ruso y el crimen organizado.

Después de mis comentarios, un montón de parlamentarios
pidieron el micrófono. Apoyaban universalmente la resolución
Magnitski, pero un cierto número de ellos pensaba que yo había ido demasiado lejos al afirmar que el Gobierno de Rusia
estaba totalmente criminalizado.

Cuando acabó el acto, un parlamentario belga nos invitó a
una recepción-cóctel que celebraba el primer ministro de Mónaco en el hotel Le Méridien aquella noche. Le dimos las gracias y yo le dije que estaría allí.

En torno a las seis de la tarde, Mark y yo cogimos un taxi
y fuimos a Le Méridien. Mientras atravesábamos el vestíbulo,
noté que casi todas las personas que pasaban hablaban en ruso.
Me puse muy nervioso.

Al final del vestíbulo se abría una piscina muy extensa en
forma de luna creciente, con pequeños puentes que conectaban
unos senderos rodeados de cipreses. El Mediterráneo relucía en
la distancia. Examinamos la multitud y entonces se nos acercó
una amiga de Mark, una norteamericana del personal de OSCE
llamada Anna Chernova.

—¿Por qué están aquí todos esos rusos? —preguntó Mark.

Anna respondió con un susurro.

—Para la mayoría de los políticos, esto es trabajo. Pero para
los rusos son vacaciones, y el Gobierno lo paga todo.

Rusia era también miembro de la OSCE, junto con otros
países no europeos como Estados Unidos y Canadá, pero habían enviado a una delegación inusualmente grande.

Anna señaló un grupo de hombres de mediana edad y ex-
ceso de peso apoyados en la barra.

—Esos son los parlamentarios rusos. —Señaló a un puñado
de mujeres chabacanas con demasiadas joyas y ropa cara, arre-
molinadas en torno al bufé—. Y esas son sus esposas. —Lue-

go se dio la vuelta hacia el final de la piscina, donde había un grupito de rubias en bikini y caftán, ninguna de ellas de más de veinticinco años—. Y esas son las amantes. Los niños están todos arriba en sus habitaciones, con los iPads.

La escena parecía una caricatura, era demasiado para mí. Yo quería irme. Pero Mark me retuvo.

—Hay mucha gente importante aquí, Bill. Es una buena oportunidad.

De mala gana, accedí a quedarme.

Anna nos dejó y Mark y yo nos mezclamos con la multitud, yendo de una conversación a otra. Mark estaba en su elemento. Mientras él parloteaba con la gente, yo me moría de hambre. El día había sido tan ajetreado que no había tenido tiempo ni para comer.

Me dirigí al bufé. El Gobierno de Mónaco no había reparado en gastos: había pilas de gambas frescas, patas de cangrejo y bandejas rebosantes de charcutería francesa. Me uní al final de la cola.

Mientras iba consultando mi BlackBerry, noté que alguien me empujaba por la espalda. Me adelanté para dejar espacio, pero me volvió a presionar otra vez. Miré con el rabillo del ojo y vi que era una mujer la que me empujaba. Me volví y me encontré con una rubia espectacular, de metro ochenta de alto, con los labios gruesos y rojos. Olía como a sándalo. Llevaba un vestido de cóctel negro sencillo y tacones altos. Me sonrió con calidez. En un inglés con ligero acento ruso, me dijo:

—Hola, soy Svetlana. ¿Está aquí por la conferencia?

—Sí, así es. ¿Y usted?

—Yo vivo en Mónaco y soy voluntaria en la OSCE. Es un acto muy interesante, ¿no le parece?

Asentí. La cola iba avanzando poco a poco. Cogí un plato y una servilleta que llevaba enrollados dentro unos cubiertos de plata. Svetlana hizo lo mismo y siguió dándome conversación.

—Normalmente yo trabajo en el mundo de la moda. Pero la política me parece algo fascinante.

Dado que aquel mismo día yo había acusado al Gobierno ruso de haberse fusionado con el crimen organizado, no estaba muy dispuesto a seguir relacionándome con ningún ruso, y mucho menos con una bella mujer que «normalmente» trabajaba en «el mundo de la moda».

Llegué a la comida y me llené el plato, y luego me fui a una mesa en la barra para comer solo.

Cuando llegué al postre, sin embargo, Svetlana estaba a mi lado de nuevo. Esta vez me preguntó:

—¿Va a hablar en la conferencia?

—Sí.

—¿Y sobre qué tema?

—Derechos humanos.

—¡Oh! Los derechos humanos son «muy» interesantes. ¿Tiene una tarjeta de visita?

Me tocó el brazo con las puntas de los dedos y los dejó ahí un momento demasiado largo.

Justo entonces un par de parlamentarios que habían estado en la charla se acercaron y empezaron a hacerme preguntas. Svetlana se quedó entre ellos. Unos minutos más tarde, ambos parlamentarios me pidieron detalles de contacto. Yo saqué mis tarjetas de negocios y se las pasé a los parlamentarios. Svetlana tendió la mano, expectante. Yo dudé, pero habría resultado muy raro no darle a ella una tarjeta también, de modo que lo hice.

Mark y Anna se unieron a mí y el grupo se dispersó. Svetlana desapareció. Mark me preguntó:

—¿Quién es esa rubia tan guapa?

—Una chica rusa a quien le interesa la moda y los derechos humanos —respondí, sin emoción alguna. Mark sonrió.

Yo estaba exhausto y no quería quedarme mucho más tiempo en la recepción. Cogí un taxi hasta mi hotel francés, dejando a Mark que trabajara con la gente. Una vez en mi habitación, comprobé mi correo. Mientras iba pasando los mensajes, llegó uno nuevo. Era de una tal «Svetlana Melnikova».

Querido señor Browder, he disfrutado mucho conociéndole esta noche. Me ha parecido que teníamos una fuerte conexión. Me preguntaba si le gustaría que nos reuniésemos para tomar una copa en su hotel... ¿Dónde se aloja usted?

Besos, S.

¿Fuerte conexión? Habíamos pasado dos minutos en una cola juntos, ¿de qué hablaba aquella mujer? No le contesté.

Una hora más tarde, cuando estaba metiéndome en la cama, llegó otro mensaje.

William, ¿estás despierto aún? Yo sí. No puedo dejar de pensar en ti. Realmente me gustaría mucho verte esta noche. Más besos, S.

Me eché a reír. Soy un hombre calvo de mediana edad y de uno setenta de alto. Las modelos rubias pechugonas de metro ochenta no se arrojan a mis brazos. No era más que un burdo cebo.

Pero mientras yacía allí echado en la oscuridad, mi mente empezó a dar vueltas. Nuestros adversarios estaban acusándonos activamente de sus propios delitos en Rusia. Yo era un criminal buscado allí. Alexander Perepilichni era un objetivo conocido de un asesino checheno. Y ahora, estaba en una conferencia en Mónaco e intentaban ponerme un cebo. Desde luego, era muy primario y torpe, pero eso significaba que yo había estado junto a una agente operativa del FSB aquella misma noche.

El cebo no había funcionado, pero los rusos sabían que yo estaba en Mónaco. Intenté dormir, pero me di cuenta de que no podía.

A primera hora cogí todas mis cosas, las metí en mi maleta, bajé a la recepción del hotel y pedí un taxi.

El gerente del turno de noche me ofreció el taxi que esperaba fuera, pero yo lo rechacé.

—Por favor, llame a uno nuevo. —Él no entendía por qué me ponía tan quisquilloso, y no se lo quise explicar. Hizo lo que yo le pedía.

Unos minutos más tarde apareció un Mercedes negro. Me subí al coche y le pedí al conductor que fuera a Menton, una ciudad francesa en la dirección opuesta al aeropuerto de Niza. Lo bueno de levantarme tan temprano es que no había nadie en la carretera, de modo que quedaría perfectamente claro si alguien nos seguía.

Fui mirando por la ventanilla de atrás mientras nos dirigíamos a Menton. No había nadie persiguiéndonos, de modo que le dije al conductor que diese la vuelta y se dirigiese a Niza.

Llamé a Mark y le desperté. Le conté lo que había ocurrido con Svetlana y mi temor de que el FSB conociera nuestro paradero. Le dije que se reuniera conmigo en el mostrador de la British Airways en el aeropuerto de Niza.

—No estamos a salvo aquí. Ya hemos presentado nuestra película. Podemos hacer el resto desde Londres.

—Bill, igual estás exagerando. A mí no me tienen como objetivo. Y no me iré con ninguna chica rusa…, te lo prometo. Déjame terminar lo que vinimos a hacer aquí.

Accedí.

Volví a Londres solo, y durante los dos días siguientes, Mark sistemáticamente fue abriéndose camino en las delegaciones europeas, defendiendo nuestro caso con respecto a la resolución Magnitski y encontrando pocos vientos contrarios.

Pero luego, el día de la votación, Mark recibió una llamada de un hombre llamado Neil Simon, oficial de prensa de Spencer Oliver, el secretario general de la Asamblea Parlamentaria. Neil había trabajado previamente en la Ley Magnitski en el Senado de Estados Unidos y conocía bien a Mark.

Nada más responder al teléfono, Neil soltó:

—¡Joder, no te lo vas a creer! ¡Dmitri Klyuev y Andréi Pavlov se están reuniendo con Spencer en su despacho ahora mismo!

—¿Cómo? —Mark por poco se atraganta.

—Klyuev está aquí, con Spencer y…

Dmitri Klyuev (izquierda) y Andréi Pavlov en la oficina de Spencer Oliver en Mónaco, en julio de 2012. (© HERMITAGE)

—Pero ¿qué está haciendo?

—Intenta convencer a Spencer de que quite de la agenda la resolución Magnitski.

—¿Dmitri Klyuev? ¿Nuestro Dmitri Klyuev?

—¡Sí!

Mark estaba sin habla.

La FSB rusa era capaz de hacer muchas cosas, pero ¿permitir que un importante jefe del crimen organizado acudiera en persona para presionar al jefe de una organización política internacional? Eso era nuevo.

Mark le pidió a Neil que le enviara una foto. Al cabo de unos segundos apareció una foto en el teléfono de Mark mostrando a Klyuev y Pavlov sentados en un sofá en la improvisada oficina de Spencer Oliver en el Grimaldi Forum. Era la mejor foto que Mark o cualquiera de nosotros había visto nunca de Klyuev.

Mark volvió a llamar a Neil y le dijo:

—¡Necesitamos más!

Si podía conseguir más imágenes de Klyuev, o incluso mejor, un vídeo, podríamos usarlos para dar vida a Dmitri Klyuev.

Neil se resistía.

—Es demasiado arriesgado. Me despedirán.

Mark corrió al centro de prensa del Forum, buscando desesperadamente a alguien que pudiera ayudarle. El salón estaba vacío, excepto un grupo de la televisión georgiana que tomaba un café. Mark corrió hacia ellos y se detuvo en seco frente a la corresponsal, Ketevan Kardava, a quien Mark conocía.

—¡Ketevan, necesito tu cámara!

El cámara, que parecía más un jugador de rugby que un técnico, le preguntó bruscamente:

—¿Por qué iba a darte yo mi cámara?

—Vosotros estuvisteis cuando proyectamos nuestra película el otro día, ¿verdad?

—Sí —respondió el cámara.

—Dmitri Klyuev está aquí.

—¿Cómo?

—¡Que está aquí! La estrella de la película. Ahora mismo. ¡Reunido con Spencer Oliver!

Los georgianos se miraron los unos a los otros, incrédulos.

—Imposible… —dijo Ketevan.

Mark buscó en su teléfono y les enseñó la foto de Neil.

Los ojos de ella se abrieron mucho. Los del equipo hablaron entre ellos en georgiano unos segundos y luego Ketevan dijo:

—Vamos.

Rusia había invadido Georgia en 2008, y las heridas emocionales y físicas todavía estaban frescas. Georgianos y rusos no se llevaban nada bien entre ellos.

Mark y los georgianos corrieron a las escaleras mecánicas del vestíbulo principal del Forum. Se prepararon y esperaron. Al cabo de pocos minutos, Dmitri Klyuev, Andréi Pavlov y dos miembros del Ministerio de Asuntos Exteriores rusos salieron al vestíbulo. Klyuev y Pavlov llevaban insignias oficiales de la OSCE en torno al cuello. Estas se las había proporcionado la delegación rusa, aunque ninguno de los dos hombres ocupaba ningún puesto oficial en el Gobierno ruso.

Los georgianos empezaron a filmar. Klyuev intentó ignorarles. Iba un poco encorvado, se sacó el cordón con su identificación por encima de la cabeza y se la metió en el bolsillo. Miró a su alrededor nerviosamente, se dirigió a la escalera mecánica y subió hacia la salida.

99

Dmitri Klyuev acompañado por un miembro de la delegación rusa, en la OSCE PA en Mónaco, en julio de 2012. (© KETEVAN KARDAVA/GEORGIAN TV).

Los georgianos solo consiguieron un minuto de vídeo, pero era todo lo que necesitábamos.

Después de que Klyuev hubiese abandonado el edificio, el equipo de televisión volvió al centro de prensa, descargó lo que había grabado y le envió el enlace a Mark.

La inesperada presencia de Klyuev en Mónaco era casi demasiado buena para ser cierta. Spencer Oliver jamás habría accedido a reunirse con Dmitri Klyuev a menos que el Gobierno ruso hubiese pedido formalmente a Spencer que llevara a cabo esa reunión. Todo ello probaba nuestra afirmación: el Grupo de Crimen Organizado de Klyuev y el Gobierno ruso eran la misma cosa.

Solo horas antes de la votación, Mark rápidamente hizo la ronda, mostrando el vídeo de Klyuev por toda la Asamblea.

Cualquier duda que hubiera podido tener alguien ante nuestra proyección se acababa de evaporar. Cuando se reunió la Asamblea, el voto de la resolución Magnitski no fue nada reñido. Pasó por 291-18. Las únicas delegaciones que votaron en contra fueron Rusia, Bielorrusia y Kazajistán.

A los rusos se les había ido la mano espectacularmente. De hecho, habían hecho nuestro trabajo mucho mejor de lo que podíamos haberlo hecho nosotros mismos. No solo no habían conseguido detener la Ley Magnitski, sino que sus actos cimentaron su derrota. Además, nosotros conseguimos sacar a Dmitri Klyuev de las sombras.

Mark volvió a casa triunfante, pero las noticias posteriores fueron mejores todavía. Basándose en el informe procedente de Mónaco, el aparato legal suizo decidió ocuparse de embargar las cuentas bancarias suizas de Klyuev.

Era la segunda orden de embargo preventivo del caso Magnitski. Y no sería la última.

12

El archivo moldavo

Verano de 2012

Justo después de Mónaco, cuando me disponía a trabajar una mañana en Londres, me llamó Bill Alpert. No había hablado con él desde hacía un tiempo.

—¡He encontrado algo en Nueva York! —exclamó.

Desde la historia de las cuentas suizas, se había obsesionado con el caso Magnitski. Al investigar más fuentes y tirar de todos los hilos, había conseguido acceso a una base de datos que contenía todas las transferencias por cable a un banco llamado Banca de Economii, situado en Moldavia, una antigua y diminuta república soviética encajada entre Ucrania y Rumanía.

La base de datos había sido obtenida por una ONG recién formada llamada Proyecto de Informe de Crimen Organizado y Corrupción (OCCRP por sus siglas en inglés). Era una confederación flexible de periodistas de investigación que se centraba en la corrupción en Europa del Este y Rusia. Lo llevaban desde una serie de oficinas centrales modestas en Sarajevo y Bucarest. Cuando oí hablar de ellos por primera vez, me parecieron más bien una fachada para blanquear dinero que una organización anticorrupción, pero resultó que eran genuinos.

La OCCRP tenía un hombre en Chisinau, la capital de Moldavia, que había conseguido obtener un archivo policial que contenía la base de datos de las transferencias por cable de la Banca de Economii, que la OCCRP luego compartió con Bill Alpert y con nosotros.

Ese archivo era un descubrimiento crucial. Por nuestra parte, Vadim solo había conseguido trazar la pista del dinero hasta la frontera rusa, con dos excepciones: los 11 millones de dólares que habían terminado en Suiza y una cantidad mucho mayor, 55 millones, que habían acabado en dos empresas moldavas con cuentas en la Banca de Economii. Después de eso, la pista se había enfriado completamente.

Cuando Vadim investigó el archivo moldavo, sin embargo, pudo ver adónde fue ese dinero después. Como las transferencias eran en dólares, algunas de ellas incluso aparecían en nuestra base de datos de la citación de Nueva York.

Ahora ya teníamos un mapa mucho mejor. Vadim usó el archivo moldavo para seguir el dinero desde Moldavia a lugares como Chipre, Lituania, Letonia y Estonia. Desgraciadamente, ni nosotros ni la OCCRP teníamos archivos policiales para esos países, y, como Estados miembros de la UE, todos tenían un buen sistema de protección de datos, lo cual significaba que no podíamos comprar la información que necesitábamos, como habíamos hecho en Rusia.

Nuestro equipo en Londres empezó a trabajar en unas querellas que finalmente se presentarían en cada país que había recibido el dinero negro. Esperábamos que esas denuncias condujeran a que se abrieran casos criminales, así como a nuevas perspectivas de nuestro mapa.

Sin embargo, había otra forma de usar esos datos, una con la que ya había dado Bill Alpert. En lugar de conectar los puntos linealmente, siguiendo el dinero desde Rusia a través de todos los países en tránsito hasta dondequiera que terminase, cosa que podía costar años, desarrolló una estrategia muy astuta de minería de datos.

El archivo moldavo contenía referencias a docenas y docenas de empresas fantasma con nombres sin sentido como Dexterson LLP, Green Pot Industrial Corporation, Prevezon Holdings y Malton International. Bill decidió buscar esos nombres en todas las bases de datos de propiedades de Nueva York en las que pudo investigar, con la idea de que uno o más de los ladrones podía haber comprado bienes inmobiliarios usando parte de los 230 millones de dólares.

Durante muchas noches, después de acabar de redactar sus

artículos sobre el mercado de valores, Bill se quedaba despierto hasta tarde, peleándose diligentemente con bases de datos y decodificando críptica jerga legal con la esperanza de que surgiera algo.

Y ahora parecía que había surgido algo.

—Ha aparecido una de esas empresas —me dijo por teléfono aquella mañana—. Prevezon. Quienquiera que sea el dueño, ha estado comprando propiedades en Nueva York como si fueran caramelos.

—No me lo puedo creer.

—Yo tampoco podía. Lo acabo de descubrir hoy…, o sea, esta noche. ¿Qué hora es? —Eran las ocho de la mañana en Londres, lo que significaba que en Nueva York serían las tres de la madrugada—. Mira —me dijo—, voy a dormir un poco y a visitar las propiedades mañana, pero quería que lo supieras inmediatamente.

—Mientras tú duermes, yo haré que Vadim investigue Prevezon.

—Estupendo. Llámame más tarde. Tenemos algo bueno.

Cuando Vadim llegó a la oficina aquella mañana, encontró enseguida Prevezon Holdings en nuestra copia del archivo moldavo. Dos empresas fantasma moldavas habían enviado 857 764 dólares de los 230 millones robados a Prevezon, que se registró en Chipre. Ese fue un cambio afortunado. A diferencia de otros lugares como las Islas Vírgenes Británicas o Panamá, donde la propiedad auténtica de las empresas fantasma es secreta, Chipre tiene un registro abierto. Lo único que tienes que hacer es entrar *online*, poner el nombre de la empresa y averiguas a quién pertenece.

Cuando Vadim hizo esto, se enteró de que Prevezon Holdings pertenecía a un hombre ruso llamado Denis Katsiv.

Con una organización típica del blanqueo de dinero, la propiedad es como una muñeca rusa matrioshka. Abres la empresa fantasma y encuentras otra, que luego conduce a otra, y a otra, y así sucesivamente. Cuando introduces un nombre real, noventa y nueve veces de cada cien pertenece a un alcohólico en paro, o a un instructor de yoga itinerante, o a alguna otra persona al azar dispuesta a proporcionar su pasaporte a cambio de unos cuantos cientos de dólares. No saben que se convierten en propietarios nominales de empresas fantasmas que pueden blanquear millones, y a veces hasta miles de millones de dólares.

Al principio, Vadim supuso que Denis Katsiv era solo uno más de esos don nadie. Pero cuando Vadim introdujo su nombre en Yandex, la versión rusa de Google, descubrió que Denis Katsiv era hijo de Piotr Katsiv, funcionario importante del gobierno ruso.

Aquella noche Bill Alpert me llamó otra vez.

—Las casas son muy bonitas. Han cogido apartamentos en el antiguo edificio de JP Morgan, en el centro, en el número 20 de Pine Street. El edificio parece el Rockefeller Center, e incluso tiene una mesa de billar en la antigua cámara acorazada. Servicios de portería, terraza en la azotea, de todo… Muy, muy bonito.

Y algo asombroso, había descubierto que Prevezon había comprado esas propiedades a Lev Leviev, un magnate de los diamantes ruso-israelí.

Me quedé sin habla.

En total, Denis Katsiv había usado Prevezon para comprar propiedades inmobiliarias por un valor aproximado de 17 millones en Nueva York. Era mucho más que los 857 764 que habíamos rastreado de los 230 millones… y no teníamos ni idea de por qué él había recibido esa cantidad, pero era un avance importantísimo descubrir que el hijo de un alto funcionario ruso estaba vinculado con los 230 millones de dólares robados.

—Supongo que vas a causar sensación con esto en *Barron's* —le dije.

—Sí, la idea me ha pasado por la mente —dijo él.

Barron's y la OCCRP accedieron a coordinar sus respectivos artículos. *Barron's* publicaría en prensa escrita y *online*, y la OCCRP lo publicaría en su web, ambos el 12 de agosto.

A medida que se acercaba la fecha yo me emocionaba cada vez más. Basándome en cómo habían reaccionado los suizos a la antigua cobertura de Bill Alpert, no podía evitar imaginar que el sistema legal de Estados Unidos haría lo mismo. Con suerte, a finales del verano se aplicaría una orden de embargo a todos los activos de Denis Katsiv en Nueva York y se abriría una investigación criminal por blanqueo de dinero contra él.

La noche antes de que se hiciera pública la historia llamé a Bill.

—¿Cómo va? —le pregunté, esperando que iniciara un entusiasta relato con pelos y señales de cómo Denis Katsiv lo había negado todo, cuando Bill fue a preguntárselo.

Por el contrario, dijo con tristeza:

—Lo siento, Bill, pero el artículo no ha aparecido. Los abogados se han negado.

—¿Cómo? ¿Y no hay ninguna forma de que cambien de opinión?

—No —dijo. Al parecer, el abogado interno de *Barron's* no quería arriesgarse a una demanda legal, aunque el artículo fuese fiable al cien por cien—. No puedo darte más detalles, pero te aseguro que estoy mucho más jodido que tú.

Colgué, muy abatido. Sin artículo en Estados Unidos, no habría acciones legales en el país contra Prevezon.

Afortunadamente, la OCCRP no se dejó intimidar y publicaron su artículo. Aunque su web solo tenía una milésima parte del tráfico con el que contaba *Barron's*, y apenas nadie en Estados Unidos leería el artículo, una persona en concreto sí que lo leyó: un responsable de cumplimiento del UBS en Zúrich, el banco donde Prevezon tenía 7 millones de dólares. Después de leer el artículo, el responsable de cumplimiento redactó un informe de actividad sospechosa (SAR por sus siglas en inglés) para el sistema legal suizo. Este tipo de informes los realizan rutinariamente los bancos cuando dan con algo dudoso relativo a sus clientes. En teoría, los SAR absuelven de responsabilidad a los bancos si resulta posteriormente que sus clientes son delincuentes.

Cada día se realizan miles de SAR en el mundo entero, y casi todos son ignorados. Pero este no. Poco después de que fuera entregado, las autoridades suizas decretaron un embargo preventivo sobre los 7 millones de dólares de Prevezon en UBS.

Era el tercer embargo preventivo en el caso Magnitski.

Nueva York «tenía» que ser el siguiente.

Adam Kaufmann quería un vínculo con Nueva York, y ya teníamos uno.

13

Hotel Le Bristol

Otoño de 2012

$\mathcal{T}$res meses más tarde, el 9 de noviembre de 2012, Alexander Perepilichni voló a París para reunirse con su amante, Elmira Medinskaya, una ucraniana de metro ochenta de alto y veintiocho años de edad que parecía una caricatura de una muñeca Barbie, con el pelo teñido de rubio, los labios hinchados y unas piernas increíblemente largas.

Se reunieron en el hotel Le Bristol, uno de los más opulentos y prestigiosos de París, donde él había reservado el paquete «romance» por 1400 euros por noche. Cuando llegaron, había pétalos de rosa esparcidos por encima de la cama y una botella de champán descansaba en una cubitera, junto a una bandeja de pasteles franceses.

Perepilichni se proponía impresionarla, pero también escapar de sus problemas. Al mediodía comieron en el hotel George V, y luego fueron a la farmacia a comprar una caja de condones. Pasaron el resto del día en la cama. Aquella noche fueron a cenar a L'Ecrin, un restaurante con una estrella Michelin en el hotel Crillon.

A la tarde siguiente, Perepilichni llevó a Elmira de compras a la Rue Saint-Honoré. Visitaron Yves Saint Laurent, Louboutin y Prada, donde Perepilichni se gastó varios miles en un bolso y unos zapatos de tacón alto. Intentó comprarle también un abrigo de pieles, pero ella pensó que era demasiado y se negó.

La última noche de su viaje fueron al Buddha Bar del distrito VIII, donde pidieron sushi y tempura. Perepilichni estuvo muy relajado todo el viaje, pero aquella última noche se mostraba agitado, y examinaba nerviosamente la habitación. A mitad de la comida devolvió parte de los platos, diciendo que estaban malos.

Elmira Medinskaya.
(ELMIRA MEDINSKAYA/INSTAGRAM /
VIA INSTAGRAM: @ELMIRAMEDINS)

Cuando volvieron a su habitación, Elmira se sirvió una copa de vino y puso los pies en el sofá. Perepilichni quería unirse a ella, pero no pudo. Pasó la mayor parte de la noche en el baño vomitando. Al final se acurrucó en la cama.

A la mañana siguiente, se sintió lo bastante bien para tomar un desayuno inglés completo. Después hicieron el equipaje y compartieron un taxi hasta el aeropuerto, donde hablaron de volverse a ver. Se besaron y se fueron por caminos separados.

En Heathrow, a Perepilichni le esperaba su chófer habitual, que le llevó a casa, a una comunidad cerrada en St. George's Hill, Surrey, un barrio muy rico de Londres. Su esposa le sirvió uno de sus platos ucranianos favoritos, sopa de acedera.

A la hora de comer, su hija se quejó de que su ordenador no funcionaba bien. Cuando acabaron de comer, él la llevó al PC World al centro comercial Brooklands, para ver si podían arreglarle el ordenador. Cuando volvieron a casa, él se cambió y se quitó la ropa de calle, se puso el pantalón corto y las zapatillas de deporte y salió a correr. A mitad de camino de esa carrera su respiración se volvió dificultosa y se derrumbó.

La primera persona en encontrarle fue el chef de su vecino, que salió corriendo y llamó al 999 (el número del servicio de emergencias británico). El chef, que había estado en las Fuerzas Especiales del Reino Unido, sabía hacer la reanimación cardiopulmonar. Se puso de rodillas para intentar salvar a Perepilichni. Entre las compresiones en el pecho y el boca a boca, una espuma verde empezó a burbujear en los labios de Perepilichni. El chef se limpió la cara y escupió en el suelo. Más tarde dijo que sabía como el ácido de las pilas.

Al cabo de unos minutos llegó una ambulancia. Los sanitarios apartaron al chef y se arrodillaron en torno a Perepilichni. Su cuerpo estaba frío, húmedo y no respondía.

Declararon su muerte a las 17.52 del 10 de noviembre de 2012.

Otro testigo del caso Magnitski estaba muerto.

14

El vínculo de Nueva York

Invierno de 2012-2013

Recibí la noticia de la muerte de Perepilichni seis días más tarde, el tercer aniversario de la muerte de Serguéi, que casualmente era el mismo día que la Cámara de Representantes del Congreso votaba la Ley Magnitski en Washington.

Llevábamos más de dos años trabajando en aquella legislación, y finalmente llegaba a buen término. Boris Nemtsov había cumplido la promesa que hizo en Helsinki y había defendido la Ley Magnitski de Estados Unidos en múltiples ocasiones en el Capitolio. En gran parte debido a la implicación de Boris, la Ley Magnitski fue aprobada por la Cámara aquel día por 365-43. Se enviaría al Senado al cabo de unas semanas, y yo estaba seguro de que el presidente la acabaría firmando en forma de ley poco después.

Tendría que haberme sentido eufórico (y en parte lo estaba), pero la repentina muerte de Perepilichni arrojaba una sombra oscura sobre este éxito en Washington. Perepilichni no era ningún amigo ni colega como Serguéi, pero había desempeñado un papel importante en nuestra investigación de blanqueo de dinero. Fueran cuales fuesen sus motivaciones o su historial, la verdad es que había corrido un riesgo enorme, y ahora estaba muerto.

Su muerte no solo era trágica, sino que también resultaba terrorífica. Al parecer, los rusos estaban enviando asesinos a occidente como represalia contra las personas que aireasen la corrupción del Gobierno ruso en el caso Magnitski.

Si había un momento para implicar a las autoridades de Estados Unidos, era aquel.

Viajé a Nueva York el 4 de diciembre, llevando un grueso sobre de papel marrón que contenía una querella criminal de seis páginas, junto con 166 páginas más de documentos y pruebas que la apoyaban. En ella se describían las conexiones entre Prevezon, Denis Katsiv y los 230 millones robados, y yo me proponía entregárselo directamente a Adam Kaufmann, en la oficina del fiscal del distrito de Nueva York.

El 5 de diciembre fui a la oficina de Adam en el número 1 de Hogan Place, en el sur de Manhattan. La fachada de granito era imponente y majestuosa, pero el vestíbulo resultaba oscuro y amenazador. Seguí a un grupo de hombres y mujeres que parecían detectives o abogados del Estado mal pagados. Por turno pasamos por el detector de metales, custodiado por unos policías hoscos que ladraban instrucciones con su espeso acento de Nueva York. Nadie parecía feliz. Se respiraba allí un aire de resignación y de agresividad bullendo a fuego lento. Todo el mundo «tenía» que estar allí; nadie «quería» estar allí.

Excepto yo.

Lo primero que observé en el despacho de Adam era que estaba lleno de cajas de mudanza. Las ignoré al saludarle.

—Siéntese —me dijo, muy amable—. Espere, que llamo a algunos de mis colegas.

Volvió un minuto más tarde y me presentó a Duncan Levin, jefe de la División de Confiscación de Activos, y a otro colega.

—Este hombre tiene una historia que es una locura —dijo Adam, señalando en mi dirección con el pulgar—. Estoy seguro de que querrán oírla.

Nos reunimos en torno a una mesa de conferencias, en unas sillas desparejadas.

—La última vez que nos vimos —expliqué—, me dijo que, si alguna vez encontraba un vínculo con Nueva York, viniera a verle. Pues hemos encontrado uno. —Busqué en mi bolsa y saqué la querella, y la coloqué en la mesa ante Adam—. Hemos descubierto que casi un millón de dólares del caso Magnitski se ha usado para comprar propiedades en el bajo Manhattan.

De repente, el estado de ánimo en la sala cambió por

completo. Creo que Adam pensaba que aquella iba a ser otra reunión superficial más, pero ahora se daba cuenta de que allí podría haber algo de sustancia. Les enseñé fotos de las propiedades y les fui guiando por el esquema del rastro del dinero.

—¿Y de dónde viene todo esto? —me preguntó Adam.

—Parte viene de las bases de datos rusas, algo también de un archivo policial moldavo, y parte de los registros públicos de aquí, en Nueva York.

Duncan, el especialista en confiscación de activos, emitió un sonido bajo. Estaba impresionado.

Era mucho más de lo que solían recibir. Normalmente, cuando alguien entra en la oficina del fiscal del distrito para informar de un delito, dicen algo parecido a: «¡Me han robado! ¡Por favor, hagan algo!». No vienen y dicen: «¡Me han robado! Aquí tiene el coche del ladrón, su número de matrícula, aquí es donde vive, aquí vendió los artículos robados, y aquí está lo que compró con el resultado de su robo».

Pero eso precisamente era lo que acababa de hacer yo.

Adam y su equipo tendrían que investigar y reunir más pruebas, claro, pero podían usar nuestra querella como base para un caso muy sólido de blanqueo de dinero en Nueva York.

Adam dio unos golpecitos en la querella con el dedo.

—Con esto sí que podemos trabajar.

—Estupendo —dije yo—. ¿Cuándo pueden empezar?

—Bueno... —dijo Adam, despacio—. No seré yo quien empiece. ¿Ve todas esas cajas?

—Sí —dije.

—Me voy a dedicar a la práctica privada. Me ha cogido solo unos días antes de que me vaya de aquí para siempre.

—Pues... ¿felicidades?

Él se rio un poco.

—No se preocupe, Bill. Duncan no se va a ninguna parte. Si todo lo que tiene aquí cuadra, él se encargará de todo. —Duncan asintió, tranquilizadoramente.

Esa era exactamente la reacción que yo había esperado.

Al día siguiente, el Senado de Estados Unidos aprobó la Ley Magnitski por 92 a 4, y el presidente Obama firmó la ley el 14 de diciembre de 2012.

Tuve la sensación de que las cosas estaban cambiando. Durante las vacaciones de Navidad, oí decir a Duncan:

—Bill, me gustaría ponerle en contacto con un agente del ICE.

—¿ICE? —pregunté, sin saber qué quería decir.

—Inmigración y Control de Aduanas —me explicó.

Sonaba raro. Cada vez que pensaba en los agentes de inmigración norteamericanos, me imaginaba unos agentes uniformados en el aeropuerto JFK comprobando pasaportes, o bien hombres en jeeps patrullando la frontera entre Estados Unidos y México, y no investigadores financieros.

—¿Significa eso que ustedes no van a actuar ni denunciar? —pregunté.

—Solo quiero que le eche un vistazo. El ICE también investiga el blanqueo de dinero.

—Vale, de acuerdo. Pues envíeselo.

Costó unas cuantas semanas, pero en enero recibí una llamada del agente especial Todd Hyman, del ICE. Mi primera impresión es que no parecía un «agente especial». Tenía un acento de las afueras de Nueva York, me llamaba Bill, y su tono era afable y familiar. Me dijo que tenía un MBA del Baruch College de Manhattan y que había trabajado en Deloitte & Touche antes de dedicarse a hacer cumplir las leyes. Me recordaba más a uno de los que utilizaban mi servicio de fondos de inversiones que a un agente federal con su insignia y su arma…, bueno, al menos suponía yo que llevaría un arma.

Al final de nuestra conversación, le pregunté si acabarían abriendo un caso. Él me dijo, educada pero firmemente:

—Pues no puedo confirmarte eso. Estaremos en contacto.

Pero después, nadie se puso en contacto conmigo.

Al mismo tiempo, los rusos habían acelerado sus represalias contra la aprobación de la Ley Magnitski.

Era la primera vez que Estados Unidos sancionaba a Rusia desde la Guerra Fría, y Putin estaba rabioso. Su respuesta inmediata fue prohibir la adopción de huérfanos rusos por parte de familias estadounidenses. Aparentemente, aquello sonaba terrible, pero era todavía más espantoso cuando conocías los detalles. Los huérfanos que daba en adopción Rusia a los extranjeros eran los niños enfermos, que sufrían de afecciones como el síndrome de Down, espina bífida y síndrome de alcoholemia fetal, y a menudo no sobrevivían en un orfanato ruso. Prohibiendo que los norteamericanos adoptaran a esos niños, Putin en realidad estaba sentenciando a muerte a algunos de ellos, para proteger a sus propios funcionarios corruptos. Era algo excepcional, incluso para sus estándares de depravación.

Putin también estuvo implicado personalmente en la tapadera del asesinato de Serguéi. En su conferencia de prensa anual, Putin declaró que Serguéi nunca había sido torturado, y que simplemente murió «de un ataque cardíaco». Eso significaba que jamás acusarían a nadie en Rusia por la tortura o el asesinato de Serguéi.

Pero sí que se avecinaban acciones judiciales. En la misma conferencia de prensa, Putin nos mencionó a Serguéi y a mí por mi nombre, en conexión con supuestos «delitos económicos». Una semana más tarde, un tribunal de Moscú estableció una fecha para juzgarme *in absentia*.

113

Y yo no sería el único acusado.

Serguéi sería juzgado junto a mí... póstumamente. Sería el primer juicio a una persona muerta en la historia de Rusia. No iban a desenterrar el cuerpo y colocarlo en el estrado de los acusados como solían hacer algunos tribunales medievales en sus casos póstumos, pero las autoridades rusas intentarían algo igual de pernicioso. Intentaron colocar a la viuda de Serguéi en el banquillo de los acusados, en su lugar. Afortunadamente, y solo un poco antes, me había encargado de evacuar a Natasha y a su hijo pequeño, Nikita, al Reino Unido, donde estaban a salvo y fuera de peligro.

El juicio contra Serguéi y contra mí iba a empezar a principios de marzo de 2013.

Putin estaba usando todo el peso y la fuerza del Gobierno ruso para aplastar a cualquiera asociado conmigo o con el caso Magnitski, hasta llegar al asesinato. La única forma de que aquella fuera una lucha justa sería conseguir unos aliados fuertes, y el mejor aliado posible era el sistema legal de Estados Unidos.

Pero no parecía que fuera eso lo que estaba ocurriendo. Adam Kaufmann se había pasado a la práctica privada, Duncan Levin parecía interesado, pero luego me derivó al agente especial Hyman; y después de investigarme, el agente especial Hyman había desaparecido.

En aquel momento tuve la sensación de que estábamos completamente solos.

15

El SDNY

Invierno-otoño de 2013

*P*ero Duncan me llamó por fin. Me pidió si podía acudir a Nueva York a reunirme con la División de Confiscación de Activos de la Oficina del Fiscal de Estados Unidos para el Distrito Sur de Nueva York (SDNY por sus siglas en inglés).

Resultó que no, no estábamos solos. Se estaba cociendo algo.

Una cosa era hablar con los fiscales estatales de Nueva York, y otra enteramente distinta hablar con los fiscales federales de Estados Unidos. El hecho de que fuera el distrito sur de Nueva York (conocido coloquialmente como el «Distrito Soberano») significaba que el potencial era mucho mayor de lo que habíamos esperado.

Volé a Nueva York y un día frío y gris de febrero fui al SDNY en el número 1 de St. Andrews Plaza. No había forma de acceder directamente al edificio en coche, de modo que el taxi me dejó en Foley Square, un triángulo de césped algo pelado con unos sicómoros áridos en medio de una jungla confusa de edificios estatales. Me perdí enseguida. Primero entré en el Tribunal Federal, luego en el Centro Correccional Metropolitano. Al cabo de diez minutos encontré por fin el SDNY, una estructura muy fea como una fortaleza que no hacía juego con la grandiosidad de otros edificios cercanos del Gobierno.

Para entonces llegaba tarde. Me presenté en recepción. Un secretario me escoltó hasta una sala de conferencias grande y sin ventanas, en el octavo piso, en el que destacaba una mesa larga y varias filas de estantes llenos de libros de derecho con el lomo rojo. En el otro extremo de la habitación estaba el sello del SDNY. Aunque todo era muy gubernamental y desgastado, yo sabía que estaba en el centro de uno de los cuerpos legales más poderosos del mundo.

La sala podía albergar a unas veinte personas, y sorprendentemente, vi que estaba medio llena. Fui rodeando la mesa y me presenté. Estaba Duncan Levin y otro de sus ayudantes; Todd Hyman y un colega del departamento de Seguridad Nacional, y también Sharon Levin, jefa de la División de Confiscación de Activos (sin relación con Duncan), junto con dos abogados que trabajaban para ella.

Había también otras dos personas presentes, pero no me tendieron ninguna tarjeta y se mantuvieron notoriamente anónimos. Yo había asistido a las reuniones suficientes del Gobierno de Estados Unidos para saber que cuando la gente no se identifica y no habla, normalmente significa que son de agencias del Gobierno.

116

Duncan abrió la reunión explicando por qué había pasado el caso al SDNY. Su oficina iba a someter un caso de blanqueo de dinero a las leyes del estado de Nueva York, y tenían que acusar a una persona física. Eso significaba que Denis Katsiv tendría que presentarse en Estados Unidos y someterse a juicio en Nueva York. Como Estados Unidos y Rusia no tenían tratado de extradición, y no había forma alguna de que Denis Katsiv se entregase voluntariamente a las autoridades, el caso resultaría imposible.

Sin embargo, me explicó Duncan, bajo las leyes «federales», no había necesidad de que hubiese un acusado físico. Los fiscales federales podían simplemente ir a los tribunales, presentar un caso de confiscación de activos e intentar hacerse con la propiedad que se había comprado utilizando unos fondos ilícitos. Nadie iría a la cárcel, pero era muchísimo más de lo que teníamos en aquel momento.

Cuando empecé mi presentación, una nueva persona entró en la sala a toda prisa.

—Lo siento, llego tarde —dijo, sin aliento—. Vengo corriendo desde el tribunal.

—Bill, este es el ayudante del fiscal de Estados Unidos, Paul Monteleoni —dijo Sharon—. Le he pedido que lleve la dirección en este caso.

Paul tenía treinta y tantos años, alto, con el pelo castaño bien cortado y la constitución de un corredor. Aunque tenía el mismo rango que los demás ayudantes de fiscal de Estados Unidos presentes en la sala, y Sharon era su jefa, provocaba el respeto de todos los que estaban allí. Era como si Sharon fuera la entrenadora, y Paul su jugador estrella.

Encontró un asiento y yo resumí mi información. Inicialmente, Paul parecía un poco desconectado. Pero mientras yo iba hablando se fue echando hacia atrás en la silla, cerró los ojos y se agarró a los reposabrazos. De vez en cuando abría los ojos, miraba al techo y hacía una pregunta incisiva. Algunas eran muy técnicas. Respondí lo mejor que pude.

La reunión duró una hora. Cuando terminamos, fui en torno a la sala estrechando manos. Cuando llegué junto a Paul, me dijo:

—Ha sido estupendo, pero ¿habrá alguien de su lado que me ayude a entenderlo todo mejor?

—Sí. Tiene que hablar con mi colega Vadim Kleiner. Es nuestro experto.

—¿Puede venir aquí?

—Claro.

Volví a Londres y le dije a Vadim que tenía que ir a Nueva York.

Pocas semanas más tarde, Vadim llegó al SDNY con su ordenador portátil y una maleta Samsonite con ruedas llena de documentos. Acudió al despacho de Paul y se encontró con una sala llena de gente. Evidentemente, cuando te reúnes con un fiscal federal, siempre está acompañado por otros fiscales o por agentes del Gobierno.

Vadim trabajó con Paul y su equipo hasta las nueve de la noche, mucho después de que todo el mundo en el edificio se hubiese ido a casa. Volvió a la mañana siguiente a las ocho, y se quedó hasta tarde también, y ese mismo esquema se repitió durante los tres días siguientes. Al final de la semana no quedaba ni una sola piedra bajo la cual mirar, ni una pregunta sin respuesta.

117

O eso pensábamos al menos.

Dos semanas después de volver a Londres, Vadim vino a mi despacho con cara preocupada.

—Cuando estuve en Nueva York le dije a Paul que era posible conseguir el saldo medio más bajo de todas las cuentas a lo largo de la cadena de blanqueo. Y ahora me está pidiendo que lo haga.

Yo no tenía ni idea de lo que me estaba hablando, ya que Vadim entiende el blanqueo de dinero de una manera mucho más sofisticada que yo, pero me sonaba a algo estupendo.

—¿Y cuál es el problema?

—No lo entiendes, Bill —me dijo Vadim—. Para hacer eso, tengo que peinar literalmente decenas de miles de transacciones de más de cincuenta empresas en una docena de bancos internacionales. Algunas de ellas son de solo unos cientos de dólares. Costaría semanas.

—Vadim, si les dijiste que podías hacerlo, tendrás que hacerlo.

Se fue, abatido. Durante las dos semanas siguientes, Vadim era el primero que llegaba cada día a la oficina y se quedaba hasta después de medianoche. Al octavo día, Vadim, que normalmente va impecablemente vestido con traje y corbata, tenía bolsas bajo los ojos y había dejado la corbata a un lado. A menudo, hacia la hora de comer, yo le oía discutir con su mujer de por qué no estaba en casa con ella y sus tres hijos.

Acabó por fin a principios de abril. Demacrado pero satisfecho, envió su análisis al SDNY, esperando tener un cierto respiro.

Pero no lo consiguió. Apenas había pasado un momento cuando el SDNY le hizo otra petición. Y luego otra. Y otra. Y otra. El apetito del SDNY era muy voraz y no tenía fin.

Cuando empezamos con ese proceso, yo contemplaba cada pregunta del SDNY como una confirmación de que el caso estaba avanzando. Pero después de meses de dar y dar sin parar, empecé a preocuparme y a pensar que aquello se estaba convirtiendo en una especie de ejercicio de investigación del Gobierno que no conducía a ninguna parte.

Y todo era mucho más preocupante dado lo que estaba pasando en Moscú.

El 6 de marzo, una cadena de televisión rusa controlada por

el estado, NTV, emitió un «documental» de cuarenta y cinco minutos titulado *La lista de Browder* en horario de máxima audiencia. Según la película, yo no solo había evadido impuestos, sino que también había robado 4500 millones de dólares de los fondos de rescate de IMF bajo las mismísimas narices de todas las autoridades internacionales y el Gobierno ruso, y había matado a mi antiguo socio de negocios, Edmond Safra, que murió trágicamente en un incendio en su casa de Mónaco en 1998.

Ese tipo de «documentales» eran meramente formales y conducían a un juicio político, con el objetivo de convencer al público ruso de que el acusado era realmente un individuo horrible.

El juicio contra Serguéi y contra mí empezó a la semana siguiente. En mayo, mientras estaba todo en pleno apogeo, Rusia emitió la primera notificación roja para mi arresto por la Interpol. Era inevitable, pero de todos modos fue una conmoción. Finalmente había accedido a la lista de más buscados internacionalmente por Rusia.

Afortunadamente, después de que intervinieran mis abogados, la Interpol borró esa notificación roja de su sistema por estar motivada políticamente. Pero aquello no iba a detener al régimen de Putin. Su instrumentalización de la Interpol, que es notoriamente laxa a la hora de vetar órdenes de arresto emitidas por Estados autoritarios, era angustiosa. Después de aquello, cada vez que cruzaba una frontera internacional existía un riesgo real de ser arrestado y extraditado a Rusia.

Dadas estas circunstancias, necesitaba más que nunca que Estados Unidos estuviera de mi parte. Pero por más que le preguntaba a Paul dónde se encontraba el SDNY en el caso Prevezon, nunca me daba una respuesta concreta.

Planeé ir a Nueva York en junio por otros negocios y preguntárselo cara a cara. Quizá así me respondiera.

Volví a St. Andrews Plaza un cálido día de verano y me reuní con Paul y con Sharon Levin. Después de intercambiar unas cortesías, les pregunté a bocajarro:

—Esto va a alguna parte, ¿no? —Todos pusieron una perfecta cara de póquer.

Volví a Londres sin tener ni idea de cómo iba todo. Y las peticiones de información seguían llegando.

119

Mientras Vadim continuaba trabajando como un loco, el juicio ruso contra Serguéi y contra mí concluyó. El 10 de julio de 2013, ambos fuimos encontrados culpables de evasión de impuestos criminal. Ellos ya habían matado a Serguéi, de modo que no podían hacerle nada más, pero yo fui sentenciado a nueve años de trabajos forzados *in absentia*. Con la condena en la mano, Rusia pidió una segunda notificación roja para mi arresto. También la rechazó la Interpol.

Ya estaba realmente desesperado por saber qué estaba ocurriendo en el SDNY, pero a principios de agosto se quedaron muy callados. No hubo más correos ni más peticiones de información, nada. Yo no sabía qué pensar. Tenía la sensación de que nuestra única oportunidad de nivelar la balanza se nos estaba escapando.

Pasó agosto. Empezó septiembre. Todavía no había ninguna acción legal por parte del SDNY.

Y entonces, el 10 de septiembre de 2013, recibí un *e-mail* de Paul Monteleoni. No había ningún texto en el mensaje, ni siquiera un «hola» o un «saludos». Lo único que contenía era un titular de prensa añadido con recorta y pega que decía: «Fiscal de Estados Unidos anuncia un proceso de confiscación de activos contra agencias inmobiliarias supuestamente implicadas en un fraude de blanqueo de dinero de una devolución de impuestos rusa».

Por fin estaba pasando algo.

La querella del SDNY incluía una solicitud para embargar los cuatro pisos de lujo comprados por Prevezon que Bill Alpert había encontrado en el antiguo edificio de JPMorgan en Pine Street.

Pero no eran solo esas propiedades. Durante todos aquellos meses, mientras Paul y su equipo bombardeaban a Vadim con peticiones, el agente especial Todd Hyman había buscado metódicamente debajo de todas las piedras de la ciudad de Nueva York. Así fue como encontró un apartamento en la calle 49 Este, una unidad comercial en la Séptima Avenida y una serie de cuentas en el Bank of America, todo ello perteneciente a Prevezon.

El Departamento de Justicia pedía al tribunal que emitiese una orden mundial de embargo de los activos de Prevezon. Esa orden incluía aproximadamente 20 millones en propiedades inmobiliarias y efectivo en Nueva York, junto con 3 millones de euros en activos en los Países Bajos.

El total era más de veintisiete veces los 857 764 dólares que originalmente habíamos ido siguiendo desde los 230 millones robados llegando hasta Nueva York. Las autoridades de Estados Unidos iban detrás de todo lo que podían encontrar, con la intención de apoderarse de los 230 millones, si podían localizarlos.

El archivo del SDNY era una confirmación completa e independiente de todo lo que habíamos estado diciendo nosotros desde 2008. El Departamento de Justicia había establecido los hechos con toda claridad y estaba dispuesto a mantenerlos ante una corte federal de Estados Unidos.

Al día siguiente, el tribunal aprobó la solicitud del Gobierno. Era la cuarta orden de embargo en el caso Magnitski.

La querella contra Prevezon era tan condenatoria que pensé que los rusos ni siquiera se molestarían en aparecer y defenderse.

Esa resultó ser una de las suposiciones más ingenuas que he hecho en toda mi vida.

16

Vuelve John Moscow

Otoño de 2013-verano de 2014

$\mathcal{M}$ás o menos un mes después, mientras volvía a casa andando desde el trabajo, llegó un *e-mail* de Bill Alpert. En el asunto decía: «¡Mi ídolo!». No había mensaje alguno, solo un adjunto del tribunal de Nueva York que informaba de quién representaría a Prevezon en esta ciudad. Sorprendentemente, los rusos sí que iban a defenderse. ¿Y quién sería su abogado?

John Moscow.

Llamé a Bill. En cuanto me contestó, dije:

—¿Es nuestro John Moscow?

—El único e inconfundible.

—Pero eso no puede ser verdad...

—Lo es. Estoy destrozado —lo decía con toda sinceridad. Aparte de la enorme reputación de John Moscow, Bill había estado muy unido a él durante décadas. Los dos solían desayunar juntos en un restaurante griego del SoHo, y Bill había asistido a la fiesta de despedida de John Moscow cuando se fue de la oficina del fiscal del distrito de Nueva York. Bill incluso había contratado al hijo de John Moscow para hacer prácticas en *Barron's*.

Este hecho era potencialmente devastador para mí y para mis colegas. De los más o menos cincuenta y siete mil abogados con licencia para practicar que había en Nueva York, los rusos habían elegido al único que nos había representado a nosotros exactamente en el mismo caso. Después de hacerse amigo nuestro, trabajar para nosotros, darnos de lado y luego volver a ayudar, John Moscow ahora trabajaba para el otro bando. Era increíble.

No hay que ser ningún experto legal para saber que a los abogados no se les permite cambiar de bando. Me parecía que era una absoluta traición. Pero además era extremadamente peligroso. John Moscow nos conocía. Había sido nuestro abogado. Habíamos hablado por conferencia innumerables veces con él, habíamos compartido pruebas, aspiraciones y preocupaciones con él. Conocía nuestros detalles de seguridad. Incluso era miembro de nuestro equipo… ¡Demonios, si hasta había participado en una videollamada que incluía a mi mujer!

Yo comprendía por qué los rusos habían querido contratarle: así conseguían acceso a nuestro sanctasanctórum. Lo que no podía comprender era por qué él había accedido a trabajar para ellos. Como fiscal criminal de larga trayectoria, sabía perfectamente de lo que eran capaces los rusos. Cuando empezó a trabajar para nosotros, me advirtió de lo muy peligrosos que podían llegar a ser. Además, tenía una reputación que proteger. Eso se podría evaporar en un instante si seguía adelante con aquello.

Sin embargo, había un modo de enfrentarnos a aquel problema. John Moscow era un abogado americano que trabajaba en una importante firma legal internacional, no un oscuro ruso protegido por funcionarios poderosos y corruptos. Quizá él estuviera dispuesto a hacerlo, pero BakerHostetler, una firma que facturaba más de 600 millones de dólares al año, no permitiría que ocurriese.

Enviamos una carta a los socios directivos de BakerHostetler, recordándoles que Serguéi y yo éramos víctimas del fraude de los 230 millones de dólares, y que BakerHostetler previamente había trabajado para nosotros investigando quién había recibido ese dinero. ¡Y ahora representaban a uno de los receptores! Era un claro conflicto de intereses, que hacía a su cliente, en términos legales, «adverso» a nosotros. También señalábamos que, cuando habíamos trabajado juntos, le habíamos facilitado información confidencial. La Asociación de la Abogacía explícitamente prohibía ese tipo de

123

deslealtad, y requeríamos que en BakerHostetler se recusaran a sí mismos y a John Moscow sin demora.[3]

Estaba claro que esperábamos tener noticias suyas al cabo de pocos días, disculpándose y comprometiéndose a dejar Prevezon inmediatamente.

Pero no supimos nada de ellos durante dos semanas.

Y cuando supimos algo, en lugar de mostrarse contritos, en BakerHostetler insistieron. Su respuesta venía de un abogado de su oficina de D.C. llamado Mark Cymrot, que nos decía, desafiante, que no pensaban recusarse en absoluto.

Lo justificaba asegurando que nosotros no éramos víctimas del delito. Como los 230 millones habían sido robados del Tesoro ruso, afirmaba que solo el Gobierno ruso había sido víctima y tenía interés en el asunto.

Luego aseguraba que la firma no «creía» tener ninguna información confidencial nuestra porque «más de 3000 páginas» sobre nosotros estaban «disponibles en webs públicas» y todo lo que les habíamos dicho o facilitado a ellos por tanto ya era del dominio público. Además, nos «aseguró» que aunque poseyeran alguna información confidencial, no la habían «reexaminado» ni «revelado» a Prevezon.

Finalmente, insistía en que no había forma de que Prevezon pudiera ser «adverso» a nosotros, porque nosotros no éramos «parte implicada» en el caso. Aseguraba que solo los acusados y los acusadores del mismo caso podían ser «adversos» los unos a los otros. Por lo tanto, no teníamos base alguna sobre la cual pedirles que se abstuvieran.

Para muchos, las palabras «abogado» y «ética» son mutuamente excluyentes. Como todos sabemos, los abogados se han convertido en objetivo de incontables bromas. (¿Qué diferencia hay entre un abogado y una medusa? Uno es un corpúsculo venenoso e invertebrado. El otro es una forma de vida marina. ¿Por qué los tiburones no atacan a los abogados? Por cortesía

---

3. La norma 1.9 de las Leyes de Conducta Profesional de Nueva York establece: «Un abogado que ha representado formalmente a un cliente en un asunto, no representará posteriormente a otra persona en el mismo asunto o alguno sustancialmente relacionado en el cual los intereses de la persona sean materialmente adversos a los intereses del anterior cliente, a menos que el antiguo cliente proporcione un consentimiento informado por escrito».

profesional.) Pero yo pensaba que esa irreverencia se reservaba sobre todo para picapleitos con despachos minúsculos en los centros comerciales, no a abogados de la Ivy League en rascacielos de cristal en medio de Manhattan. Me sorprendió mucho que BakerHostetler, una firma que llevaba en funcionamiento desde 1916, con clientes como Ford y Microsoft, se ajustase al estereotipo más bajo.

Las normas contra los abogados que se salen de la línea son explícitas, sin embargo, y no importa que operen desde centros comerciales cutres o desde oficinas en Manhattan. Si BakerHostetler no pensaban recusarse a sí mismos, entonces tendríamos que asegurarnos de que las leyes los obligaran a hacerlo.

El 6 de diciembre presentamos una querella ante el Comité de Disciplina de la fiscalía de Nueva York, el cuerpo que supervisa la conducta de los abogados, estableciendo que John Moscow y BakerHostetler habían cambiado de bando. Una cosa es que ellos nos intentaran colar un cuento lleno de jerigonza legal a nosotros, y otra muy distinta era que los examinase el Comité de Disciplina y se arriesgasen al castigo, incluyendo la posibilidad de la inhabilitación para el ejercicio de la abogacía. Sería mucho más fácil para ellos abandonar Prevezon sin más.

Pero una vez más BakerHostetler nos sorprendió. Respondieron al Comité de Disciplina repitiendo el cuento que ya nos habían contado en la carta, e incluso fueron más allá, asegurando que «no se comprometieron con Hermitage para "seguir la pista a las ganancias de los 230 millones robados e identificar a los beneficiarios de ese fraude"».

Cuando leí esto, pensé que se habían arrinconado a sí mismos. Teníamos copias de las peticiones de citación a los bancos de Estados Unidos que había redactado John Moscow buscando específicamente los 230 millones. Estaba clarísimo, se mirase como se mirase. No había forma de que pudieran escabullirse de aquello. Lo único que necesitábamos era una vista.

Pero no la tuvimos. Durante todo el invierno y el principio de la primavera de 2014 no obtuvimos ninguna respuesta del Comité de Disciplina.

Cuando me quejé a una amiga abogada de Nueva York por el retraso, ella me dijo:

125

—El Comité tiene…, ¿cuántas personas? Media docena para supervisar a todos los abogados corruptos de Nueva York. ¿Y sabes cuántos indeseables tenemos en la abogacía, aquí?

—¿Cincuenta y siete mil? —dije yo.

—Sí, más o menos —afirmó ella, con una risita—. Además, no es un caso muy claro. Los casos claros son aquellos en los que los abogados asesinan a sus clientes y les roban el dinero.

Yo esperaba que estuviera equivocada, pero si solo tenían seis abogados para tratar todas las posibles violaciones éticas de Nueva York, ya veía que les costaría un poco de tiempo llegar a lo nuestro.

Pero un día a principios de abril mi secretaria entró en mi despacho con un grueso paquete de DHL.

—Esto acaba de llegar de Nueva York —me dijo—. Creo que es del tribunal de Estados Unidos.

«¡Por fin una respuesta del Comité de Disciplina!», pensé. Ella me lo tendió y lo abrí. Pero al examinar las primeras páginas, me di cuenta de que no era del Comité de Disciplina.

Era una citación de Prevezon, dirigida a mí.

Nunca me habían citado para un tribunal de Estados Unidos antes. Miré aquellas palabras: «SE LE ORDENA que comparezca en el momento, fecha y lugar establecidos a continuación». Me instaba a presentarme al cabo de cinco semanas en una oficina del Rockefeller Center y hacer una declaración. También me exigían que llevase conmigo veintiún tipos de documentos, incluyendo todas nuestras comunicaciones con la OCCRP, toda nuestra correspondencia con los informadores internos, periodistas y políticos, y todas nuestras discusiones confidenciales con cualquier agencia del Gobierno que investigara el asunto de los 230 millones.

Iban detrás de todos los «empleados, consultores, agentes, representantes o personas actuando en mi nombre». Querían todos nuestros «escritos, dibujos, gráficos, tablas, fotografías, grabaciones de voz, imágenes y otros datos» almacenados en nuestra oficina o en cualquier otro sitio.

Básicamente, lo querían todo.

Sabíamos, por haber trabajado con John Moscow, que una de sus especialidades era usar las citaciones como armas. Cuando trabajó con nosotros por primera vez, alardeaba de ser capaz de identificar la sensibilidad de sus oponentes y luego exigirles todo lo que les resultaba incómodo entregar. Ahora estaba dirigiendo esa arma contra nosotros. Pero no tenía que identificar nuestra sensibilidad, porque ya la conocía, del tiempo en el que habíamos trabajado juntos.

Yo sabía que en cuanto John Moscow pusiera las manos sobre aquella información se la pasaría a su cliente, el hijo de un funcionario ruso de alto rango, y, desde allí, era muy probable que acabara a disposición de todo tipo de gente mala del Gobierno ruso. Eso no solo nos pondría en peligro a nosotros, sino que también pondría en grave riesgo a todas nuestras fuentes y colaboradores en Rusia.

Los rusos no necesitaban contratar a alguien como Validol para vigilarnos y recoger información: simplemente entraban por la puerta delantera de un tribunal de Estados Unidos y nos exigían todo tipo de información confidencial.

Había que detener al momento aquella citación.

Dando vueltas por mi despacho, me puse los auriculares del teléfono y llamé frenético a mi abogado en Londres.

—¿Qué ocurre, Bill? —me preguntó. Yo hablaba tan rápido que me interrumpió—: Eh, eh… Baja el ritmo, y empieza desde el principio. —Mientras le explicaba lo de la citación, me interrumpió de nuevo utilizando un tono calmado y profesional—. Antes de que sigas, quiero ver el documento.

Lo escaneé y se lo envié. Me volvió a llamar al momento.

—Bill, no te han enviado una citación —dijo—. Tú estás aquí, en Londres…, no te han dado ese documento a ti en persona en Nueva York. Por lo tanto, a ti no te han entregado nada. Fin del asunto.

—¿Lo dices en serio?

—Sí. Mientras no te hagan entrega personalmente, esto no es más que una lista de deseos suya. Ni más ni menos.

Me sentí enormemente aliviado, pero sabía que aquello no era más que el gambito de apertura de John Moscow.

Mi abogado en Londres era bueno, pero si aquello seguía adelante, necesitaba tener potencia de fuego en Estados Unidos, y pronto.

Hice una lista de diez de las firmas legales más potentes de Nueva York y contacté con todas. Seis me dijeron inmedia-

127

tamente que no estaban interesadas. Ninguna me explicó por qué, pero yo conocía bien la razón. Los rusos estaban arrojando honorarios jurídicos como confeti en Nueva York. Se denunciaban los unos a los otros, se divorciaban, compraban propiedades de lujo, pedían visados y abrían cuentas bancarias. Y a sus abogados de Estados Unidos aquello les encantaba. ¿Por qué poner en peligro ese chollo, trabajando para alguien tan tóxico para los rusos como yo?

Las cuatro firmas restantes estuvieron dispuestas a recibirme, de modo que fui a Nueva York en mayo de 2014. Las tres primeras eran apenas distinguibles entre sí. Todas me instalaron en una sala de conferencias muy bien equipada en sus oficinas del centro de Manhattan; todas me presentaron a los socios de mayor edad, conocidos por sus proezas en la litigación, y todos y cada uno de esos socios aparecieron rodeados por asociados bien vestidos y con cara juvenil, salidos hacía pocos años de las facultades de Derecho. Yo sabía que en cuanto firmase una carta de compromiso, nunca más volvería a ver al socio con experiencia. Todo el caso lo llevaría alguno de aquellos jóvenes asociados.

Mi última reunión fue con Randy Mastro, jefe de Litigios en Gibson, Dunn & Crutcher. En otra vida profesional había sido teniente de alcalde de Nueva York con Rudy Giuliani (mucho antes de que Giuliani se autoinmolara). Randy tenía la reputación de ser uno de los litigadores más despiadados de Nueva York. Cuando le busqué en Google, le describían como alguien «a quien no querrás encontrarte en un callejón oscuro…, ni tampoco te lo querrás encontrar realmente en un tribunal bien iluminado». Alguien decía también que ir contra él era como «luchar con un caimán».

No podía esperar a conocerle.

Llegué a las oficinas de Gibson Dunn en el MetLife por encima de Grand Central Station y subí al piso 47. Saliendo del ascensor me encontré en un vestíbulo enorme de dos pisos con suelos de mármol blanco, paredes forradas de madera oscura, muebles modernos y un enorme mural contemporáneo junto al mostrador de la recepcionista. Mi reacción inmediata fue: «Yo no puedo permitirme esto».

La secretaria de Randy vino a recibirme al vestíbulo, me

hizo subir unas escaleras y me condujo a su oficina, en una esquina. Daba directamente al edificio Chrysler y sus famosas águilas, con vistas al sur, hasta Wall Street y el puerto de Nueva York. Randy estaba hablando por teléfono, pero me indicó por señas que me sentara frente a su escritorio, mientras terminaba.

Randy, que parecía estar al final de la cincuentena, no era como los demás abogados que había conocido en Nueva York. Llevaba el pelo blanco muy largo (para un abogado, al menos) y una barba bien cuidada. Vestía un traje gris pero iba sin corbata, solo con una camisa abierta. No recordaba la última vez que había visto a un abogado que no llevase corbata.

Su oficina estaba decorada con artículos de béisbol, incluyendo un parche conmemorativo de Roberto Clemente en su escritorio y un bate de madera exhibido de manera destacada. Me reí interiormente ante la idea de que un abogado de litigios tuviera un bate a mano. Junto al parche del escritorio se encontraba un pequeño caimán de goma.

Cinco minutos más tarde colgó el teléfono y se presentó.

—¿Qué puedo hacer por usted, Bill?

Le conté toda la historia. Él me escuchó atentamente. Cuando hube terminado, meneó la cabeza, incrédulo.

—Conozco a John Moscow. Era uno de los mejores bajo Morgenthau —dijo, refiriéndose a uno de los fiscales de distrito más famosos de Nueva York—. Es una auténtica vergüenza... ¿Cómo puedo ayudarle yo?

—Van a ir a por mí otra vez. Y cuando lo hagan, necesito a alguien que les pueda dar muy duro.

—Ha venido al lugar adecuado.

—¿Y el tema de los rusos no le preocupa?

—No. Ni lo más mínimo. —Tendió la mano por encima del escritorio con su tarjeta de visita—. Aquí tiene mi número personal. Puede llamarme a cualquier hora, de día o de noche.

Volví a Londres satisfecho pensando que cuando John Moscow atacara de nuevo, yo estaría preparado.

129

17

La operación de vigilancia de Aspen

Verano de 2014

Unas pocas semanas más tarde, después de un almuerzo de negocios junto al Parlamento, iba paseando por Birdcage Walk, junto al parque St. James, consultando reflexivamente mi BlackBerry. Entre un montón de mensajes acumulados estaba uno de Paul Monteleoni. Apenas había oído hablar de él desde que el Gobierno de Estados Unidos archivó su caso contra Prevezon. Era directo: «Llámeme. Urgente».

Nunca antes había recibido un mensaje semejante de Paul.

Me metí en un portal y marqué su número. Él cogió el teléfono casi antes de que tuviera la oportunidad de sonar.

—Hola, Paul. Soy Bill. ¿Qué ocurre?

—Ah, hola. —Tardó un momento en continuar, como si tuviera que salir de una reunión—. Yo…, bueno, no quiero alarmarle, y tampoco estoy seguro al cien por cien de esto, pero hemos recibido la información de que dos individuos están solicitando fondos para contratar un equipo que le localice y le lleve a Rusia.

¿Llevarme?

—¿Qué personas? —le pregunté.

—Hay unos rusos implicados.

—¿Qué rusos?

—Es lo único que le puedo decir. Estamos notificándolo a las autoridades británicas, pero yo quería que lo supiera, para que pueda tomar las precauciones que considere necesarias.

Colgué y me quedé allí en aquel portal, mirando el verde

exuberante del parque de St. James. El palacio de Buckingham estaba muy cerca hacia el oeste, y, aunque yo no lo veía, el Parlamento se encontraba a solo unas manzanas hacia el este. A pesar de hallarme en el centro de Londres, en una zona con más cámaras de seguridad por centímetro cuadrado que en cualquier otro lugar del Reino Unido, de repente me sentí vulnerable.

Salí a la acera, muy sensible a todo lo que me rodeaba, y atravesé rápidamente el parque. Que el Gobierno de Estados Unidos me dijera que había una conspiración de extradición contra mí cristalizó todos mis miedos. Si su información era fiable, y tenía que suponer que lo era, entonces yo ya no estaba a salvo en Londres. No importaba cuántas cámaras de vigilancia hubiera…, nunca habían disuadido a los rusos de sus propósitos.

Y encima, resulta que había más de trescientos mil rusos viviendo, trabajando o viajando por Londres en un momento dado. Son como las farolas o los autobuses rojos de dos pisos: omnipresentes, de tal modo que ya no los tienes en cuenta.

Pero yo siempre los había tenido en cuenta. Aparte de mi esposa rusa y personal ruso, siempre los había evitado por completo. Si oía a alguien hablar ruso cuando iba andando por la calle, instintivamente me apartaba. Cuando me invitaban a beber o comer algo, tenía mucho cuidado en evitar los bares y restaurantes de moda que frecuentaban los rusos.

El Gobierno británico, sin embargo, no los tenía en cuenta. Estaba casi seguro de que, cuando Gran Bretaña recibiera la advertencia del Gobierno norteamericano, no harían nada. Y peor aún: si me secuestraban los rusos realmente, no habría ninguna consecuencia.

Ese fue el caso cuando Alexander Litvinenko, desertor de la FSB, fue asesinado en el centro de Londres por dos agentes rusos utilizando polonio radiactivo en 2006. A pesar de quedar probado que el crimen fue un acto de terrorismo impulsado por el Kremlin, lo único que hizo el Gobierno británico fue expulsar a un puñado de diplomáticos rusos y emitir algunas órdenes de arresto absurdas para los asesinos de Litvinenko a las que Rusia nunca haría caso. Esa actitud laxa había dado a Putin la impresión de que podía operar con total impunidad en el Reino Unido.

131

Ahora, con la posibilidad muy real de ser secuestrado en cualquier momento, incrementé mis medidas de seguridad. Contraté a un equipo de guardaespaldas que habían trabajado para clientes en países como México y Afganistán, donde los secuestros están muy extendidos. Sin embargo, a pesar de su experiencia y su presencia intimidatoria, no hacían que me sintiera mucho más tranquilo. A fin de cuentas, el mayor mercado de guardaespaldas de Londres son los rusos (que tienen miedo de otros rusos). Con todo ese dinero circulando por ahí, me di cuenta de que no podía confiar totalmente en esas personas.

Para estar lo más seguro posible, por lo tanto, tenía que confiar solo en mí mismo. Empecé preguntándome: «Si intentaran secuestrarme, ¿qué haría yo?».

Planear tal operación requeriría vigilancia, observar mis hábitos y buscar cualquier modelo explotable. Eso significaba que ya no podía tener costumbres, y que mi vida no tenía que seguir un modelo discernible.

Empecé a variar mi rutina, empezando a diferentes horas por la mañana, a veces muy temprano y otras veces casi a la hora de comer. Varié mis rutas hacia el trabajo, saliéndome del camino a menudo. Un día cogía un taxi, al otro un autobús, el metro al día siguiente. A veces iba andando, o cogía el metro solo para una parada, o me metía en un café, antes de continuar. En ocasiones, mis guardaespaldas venían andando conmigo; otras veces se quedaban atrás para ver si me seguían o me vigilaban.

Y lo más importante es que guardé todo mi calendario en un disco duro y cuando planeaba algo lo hacía fuera de Internet.

Era agotador hacer todo aquello, y me provocaba mucho estrés el constante estado de alerta. No había forma de mantenerlo indefinidamente. Afortunadamente no fue necesario. A mediados de julio, Elena, los niños y yo nos íbamos a Aspen, Colorado, a pasar unas largas vacaciones, y allí podría volver a tener una vida más normal.

Aterrizamos allí el 14 de julio. En el momento en que bajé del avión me sentí en un mundo distinto. Aspen tiene un pequeño aeropuerto, y bajas del avión como lo hacía la gente en los años 50: sales andando y bajas por una escalera metálica hasta la pista. El aire era limpio y seco. Notaba el olor de los pinos oscuros que cubren las laderas de las montañas, mezclado con los álamos temblones y los álamos de Virginia.

Me encanta Colorado. Yo me crie en Chicago, pero pasé el primer año de instituto en un internado en Steamboat Springs, donde esquiaba prácticamente todos los días del invierno. Durante esos años formativos, me enamoré de las Montañas Rocosas. Después del instituto fui a la Universidad de Colorado, en Boulder, dos años, y desde entonces he vuelto a las Rocosas a cada oportunidad que he tenido. En 2014 no era solo a mí a quien me gustaba estar allí: a toda mi familia le encantaba.

Me llevó unos días que mis nervios se tranquilizaran, pero al final me calmé. Caí en una rutina cómoda: ir en bici con mis hijos, salir a conciertos al aire libre, visitar a amigos para cenar. Me parecía fabuloso ser libre y no tener que mirar constantemente por encima del hombro.

Las vacaciones estaban centradas en mi familia, sobre todo en Elena, la más afectada por toda la situación. No solo tenía que lidiar con el estrés de que su marido pudiera desaparecer en cualquier momento, sino que tenía que poner buena cara ante nuestros hijos. De alguna manera, fue capaz de convencerlos de que todos los padres luchaban contra Vladímir Putin, y que nuestras vidas eran completamente normales.

Pero, aun así, yo tenía algo de trabajo que hacer. A finales de julio me invitaron al Instituto Aspen para dar una charla sobre la Ley Magnitski. El Instituto es un gabinete estratégico internacional y centro de conferencias que regularmente reúne a activistas, emprendedores, políticos y periodistas para discutir todo tipo de temas. Su campus, a lo largo del río Roaring Fork, es uno de los lugares más idílicos que se pueden ver en la vida. Para aquella reunión en particular me llevé a mi hijo de diecisiete años, David, esperando que aquello le inspirase.

Al final del primer día hubo una recepción y cóctel en el Centro Doerr-Hosier, el vestíbulo de recepción principal del Instituto Aspen. David, que estaba a punto de empezar en Stanford, se sentía muy emocionado de poder relacionarse con un puñado de famosos emprendedores de Silicon Valley, y a mí me encantaba pasar el tiempo con mi hijo.

Cuando la fiesta se acabó, el cielo se empezó a nublar. Se estaba preparando una gran tormenta vespertina de las Montañas Rocosas, y el valle de Aspen pronto quedaría devorado por ella.

Di un toque a mi hijo, que estaba charlando con un joven capitalista de riesgo.

—Lo siento, David, pero tenemos que irnos.

Cuando llegamos a la puerta principal ya había empezado la lluvia.

Llamé a mi amigo Pierre, que había venido desde Bélgica de visita. Él nos había llevado en coche antes y se había ido a la ciudad a hacer unas compras.

—Pierre, ¿estás cerca del Instituto? Con este tiempo, nos vendría bien que nos pasaras a buscar.

—¡Tenéis suerte! Estoy a unas manzanas. Estaré ahí dentro de cinco minutos.

El Centro Doerr-Hosier está metido en un camino que sale de la carretera principal, de modo que Pierre no podría aparcar allí. Unos minutos más tarde nos mandó un texto diciendo que estaba en el callejón. Salimos hacia allí. No llevábamos paraguas, de modo que David y yo echamos a correr, protegiéndonos la cabeza con los brazos de las gruesas gotas.

De repente, salida de la nada, una mujer corrió hacia mí, gritando:

—¡Señor Browder! ¡Señor Browder!

Su voz era chillona. David y yo nos detuvimos al instante. La miré entre la lluvia. No sabía quién era, y noté que no llevaba ninguna credencial del Instituto Aspen colgando en torno al cuello, como todos los demás en la conferencia.

De repente, la adrenalina corrió por mis venas. Mis instintos de «lucha o huida» aparecieron de golpe, y todas las sensaciones negativas de un mes antes en Londres me inundaron. Fuera quien fuese, me daba la sensación de que no quería nada bueno de mí.

Cogí a David y lo arrastré conmigo para que siguiera corriendo.

Ella echó a correr también y gritó aún más. Pero yo no atendía a sus palabras. Mi única idea era meter a David en el coche y meterme yo mismo también.

David iba por delante de mí. Miré por encima del hombro. A la mujer se le había unido un hombre que también venía persiguiéndonos.

Justo entonces se abrió el cielo y cayó un verdadero diluvio.

David llegó el primero al coche y se volvió hacia mí, con una mirada interrogante en su cara empapada.

—¡Entra! —chillé. Él abrió la puerta delantera del pasajero y saltó dentro. Un segundo más tarde yo llegaba también al coche, y prácticamente choqué con él. Abrí la puerta de atrás y me subí. Pierre iba consultando su iPhone distraídamente, sin tener ni idea de lo que estaba pasando.

—¡Pierre, arranca! —exclamé yo.

Él me miró, preguntándose si iba en serio.

—¡Corre! —grité.

Y así lo hizo. Dejó caer el teléfono en la consola central, metió la marcha y salió disparado.

El Instituto Aspen es esencialmente una zona peatonal, y no podíamos largarnos sin más. En cuanto salimos del callejón, el hombre que se había unido a la persecución llegó al coche y arrojó algo al parabrisas. Se quedó atascado debajo de los limpiaparabrisas, que iban danzando arriba y abajo furiosamente. Pierre tuvo que detener el coche. Entre el diluvio gris y el objeto en el parabrisas, no distinguía la carretera.

Sin que ninguno de nosotros le dijera nada, David saltó fuera, tiró el objeto al suelo y volvió a entrar.

—¿Qué era? —le pregunté yo.

—No lo sé —dijo David.

Entonces aceleramos de verdad, dejando atrás el Instituto y corriendo por las mojadas calles de Aspen.

Miré por encima de mi hombro para ver si alguien nos seguía, y Pierre me preguntó:

—¿Qué demonios está pasando?

—No lo sé —dije yo—. Pero es algo malo.

Quienesquiera que fuesen, me sentí aliviado de que no hubieran llegado hasta nosotros. Pero el hecho de que mis enemigos me hubieran situado en Aspen era una noticia muy mala.

Fuimos derechos a casa y le conté a Elena lo que había ocu-

135

rrido. Aunque aquellas personas tenían acento norteamericano, yo sabía que estaban relacionados con los rusos.

—Si los rusos saben que estamos aquí —dije—, tenemos que irnos.

Tenía planes de volar a Londres al día siguiente para reunirme con mi editor británico y organizar el lanzamiento en el Reino Unido de mi libro *Notificación roja*. Pero no quería que mi familia estuviera allí sin mí, y le dije a Elena que hiciera las maletas, y así podríamos irnos todos.

Mi esposa mantuvo la calma.

—Desde luego que no tenemos que «salir corriendo», Bill —dijo.

Cuando nos conocimos en Moscú, Elena era una directora de crisis muy prometedora de una firma de relaciones públicas norteamericana, un puesto casi imposible para una mujer joven en un país tan patriarcal y asfixiante como Rusia, y nunca jamás se ponía nerviosa.

—En ese caso, cancelaré el viaje de mañana —dije.

—No —repuso ella—. El libro es demasiado importante. Tienes que ir. Además, Pierre está aquí, David está aquí. Y siempre podemos llamar a Steve. —Steve era un amigo local, ávido cazador con una impresionante colección de rifles—. Vete a Londres.

Probablemente, ella tenía razón. Siempre he tenido la sensación de que casarme con Elena fue como casarme con un médico especializado en tratar una rara enfermedad tropical, y que yo había acabado cogiendo exactamente aquella rara enfermedad tropical. No podía haber elegido a una compañera más capaz de manejar aquella pesadilla.

Al día siguiente volé a Denver, donde tenía que coger un vuelo de enlace a Londres. Llamé a Elena durante la parada. Ella abrió FaceTime en el teléfono. El día era bello y soleado, y los niños habían puesto un aspersor en la entrada. Reían llenos de alegría, persiguiéndose unos a otros bajo el agua.

Embarqué en mi vuelo a Londres una hora más tarde, y con la imagen de los niños jugando en el camino de casa pude sumirme en un sueño profundo en el vuelo nocturno.

Cuando llegué a la aduana de Heathrow, justo antes de mediodía, mandé un texto a Elena para hacerle saber que había aterrizado sano y salvo. Apenas había amanecido en Aspen, de modo que no esperaba que ella respondiera, pero el teléfono sonó casi de inmediato.

—¡Bill, se han acercado a los niños! —decía ella, histérica.

—¿Quién? ¿Cuándo?

—Dos hombres vinieron a casa ayer por la tarde, cuando los niños estaban jugando fuera. Uno le preguntó: «¿Está tu papá en casa?».

—¿Cómo?

—Veronica le dijo al hombre que no. Y luego el otro le preguntó: «¿Dónde está?». Ella se asustó y corrió dentro con los otros. El hombre fue gritando detrás de ellos. Entonces llamó al timbre una y otra vez, pero nos escondimos en el sótano. —Después de una pausa dijo—: Ya no me siento segura aquí.

En los quince años que llevábamos juntos, nunca la había notado tan preocupada.

Consulté los horarios de vuelo. El primer avión que había de vuelta a Colorado salía al día siguiente. Hasta entonces, necesitaba algo de ayuda.

Mi primera llamada fue a Steve. Este vivía en un pequeño rancho en las estribaciones de la montaña, al oeste de la ciudad. Al oír lo que había pasado me dijo:

—Voy a buscar a un par de colegas. Iremos a la casa de inmediato y haremos guardia. No te preocupes, Bill, nada le ocurrirá a tu familia.

A continuación llamé a Paul Monteleoni en Nueva York. Como fiscal, él solo no podía hacer mucho, de modo que recurrió al agente especial Hyman, que a su vez llamó al jefe de policía de Aspen (habría llamado a un colega suyo local en Seguridad Nacional, pero la oficina de campo más cercana estaba en Centennial, Colorado, a cuatro horas de viaje en coche).

Yo leía normalmente el registro de la policía en el *Aspen Times*. El departamento de policía local era bastante tranquilo, y la máxima emoción procedía de algún conductor borracho, algún robo en una tienda y alguna pelea de bar. El jefe de policía, ciertamente, no quería que Aspen se convirtiera en escenario de un incidente internacional grave que implicara a los rusos, y me llamó de inmediato.

137

—Me han informado de su situación, señor Browder —dijo con un deje de las montañas—. Visitaré a su esposa en la próxima hora, y he dado instrucciones a mis agentes de que lleven a cabo patrullas regulares de la casa.

Me dio su número personal y me dijo que podía llamarle para lo que fuese.

Entonces hablé con Elena, que todavía parecía afectada.

—Cariño, regreso ahora mismo —dije—. Saldré en el primer vuelo mañana.

Me fui a casa a cambiarme de ropa, cancelé mis reuniones y reservé mi vuelo de vuelta a Aspen.

Sin embargo, cuando llamé a Elena, un par de horas más tarde, su tono había cambiado.

—Steve y un amigo están fuera, sentados en el capó de su camioneta, con rifles. También he visto al jefe de policía, y uno de sus coches viene cada quince minutos. Creo que estaremos bien. Deberías terminar tu trabajo.

Me alegraba oír que ya se había calmado. De mala gana me quedé en Londres los dos días siguientes, pero cuanto más pensaba en lo que había ocurrido, más furioso me ponía.

Los rusos sabían dónde estaba mi familia, y yo sospechaba que era por culpa de John Moscow. Una cosa era que cambiara de bando en un caso legal y que se alinease con el Gobierno ruso, pero él había traspasado todos los límites implicando a mi mujer y mis hijos.

138

18

Juez Griesa

Verano-otoño de 2014

Cuando la polvareda se fue asentando, supimos que la gente que me perseguía no eran secuestradores ni envenenadores, sino agentes de notificaciones contratados por los rusos. El objeto que me habían arrojado al parabrisas del coche era una citación. De hecho, John Moscow era el que estaba detrás de todo aquello.

Su última citación era más turbadora incluso que la primera.

Además de la gran cantidad de información que me pedían antes, John Moscow y su equipo ahora querían ocho años de mis detalles de seguridad personal, copias de mis pasaportes y visados de los últimos veinte años, todas mis comunicaciones con la Interpol y la Unión Europea, e información personal sobre mis colegas Vadim e Ivan.

Si les entregábamos aquello a BakerHostetler, nuestros adversarios rusos sin duda se apoderarían de todo, y eso les permitiría planear un gran número de siniestros movimientos contra nosotros. Dado el número de muertos que se iban acumulando, aquello resultaba terrorífico de verdad. A mí aquellas citaciones me parecían más una recogida de información de la inteligencia rusa que nada que tuviera que ver con un caso ante los tribunales de Estados Unidos.

Como para confirmar este extremo, al cabo de unos días la TASS, la agencia de noticias estatal oficial de Rusia, publicó el titular: «William Browder convocado a Nueva York para su interrogatorio». El artículo incluía una cita del equipo legal de Prevezon: «Si el señor Browder no aparece para su interrogatorio, se verá sometido a castigos que pueden incluir el arresto». La abogada de la familia de Katsiv en Moscú, una mujer de la que no había oído hablar nunca llamada Natalia Veselnitskaya, incluso intentó que sonara como si «yo» fuera el acusado, y no Prevezon.

Si alguna vez había necesitado un caimán a mi lado, era en aquel momento.

A mediados de agosto procuré no pensar en los caros cuadros modernos y suelos de mármol blanco de Gibson Dunn y llamé a Randy Mastro, al número personal que me había dado. Accedió a representarme y después de firmar su carta de compromiso, lo primero que hice fue enviarle los documentos relacionados con el caso, para que pensara qué podíamos hacer.

En septiembre cogí un vuelo para ir a Nueva York y reunirme con Randy.

Sería la primera vez que me sentaba a hablar con él como mi abogado, y estaba bastante nervioso. Es como ir a ver al médico después de hacerte un montón de pruebas. Randy y su equipo habían estudiado nuestro caso, y ahora tenían un diagnóstico. Yo temía que concluyera que no había esperanza alguna, y que tendría que entregárselo todo a John Moscow y a BakerHostetler.

Nos reunimos en el hotel Regency, en Park Avenue, para desayunar. El *maître*, que conocía bien a Randy, nos hizo pasar al pequeño restaurante. Estaba sorprendentemente ajetreado, considerando que solo eran las 7.30. Randy parecía conocer a todo el mundo allí, e iba saludando a gente a medida que nos acercábamos a nuestra mesa. Me di cuenta enseguida de que aquel lugar era una especie de institución en Nueva York, un punto de desayuno muy potente donde se reunían todas las mañanas la gente de las finanzas, los medios y la ley.

Tomamos asiento. Yo debía de parecer incómodo, porque lo primero que me dijo Randy fue:

—Relájese, Bill. Tenemos todo esto controlado.

—¿Qué quiere decir?

—Quiero decir que vamos a anular esa citación. Han confundido las jurisdicciones, han fallado en la notificación…, por

140

no mencionar que es la citación más exageradamente amplia que he visto en mi vida. De verdad.

—Es un alivio —dije.

—Pero no quiero detenerme ahí. Nunca he visto un ejemplo más claro de abogado con un descarado conflicto de intereses. Tenemos que echar a John Moscow de este caso.

—Pero ya lo probé con el Comité de Disciplina —me lamenté.

Finalmente habíamos sabido de ellos a principios de agosto, en un solo párrafo en el cual establecían que no pensaban hacer nada.

—Olvídese del Comité. Vamos a presentar una moción para descalificarle ante el tribunal —afirmó.

—¿Y por qué cree que así será diferente?

—Porque esta vez vamos a argumentar ante un juez, y no nos vamos a limitar a dejárselo a unos tipos que deciden sobre un montón de papeles. Confíe en mí, tenemos un buen caso.

Randy presentó la moción para la descalificación el 29 de septiembre, y se estableció una audiencia para el 14 de octubre.

Mientras tanto, John Moscow y BakerHostetler presentaron su respuesta. Insistieron más aún en todo lo que nos habían dicho cuando les pedimos que se recusaran. Empezaron diciendo: «Browder *nunca fue cliente de BakerHostetler*» (el énfasis es suyo), intentando probar que, como era Hermitage y no yo personalmente quien había pagado las facturas, no tenía efectividad el privilegio abogado-cliente.

Luego señalaron que ni Hermitage ni yo teníamos participación financiera en el caso del Gobierno de Estados Unidos contra Prevezon, porque se ganara o se perdiera, no podríamos recuperar nada del dinero apropiado. Por tanto, aseguraban, no podíamos ser «adversos» a su cliente y no existía el conflicto de intereses.

Esto era absurdo, por supuesto. Desde 2009 mi misión principal había sido hacer responsables a los asesinos de Serguéi y a cualquiera que se hubiera beneficiado del crimen. Y ellos lo sabían. Todo el mundo lo sabía. Lo que estaba pasando allí correspondía prácticamente a la definición de la palabra «adverso». Que intentasen seguir ese hilo no solo era deshonesto, sino que era el colmo del cinismo.

Acababan con una afirmación que habría enorgullecido a Franz Kafka: «Browder quiere infligir un daño en su reputación a John Moscow, que sirvió honorablemente al estado de Nueva York durante más de treinta años como uno de los fiscales más importantes antiblanqueo». Intentaban convencer al juez de que John Moscow (que ahora estaba «defendiendo» a unos supuestos blanqueadores) era la víctima, no Serguéi ni yo.

Apenas podía contener mi indignación. Aquella decisión de descalificación iba a ser pan comido para el juez. Estaba deseando aparecer ante los tribunales.

Entonces, a medida que se acercaba la fecha de la audiencia, nos enteramos del juez que se había asignado al caso, y yo me puse todavía más nervioso. Presidiría el honorable Thomas Griesa. Este tenía la reputación de ser muy duro y de adoptar decisiones controvertidas. Antes de nuestro caso había obligado a Argentina a responsabilizarse del interés moratorio y los pagos principales de la deuda argentina en una disputa con Elliott Management, un fondo de cobertura de Nueva York. (Griesa era tan vilipendiado en Argentina que quemaban sus fotos en las calles de Buenos Aires.)

Y había otro motivo también para ser optimista. Años antes, un colega de Randy en Gibson Dunn, Richard Mark, fue uno de los secretarios judiciales favoritos del juez Griesa. El plan era que Randy presentara la moción y que Richard defendiera el caso. En teoría, cosas como esa no deberían importar, pero los jueces son seres humanos como cualquiera, y hablar con un colega de confianza de hace tiempo es mejor siempre que hablar con un desconocido.

A última hora de la mañana del 14 de octubre, Randy y Richard fueron a la sala 26B del tribunal Daniel Patrick Moynihan en Foley Square, justo en la otra esquina del SDNY: Randy conocía bien aquel tribunal, había defendido allí cientos de casos. Era pintoresco y majestuoso, con paneles de madera, sillas tapizadas, una tribuna para el jurado, un estrado para los testigos y una galería pública grande que podía acoger hasta cien personas. En la pared detrás del asiento del juez se veía el sello del Departamento de Justicia de Estados Unidos.

Cuando llegaron Randy y Richard ya había mucha gente allí reunida. Estaban seis abogados de diferentes firmas legales que representaban a Prevezon, incluyendo a John Moscow y Mark Cymrot, los abogados de la oficina de BakerHostetler en D. C. que habían redactado la primera carta negándose a recusar a la firma de este caso. Cymrot, que tenía el pelo escaso y blanco y un gran bigote gris, sería el abogado principal. Al equipo lo acompañaba un séquito de asociados, procuradores y otros adláteres sentados en la galería. Estaba claro que aquella audiencia era importante para Prevezon.

El juez Griesa entró en la sala desde su despacho, subió al estrado y abrió el procedimiento con su maza a las 11.15 de la mañana.

Lo había nombrado el presidente Richard Nixon y tenía ochenta y tres años por aquel entonces, pero parecía más viejo todavía. Aunque era alto, se veía que sufría de algún tipo de problema en la columna que hacía que permaneciera encorvado. Esa afección no le permitía levantar la vista de su escritorio. Todos los movimientos que hacía parecían dolorosos.

Randy fue el primero que habló, y luego entregó las riendas a Richard. Cuando este empezó, el juez Griesa le dijo que hablara junto al micrófono, porque al parecer también tenía problemas de oído. Richard fue hasta el atril y volvió a empezar, pero al cabo de unos momentos el juez Griesa le interrumpió. Estaba confundido, no sabía por qué presentábamos aquella moción. Rápidamente quedó bien claro que no había leído ni una sola palabra de los cientos de páginas de expedientes de ambos lados.

Un buen abogado tiene que estar preparado para este tipo de cosas, y Richard, con toda calma, explicó toda la historia al juez Griesa. Parecía que Richard lo estaba haciendo bien, pero entonces el juez empezó a hacerle preguntas.

A lo largo de la hora siguiente, el juez Griesa confundió el objetivo de aquella vista. No era capaz de ir siguiendo quién era quién, ni cuál era mi relación con John Moscow. No entendía cómo Prevezon había acabado con parte del dinero robado. En un momento dado, ni siquiera recordaba que el fraude original había tenido lugar en Rusia.

143

Richard hizo uso de toda su paciencia y su conocimiento del juez Griesa para intentar guiarle a través de aquella niebla, pero nada parecía funcionar.

Tampoco las cosas resultaban muy fáciles para Cymrot. Afirmaba que como yo habitualmente daba conferencias sobre Serguéi y subía vídeos a YouTube y hacía presentaciones en PowerPoint sobre el fraude de los 230 millones de dólares, hacía mucho tiempo que había renunciado a cualquier derecho a la confidencialidad abogado-cliente.

El juez Griesa no era capaz de entender nada de todo esto.

—Pero ¿quién está dando conferencias? —preguntó.

—Él habla en público —explicó Cymrot.

—¿Quién?

—El señor Browder.

—¿Y quién sube cosas a internet?

—El señor Browder y Hermitage. Tienen una página web, señoría…, y dan conferencias todo el tiempo, cada mes.

—Pero ¿quién da conferencias a quién?

Hasta Cymrot parecía exasperado.

—El señor Browder da conferencias —dijo muy despacio, ante el micrófono—, hablando del señor Magnitski, el fraude de los 230 millones de dólares, y por qué el Estado ruso es una empresa criminal.

Aunque estaba completamente confundido, el juez parecía simpatizar con John Moscow. Cuando los abogados acabaron de presentar sus argumentos, el juez Griesa anunció:

—Sacarlo (a John Moscow) del caso para que no pueda hacer otro trabajo muy distinto, no entiendo por qué Hermitage quiere hacer eso. Francamente, pretender eso es ser muy malo.

Se supone que los jueces no tienen que dictaminar si las cosas son «malas» o no…, se supone que tienen que dictaminar si son legales.

Estaba claro que íbamos a perder. Randy intervino en el último minuto, pidiendo al juez Griesa una reunión en su despacho. El juez accedió y Randy, Richard, John Moscow y Mark Cymrot se reunieron en el despacho del juez.

Richard presentó al juez la transcripción de la llamada que yo hice a John Moscow el día que Serguéi fue arrestado, la llamada en la cual John Moscow hablaba de seguir la pista a los 230 millones de dólares ya que dejaba «huellas» en la «nieve», junto con otras conversaciones privadas, abogado-cliente, entre nosotros. El material desmentía la afirmación de John Moscow de que nunca intentó seguir la pista de los 230 millones de dólares, y también la afirmación de Cymrot de que yo no había compartido nunca información confidencial con ellos.

Esta sesión a puerta cerrada duró más de una hora. Al final, el juez Griesa no quedó convencido, pero accedió a permitir una segunda vista, que se programó para el 23 de octubre.

Todo el asunto era indignante, pero yo no podía evitar sentir un poco de pena por el juez Griesa. Mi padre, que tenía más o menos la misma edad, había ganado la Medalla Nacional de Ciencias y había sido uno de los matemáticos más importantes del mundo. En la cima de su carrera, resolvía las ecuaciones diferenciales parciales no lineales más complejas que existían, pero ahora, con ochenta y tantos años, tareas muy sencillas, como pagar facturas de servicios o encender la alarma de incendios representaban un desafío para él. Presenciar la indignidad de su envejecimiento había sido una de las experiencias más tristes de mi vida.

La realidad era que el juez Griesa ya no tenía que estar en aquel tribunal. Habíamos topado con una peculiaridad del sistema de justicia norteamericano: que no exista una edad de jubilación obligatoria para los jueces federales. Pueden seguir en su cargo literalmente hasta el día de su muerte. Estoy seguro de que el juez Griesa había sido un león en los tribunales en otros momentos de su carrera, pero ahora ya era solo una sombra de sí mismo, y nosotros estábamos sufriendo las consecuencias.

Me obsesioné con esto durante la semana entre las dos vistas, y cada vez me preocupaba más. Hablé con Randy justo antes de la segunda vista. Se notaba que estaba preocupado, pero aun así permanecía calmado y confiado.

—No te preocupes, Bill. Yo le haré entrar en razón.

La tarde siguiente, todos los abogados se reunieron en la sala 26B. Randy fue quien presentó su argumentación esta vez, apoyándose en el sentido común, más que en complicados argumentos legales, para hacer cambiar al juez.

Pero cuanto más hablaba Randy, más frustrado estaba el

145

juez Griesa. Parecía furioso consigo mismo por no ser capaz de hacer lo que antes le salía sin ningún esfuerzo. Sencillamente, no podía seguir el caso. No veía cómo el trabajo anterior de John Moscow estaba conectado de ninguna forma con el trabajo actual que él estaba haciendo para Prevezon.

Vergonzosamente, mientras Randy presentaba sus argumentos, John Moscow susurraba desde el otro lado del tribunal, diciendo cosas como: «¡Eso no es verdad!» y «Randy, ¿cómo puedes decir eso?». Era una de las actuaciones menos profesionales que había visto Randy en su vida, pero el juez Griesa no iba a ponerle fin, porque no oía lo que estaba diciendo John Moscow.

Randy habló durante casi una hora y media, intentando calmar la frustración del juez Griesa. A continuación intervino Cymrot. Dándose cuenta de que tenía el caso ganado, habló apenas diez minutos.

El juego había terminado. Pero en el último segundo intervino Paul Monteleoni, pidiendo que se le escuchara. Quería hacer un último intento desesperado de aclarar la confusión del juez. Se puso de pie, fue hasta el micrófono y pasó los minutos siguientes explicando que Hermitage y Prevezon estaban en los lados opuestos del mismo delito.

Todavía confuso, el juez Griesa preguntó:

—¿Está usted asegurando que Prevezon de alguna manera estaba trabajando con Hermitage para llevar a cabo el blanqueo de dinero?

—No —exclamó Paul—. Ciertamente, Prevezon no trabajaba con Hermitage. Hermitage era la víctima.

Ninguno de los abogados que estaban en el tribunal podía creer lo que oían. Después de cientos de páginas de expedientes, dos vistas y una larga sesión en su despacho, el juez Griesa todavía no entendía lo más básico del caso.

En este momento, el juez dictaminó desde el estrado diciendo que no veía «ningún motivo por el cual Moscow no pudiera representar a Prevezon, su nuevo cliente, en esta nueva acción». Y siguió: «Esta nueva acción es totalmente distinta... Gracias».

Y eso fue todo. John Moscow y BakerHostetler seguirían en el caso.

146

En Rusia, nuestros adversarios estaban extasiados. Al cabo de una hora, Natalia Veselnitskaya, la abogada de familia de Katsiv, publicó un largo texto en Facebook. Era bastante retorcido y difícil de seguir, pero en un aspecto era sorprendentemente honesta. Apodaba el caso de Estados Unidos contra Prevezon «Browder contra Rusia», y desestimaba todos los argumentos que acababan de dar en BakerHostetler. Nosotros éramos adversarios de Prevezon.

El título de su mensaje lo decía todo: «Hoy es un día importante. 1-0 para Rusia».

147

19

The Daily Show

Otoño de 2014-invierno de 2015

Después de nuestro fallido intento de recusar a John Moscow y BakerHostetler, Randy perdió parte de su arrogancia. Confiaba en poder inutilizar aún la citación de Aspen (y lo consiguió al final), pero puso mucho énfasis en que yo no acudiera a Nueva York mientras el caso de Prevezon estuviese vivo. «Si le cogen aquí, es una cosa totalmente distinta», me advirtió.

Pero no ir a Nueva York era algo que se decía más fácilmente que se hacía. Yo viajaba allí regularmente por negocios y por motivos personales, ya que mis padres vivían en Princeton, Nueva Jersey, que no estaba lejos.

Aquel otoño, durante la comida de Acción de Gracias, recibí una llamada de Natalie, la enfermera que cuidaba a mis padres y vivía en su casa.

—Bill, su madre no está bien —me dijo—. La hemos llevado a urgencias. Creo que tiene que venir a casa.

Mi madre tenía ochenta y cinco años y llevaba mucho tiempo mal. Cuando tenía setenta y tantos sufrió un derrame grave que la dejó paralizada en parte y en silla de ruedas. A los ochenta y tres le diagnosticaron la enfermedad de Alzheimer, y desde entonces había sufrido un revés tras otro. De niña había huido de Viena y viajado sola a través del Atlántico a Estados Unidos para escapar de Hitler y del Holocausto, pero ahora no podía escapar de los estragos del alzhéimer.

Yo había vivido fuera de Estados Unidos desde que ella tenía sesenta años. Durante mucho tiempo, mientras mis padres estuvieron bien, encontramos formas de vernos, ya fuera en Estados Unidos o en el Reino Unido. Pero cuando la salud de mi madre se deterioró, todo cambió. No estar cerca de ella me llenaba de culpabilidad.

Cuando mi madre había estado en una posición similar, décadas antes, también se sintió atormentada por la culpa. Su madre, Erna, se rompió la cadera cuando tenía ochenta y tantos, y quedó incapacitada. Al no poder vivir sola, acabó en una deprimente residencia de ancianos en Alameda, California, pagada por Medicaid. Pasó por un declive largo y degradante. Era doloroso de contemplar, y mis padres, que vivían con el sueldo de un profesor, no tenían medios para mejorar su situación o traerla a casa a Nueva Jersey.

Yo tenía veinticuatro años por aquel entonces y asistía a la Facultad de Empresariales. Era el único miembro de la familia en la Costa Oeste, así que visitaba a mi abuela tan regularmente como podía. Odiaba ver cómo se iba deteriorando en aquel lugar tan frío e indiferente. Mi abuela murió sola al final, en un escenario poco familiar, lejos de aquellos que la habían amado. Ni siquiera yo pude estar allí, cuando ocurrió al final.

Tras la muerte de Erna, me hice una promesa silenciosa: me aseguraría de que eso jamás les ocurriera a mis padres, ni a nadie a quien amase. Veintiséis años más tarde, yo había cumplido mi promesa. Cuando mis padres se volvieron igual de frágiles, tuve la fortuna de poder asegurar que vivieran en su casa, atendidos por cuidadores y enfermeras cariñosas.

Después de hablar con Natalie, aquella noche de Acción de Gracias, me reservé un billete en el primer vuelo que iba a Newark. Aunque Princeton está en Nueva Jersey y no en Nueva York, ir allí significaba ignorar la advertencia de Randy. La jurisdicción de los tribunales federales de Estados Unidos no se detiene en las fronteras estatales, sino en un radio que llega a más de ciento sesenta kilómetros del tribunal, y Princeton está apenas a ochenta kilómetros de la ciudad de Nueva York.

Pero no dejaría que John Moscow ni la amenaza de ninguna de sus citaciones me impidiera ver a mi madre cuando estaba gravemente enferma.

Después de pasar la aduana en Newark, a la tarde siguiente, alquilé un coche y fui directo al Princeton Medical Center, un hospital moderno a las afueras de la ciudad. Cuando llegué descubrí que el estado de mi madre era mucho peor de lo que había esperado.

Los médicos vinieron y me explicaron que era posible que no lo superase. Como asunto protocolario, pregunté si yo podía autorizar la orden de no resucitación para ella.

En los tiempos en que todavía estaba lúcida, ella me había hecho jurar que no haría ningún esfuerzo hercúleo para mantenerla con vida en una situación como aquella, y ahora pensaba cumplir la promesa que le hice. Le dije al doctor que yo autorizaría la orden de no reanimar.

Una cosa era hablar de aquellos temas en abstracto, años antes, y otra entonces, cuando era algo real, de modo que me sentí fatal. Llamé a mi hermano Tom, que vivía en Hawái. Tenía que estar allí también. Llegó al día siguiente, y nos sentamos a la cabecera de la cama de nuestra madre el resto de la semana, esperando, rezando y aguardando. Mi padre quería estar allí también, pero por desgracia no se encontraba lo bastante bien para salir de casa.

Milagrosamente, sin embargo, al quinto día el estado de mi madre mejoró. Su presión sanguínea se estabilizó y su respiración se hizo menos ardua. Una a una, las enfermeras le fueron quitando las máquinas que tenía unidas a su cuerpo. Tres días más tarde se encontraba lo bastante estable para que le dieran el alta, y fue enviada a casa en una ambulancia.

Después de todo, no había llegado aún su momento.

Tom y yo pasamos una noche más con nuestros padres. A la mañana siguiente, tras despedirme de Tom, me senté con mi madre, sujetándole la mano mientras mirábamos el jardín, viendo a las ardillas que buscaban bellotas. Hablé con ella, aunque ella no tenía ni idea de quién era yo, ni de lo que le decía. Le conté lo que hacían sus nietos, y que David iba a ir a la universidad; incluso le hablé de la Ley Magnitski.

Antes de irme llevé a un lado a Natalie.

—Tengo problemas con algunos rusos —dije—. Si ocurre algo raro por aquí, por favor, dígamelo enseguida. —Natalie procedía de Georgia, el país del Cáucaso, no el estado de Estados

Unidos, y sabía por la dura experiencia de su país de lo que eran capaces los rusos. Me prometió mantener los ojos bien abiertos.

Volví a Londres. Por el momento, mi madre estaba lo suficientemente bien para no necesitarme a su lado. Pero en el año nuevo se me plantearía un dilema real. Se iba a publicar *Notificación roja* a principios de febrero, y estaba estipulado que yo fuese a Nueva York a lanzar el libro. No había forma de que pudiera escapar al radar de John Moscow en aquel viaje.

Cuando Randy se enteró de la gira del libro, se mostró inflexible y me dijo que no debía acudir a Nueva York. Yo quizá habría seguido ese consejo si mi única preocupación hubiera sido minimizar el riesgo de la citación, pero había muchas más cosas en juego. Los rusos habían invertido mucho en crear una falsa narrativa sobre Serguéi, y era esencial que yo compartiera la verdadera historia de lo que había ocurrido tanto como fuera posible. Yo podía informar a legisladores y fiscales hasta quedarme ronco, pero no había sustituto posible para un *best seller*.

Mi editora de Simon & Schuster, Priscilla Painton, pensaba que teníamos una gran oportunidad. Pero los libros no se venden solos, especialmente de autores noveles, y la única forma de conseguir un *best seller* era aparecer en todas las entrevistas y acudir a todos los programas de televisión que quisieran acogerme.

Tenía que ir a Nueva York.

Justo antes de Navidad, cuando Elena y yo estábamos envolviendo los regalos para nuestros hijos en el dormitorio, Natalie volvió a llamar.

Su tono era distinto esta vez.

—Quería que le llamase si veía algo.

—Sí. ¿Qué ha ocurrido?

—Había dos hombres caminando en torno a la casa, por la nieve, intentando mirar dentro, mientras hacía la cena hoy.

—La casa estaba en un callejón sin salida, prácticamente en medio del bosque, y nadie tenía por qué andar husmeando por allí.

—¿Ha conseguido verlos bien?

—No. Estaba demasiado oscuro. Pero me he asegurado de que las puertas estaban bien cerradas y la alarma puesta. ¿Qué hago si vuelven?

151

—Llame al 911. Y luego me llama a mí.

Aquella noticia era inquietante. No podía estar seguro de que John Moscow estuviera detrás de aquellos hombres misteriosos, pero si era así, sería totalmente inaceptable. Además, si estaba tan comprometido y tenía tantos recursos, sería mucho más difícil para mí promocionar el libro en Nueva York y que él no me encontrase.

Necesitaba hallar una forma de hacer esa gira del libro sin incidentes.

Sobre todo confié en Sophie de Selliers, que trabajaba conmigo en la campaña Magnitski, para que pensara cómo hacerlo. Sophie era graduada por la Universidad de Edimburgo, en Escocia, y recibía clases nocturnas de Derecho. Aunque solo tenía veintinueve años, era muy madura para su edad, y estaba siempre muy atenta.

Ella fue la que diseñó mi agenda hasta el mínimo detalle, pidiendo a cada productor y periodista de Nueva York que proporcionara formas alternativas de entrar y salir de los edificios, para evitar que me prepararan una emboscada. La mayor parte de ellos entendieron mis motivos... y los que no lo hicieron, era porque probablemente no habían leído el libro.

Mientras Sophie daba los últimos toques a mi itinerario en Nueva York, yo recibí otra llamada de Natalie. Parecía más agitada incluso.

—Bill, tiene que venir a casa. Creo que esto es el final.

Me explicó que mi madre había dejado de comer y de beber por completo. Si las cosas seguían así, le quedarían pocos días.

Lo dejé todo en suspenso y volví a Nueva Jersey. Por desgracia, mi hermano Tom no podía hacer el viaje, y Elena tuvo que quedarse en Londres con los niños. Estábamos solo mi padre, Natalie y yo, sentados velando junto a la cama de mi madre.

Esta vez estaba en casa, no en el hospital. Mis padres tenían un médico de familia a la vieja usanza que hacía visitas domiciliarias. Vino el día que yo llegué, y cuando le pregunté qué podíamos hacer para que comiera o bebiera, respondió, con toda sencillez:

—Nada. Ella ha decidido que ha llegado su hora.

Sabía perfectamente, igual que yo, que ella no quería que le prolongaran la vida artificialmente. Explicó que su cuerpo se iría apagando poco a poco, pero que ella no sentiría ni dolor ni incomodidad.

Durante los días siguientes me senté a su lado, recordándole que no estaba sola y tranquilizándola. Llevé mi iPad y lo conecté a FaceTime para que Tom, Elena y David pudieran hablar con ella por turno.

Yo salía un poco de vez en cuando para dar una vuelta en torno a la casa y aclararme la mente, usando las escaleras para hacer ejercicio. Mi padre tenía casi treinta y cinco mil libros en unos estantes bien ordenados en el sótano, que estaba bien acondicionado, y los autores iban desde Aristóteles y santo Tomás de Aquino o Gogol a temas como geofísica, historia del arte y topología. Los libros estaban en inglés, francés y ruso, organizados como en una biblioteca universitaria. Él los había leído todos. Cuando los visitábamos, los niños jugaban al escondite y se perdían entre ellos, a veces durante horas. Aquella semana, fui paseando por aquel sótano pensando lo impresionante que era todo aquello…, pero también cómo odiaba mi madre la obsesión por coleccionar libros de mi padre.

En gran medida pude concentrarme en mi madre, en aquellos días finales, pero cada vez que pasaba ante una ventana que daba al jardín, John Moscow invadía mis pensamientos. Me llenaba de rabia que existiera la mínima posibilidad de que él y su citación se inmiscuyeran en un momento como aquel.

Cuatro días después, la respiración de mi madre se fue haciendo cada vez más lenta. Aquella tarde vinieron dos enfermeras de la residencia. Prometieron que si había alguna señal de que ella sufría, le darían morfina. Sin embargo, cuando la vieron me aseguraron que ella no estaba sufriendo.

Hacia la noche, ella ya se acercaba al final. Le sujeté la mano y le dije que la quería. Entonces exhaló su último aliento y murió.

La gente siempre usa la expresión «descansar en paz». Y cuando ella murió, vi que verdaderamente estaba en paz. No luchaba, y todos los años de dolor y sufrimiento habían concluido por fin.

Después, cuando se la llevaron a la funeraria, me fui en coche al lago Carnegie, que está cerca. Había una zona apartada donde a veces me quedaba sentado en el coche mientras iba desde la casa de mis padres al hospital, solo para pensar y estar solo. Mirando aquella agua tranquila, pensé que la muerte de mi madre en casa había sido mucho menos angustiosa que las veces que la había visitado en el hospital, cuando estaba viva y conectada a todas aquellas máquinas. Sí, perder a mi madre era terrible, pero estar allí en sus últimos momentos, de alguna manera, lo hacía más soportable.

Era la segunda pérdida significativa en mi vida, después de Serguéi Magnitski. La muerte natural y pacífica de mi madre en casa y entre personas a las que amaba hacía el crimen de Serguéi mucho más espantoso. Además de haberle robado décadas de vida, Serguéi había pasado sus últimos momentos solo, sin seres queridos a su lado, en una fría celda de aislamiento, recibiendo una paliza de muerte.

Mientras volaba hacia Londres me di cuenta de que la mejor forma de llorar a mi madre y compensar la injusticia de lo que le había ocurrido a Serguéi era convertir mi pena en acciones justas. Al cabo de dos semanas volvería a Nueva York.

Y, desde luego, promocionaría *Notificación roja*, faltaría más.

54

Volví a Manhattan el 2 de febrero de 2015. Mi primera entrevista fue con *Fox & Friends*, a las 6.45 de la mañana. Sophie había pedido a los productores que no anunciaran mi presencia por anticipado, de modo que John Moscow y su equipo no tuvieran ni idea de que estaba allí hasta que apareciese en antena.

Entramos en el edificio de la Fox por el muelle de carga en la calle 48 Oeste, a unos ciento cincuenta metros de la puerta principal en la Sexta Avenida. Nuestro coche aparcó junto a un camión de entregas que estaba allí parado. Algunos trabajadores de mantenimiento andaban por allí fumando cigarrillos. Uno de ellos dijo en voz alta:

—¡Os habéis equivocado de sitio, tíos! Tenéis que entrar por la puerta principal.

—No, no —dijo Sophie—. Vamos bien. Se ha arreglado todo así.

El de mantenimiento estaba a punto de decir algo más cuando se abrió una puerta y aparecieron dos corpulentos guardias de seguridad.

—¿El señor Browder? —preguntó uno de ellos. Asentí—. Venga con nosotros. —Los seguimos a través de un laberinto de estancias hasta la sala de espera, que estaba también en la planta baja del edificio.

Durante un intermedio comercial, el productor me llevó hasta el sofá que estaba en el estudio, donde me saludaron los tres copresentadores del programa. Los rusos habían aparecido mucho últimamente en las noticias. Tuvo lugar la adhesión de Crimea a Rusia, habían abatido un avión de pasajeros y hecho trampas en los Juegos Olímpicos..., y parecía que los presentadores estaban de acuerdo entusiásticamente en que Putin era una influencia maligna en el mundo. Conté la historia de Serguéi justo igual que había hecho un montón de veces antes, pero ahora podía respaldarlo con un libro en tapa dura que estaba allí colocado en la mesa de centro que teníamos delante. La entrevista había terminado al cabo de cinco minutos, pero no podía haber ido mejor.

155

Sophie y yo nos fuimos del mismo modo que entramos, sin problemas. Mientras el coche atravesaba la ciudad, yo me imaginé a John Moscow viendo la entrevista y haciendo frenéticas llamadas telefónicas, intentando averiguar dónde aparecería yo a continuación.

La siguiente entrevista fue en *Slate*. No había forma de que John Moscow pudiera saber que yo iba allí, porque estábamos grabando un pódcast y no era en vivo, pero de todos modos Sophie y yo utilizamos una puerta lateral.

Después de eso tuve dos entrevistas para la prensa escrita, una para el *Wall Street Journal* y otra en *Business Insider*, y luego volví al hotel a hacer varias entrevistas por radio desde mi habitación. Cuando hube terminado, me tomé un descanso, almorcé tarde y me preparé para la entrevista más importante de todo el viaje, la de *The Daily Show*.

Habiendo vivido en Londres los veintiséis años anteriores, sabía muy poco de *The Daily Show*, un programa satírico de noticias que entonces presentaba Jon Stewart, un comediante con un ingenio agudo e incisivo. Estaba nervioso por el hecho de ir a un programa de comedia, pero mi amiga Juleanna Glover, que estaba muy metida en Washington D.C. y había sido fundamental a la hora de ayudarme a que se aprobara la Ley Magnitski, me aseguró que ir a ese programa prácticamente garantizaba que *Notificación roja* fuera un *best seller*. Se mostró tan entusiasta que cogió el tren desde D.C. aquella tarde para acompañarnos a Sophie y a mí.

Pero había un inconveniente. *The Daily Show* no solo era el acto más importante, sino también el más arriesgado. Era política suya dar publicidad a los invitados que tendrían por anticipado, sin excepciones…, incluyéndome a mí. John Moscow sabía perfectamente que yo estaría allí.

Por ese motivo tomamos precauciones extra. Llegamos a la entrada lateral del edificio en la calle 51 Oeste una hora antes de que empezara el programa. Examinamos la calle en ambas direcciones antes de salir del coche. No había nadie a menos de quince metros de nosotros, de modo que Sophie llamó al productor. Al cabo de un minuto se abrió la puerta lateral. Salimos del coche y los de seguridad nos llevaron dentro.

Fuimos a la sala de espera y nos instalamos. Pocos minutos antes de que empezara el programa, Jon Stewart vino corriendo a darme la bienvenida. Me enseñó la escaleta y me dijo si tenía alguna pregunta.

Solo tenía una:

—¿Se supone que tengo que ser divertido?

Yo no sabía cómo ser divertido por obligación, y ciertamente no en determinados temas muy serios.

—No, no. Usted actúe con normalidad y responda como lo haría en cualquier otro programa —dijo—. Yo seré el que haga las bromas. Es mi trabajo. —Sonrió, se dio media vuelta y se fue.

Un poco después oí el rugido ahogado de las risas que procedían del público en el plató. Había empezado el programa. De repente me sentí más nervioso que nunca por aparecer en televisión. Vino el productor y me dijo que ya era hora. Momentos después estaba en escena.

Era un plató grande. Todas las superficies estaban pintadas de negro, y todas las luces apuntaban al escenario, de modo que yo no podía ver al público. Pero me vitorearon, y Jon Stewart se puso de pie a darme la bienvenida. Como era de esperar, no se parecía en nada a ninguna otra entrevista que hubiese hecho yo antes. Jon Stewart iba haciendo el payaso, pero nunca se rio de mí o de Serguéi, solo de Putin y sus compinches.

Hacia el final de la entrevista, mientras hablábamos de bancos y de blanqueo de dinero, exclamó:

—Pero si los bancos saben que es dinero negro, ¿no deberíamos poner a los bancos también en la lista [Magnitski]?

Eso suscitó la mayor ovación de toda la noche. A nadie le gustan los bancos.

Unos momentos más tarde obtuve la propaganda con la que sueña todo autor cuando Jon Stewart apoyó el libro en el borde de su escritorio y dijo:

—Una historia increíble. *Notificación roja*. Está en las librerías ya. Bill Browder.

Empezó la música y yo le estreché la mano. Antes de que me diera cuenta ya había vuelto a la sala de espera. Sophie sonreía de oreja a oreja y Juleanna me dio un fuerte abrazo.

—Ha sido maravilloso, Bill.

Con las prisas de todo aquello me había olvidado por completo de John Moscow y sus agentes de notificaciones, pero cuando íbamos a salir del estudio por la misma puerta lateral, un miembro del equipo de seguridad de *The Daily Show* me interceptó y me dijo:

—Vamos a comprobar si está despejado todo, señor Browder.

Salió. El sol se había puesto desde que habíamos entrado, y había empezado a nevar. Unos segundos más tarde, el guardia de seguridad volvió a entrar y nos dio el visto bueno a Juleanna, Sophie y a mí.

Mientras cruzábamos la acera, dos hombres muy grandes salieron de repente entre las sombras y corrieron hacia nosotros. Juleanna fue la primera que los vio, me cogió el brazo y gritó:

—¡Bill, métete en el coche!

Uno de los hombres llegó incluso a empujar y apartar a Juleanna, mientras yo me metía en el asiento de atrás. Se intro-

«Citado.» Sophie (la segunda por la izquierda), el agente judicial (centro), Juleanna (segunda desde la derecha) y yo (a la derecha). La persona de la izquierda con abrigo blanco es desconocida. Febrero de 2015.
(U.S. COURT DOCKET NYSD)

dujo en el pequeño espacio entre el coche y la puerta, y por mucho que yo tiraba, no podía cerrarla.

Dándome cuenta de que estaba perdiendo ese tira y afloja, me deslicé por el asiento de atrás, abrí la otra portezuela y salí a la calle helada y llena de nieve. Me alejé corriendo, esquivando el tráfico hacia la West Side Highway. Necesitaba un taxi, pero no encontraba ninguno, como comprenderá perfectamente cualquier neoyorquino. Seguí corriendo, di la vuelta en torno a la manzana de la calle 50 y finalmente vi un taxi en la Undécima Avenida. Si el hombre me iba persiguiendo, no había nadie a la vista.

Me metí en el taxi y grité:

—¡Al centro!

El conductor se volvió en su asiento.

—Estamos en el centro, señor.

—Entonces, al Sheraton. —Era el primer hotel que se me ocurrió, aunque no me alojaba allí.

—De acuerdo.

Mientras el taxi iba metiéndose por el Distrito Teatral, yo

seguía mirando por la ventanilla de atrás, por ver si alguien nos iba siguiendo. No lo parecía, pero había tantos coches que no podía estar seguro.

Llegamos al Sheraton al cabo de quince minutos. Fui derecho al bar y pedí una bebida. Esperé media hora y cuando estuve seguro de que nadie me había seguido, salí y cogí otro taxi para que me llevara a mi auténtico hotel. No apareció allí tampoco ningún personaje sospechoso.

Una vez de vuelta en mi habitación, llamé a Randy. No se mostró demasiado impresionado.

—Le dije que no viniera a Nueva York, Bill.

—¿Me han notificado? Creo que el tío tiró algo al coche, pero, desde luego, a mí no me entregó nada.

—Es difícil decirlo. Pero esto no pinta bien.

A la mañana siguiente me enteré de que la última citación de Moscow había llegado al despacho de Randy. Desde luego la recusaríamos, pero teníamos que aparecer de nuevo frente al juez Griesa.

Me consolé un poco aquella mañana, sin embargo. *Notificación roja* había irrumpido en la lista de los veinte *best sellers*. Al menos había conseguido mi objetivo principal. Muchísima más gente ahora conocería la verdadera historia de lo que le había ocurrido a Serguéi Magnitski.

Pero, por culpa de John Moscow, yo no tenía ni idea de a qué coste para mi seguridad o la de mis colegas.

20

Boris Nemtsov

Invierno-primavera de 2015

*U*n aspecto positivo del incidente del *Daily Show* fue
que Sophie y yo no tuvimos que obsesionarnos más con los
agentes judiciales. Durante el resto de nuestra estancia en
Nueva York no nos tuvimos que introducir más por puertas
laterales ni muelles de carga, y yo pude concentrarme por
entero en promocionar el libro.

A lo largo de las dos semanas siguientes, *Notificación
roja* llegó a la lista de *best sellers* del *New York Times* en
Estados Unidos y a la del *Sunday Times* en Reino Unido. La
gente no solo lo compraba y lo dejaba en su mesilla de noche,
sino que realmente lo leía… y lo disfrutaba.

Después de promocionar el libro en Estados Unidos y Gran
Bretaña, me dirigí a la Europa continental. No había tenido
que esforzarme mucho para convencer a una audiencia angloa-
mericana de que Putin no era un buen hombre, pero en Europa la historia era completamente distinta. A pesar de nuestros
esfuerzos continuados, no había ninguna Ley Magnitski en
ningún lugar de la Unión Europea. Y en el aspecto del cumplimiento de la ley, aunque se habían abierto varios procesos
para el blanqueo de dinero, incluyendo uno muy importante
en Francia, su paso era lentísimo, y algunos incluso estaban
totalmente estancados. Esperaba que *Notificación roja*, que se
iba a publicar en doce países europeos, cambiara todo eso.

Nuestra principal dificultad era que, en contraste con Estados Unidos, Europa tenía unas cuantas facciones políticas

que eran declaradamente pro-Putin y que habían infectado el debate principal.

En Francia, por ejemplo, Marine Le Pen, líder del partido del Frente Nacional, de ultraderecha, recibió abiertamente millones de euros de un banco relacionado con el Kremlin para financiar su partido político. A cambio, al parecer apoyaba la mayoría de las políticas antioccidentales de Putin.

En Alemania, el antiguo canciller Gerhard Schröder ocupó un puesto lucrativo en una filial de Gazprom, el gigante del gas ruso, casi desde el momento en que dejó su cargo. Aunque desde hacía mucho tiempo era socialdemócrata, un partido comprometido con la libertad y la justicia social, Schröder se convirtió en uno de los partidarios más notables de Putin en Europa.

En Hungría, el autocrático primer ministro Viktor Orban intervenía regularmente a favor de Putin en la Unión Europea, sin hacer intento alguno de ocultar sus simpatías.

Sin embargo, había al menos un país de la Unión Europea que tenía una visión muy clara de Rusia en aquel momento: los Países Bajos.

161

El verano de 2014, el vuelo de Malaysia Airlines MH17 en ruta desde Ámsterdam a Kuala Lumpur fue abatido por un misil tierra-aire ruso por encima del este de Ucrania, matando a todas las personas que iban a bordo. De las 298 víctimas, 193 eran holandeses. El Kremlin había intentado esquivar la responsabilidad, pero las pruebas apuntaban abrumadoramente a una implicación oficial rusa.[4] Para Holanda, un país de solo diecisiete millones de personas, ese acto terrorista fue el equivalente a un 11 de septiembre, y la culpa recayó de pleno sobre los hombros de Putin.

A causa de este hecho, había más interés por parte de los medios en *Notificación roja* en Holanda que en ningún otro país europeo.

---

4. Esto se confirmó en 2018 cuando una investigación holandesa concluyó que el MH17 había sido abatido por un solo misil Buk tierra-aire perteneciente a la brigada rusa 53.ª antiaérea con base en Kursk, Rusia. La unidad móvil había sido trasladada a Donetsk, Ucrania, se usó para disparar al avión de pasajeros y luego se trasladó de nuevo a Rusia. Vladímir Putin continúa negando hoy en día la implicación rusa en ese acto terrorista.

Volé a Ámsterdam la mañana del 26 de febrero y fui directamente a las oficinas de mi editor en una casa del siglo xviii situada en el canal de Prinsengracht. En lugar de ir correteando por Ámsterdam para acudir a todos los medios de comunicación, como hice en Nueva York, mi editor me recibió en una sala de conferencias y los periodistas se iban turnando allí cada treinta minutos.

Esto duró dos días. Mi bombardeo de los medios en Ámsterdam culminó con una aparición en *Jinek*, uno de los programas televisivos de entrevistas más populares de Holanda, con una audiencia de un millón de personas cada noche. *Jinek* tenía el mismo poder de convertir un libro en *best seller* en Holanda que *The Daily Show* había tenido en Estados Unidos.

Llegué al estudio media hora antes de que empezara el programa. La sala de espera de *Jinek* no se parecía nada a ninguna otra de las que yo había estado. Era más bien como un club nocturno moderno, con música a todo volumen, camareros que servían comida y bebida, y mesas y sofás por todas partes. La sala estaba repleta de gente joven y con aspecto muy moderno. Cuando le pregunté a alguien si siempre era así, me dijeron: «No exactamente. Es el último programa de la temporada. Supongo que se podría decir que la fiesta ya ha empezado».

Fui al bar y pedí una bebida. Mientras esperaba, miré a mi izquierda y me sorprendió encontrar al primer ministro holandés, Mark Rutte, de pie a mi lado. Yo había estado tan ocupado los dos días anteriores que no había tenido tiempo de ver quién más estaría en el programa aquella noche. Al parecer él era el invitado principal.

Estuvimos conversando unos minutos. Rutte no era mi político favorito, en absoluto. En 2011, mucho antes de los hechos del MH17, el Parlamento holandés había aprobado unánimemente una resolución llamando a su Gobierno a impulsar una Ley Magnitski, pero Rutte la bloqueó. Como muchos otros líderes europeos, se mostraba reticente a ofender a Putin. Las empresas holandesas estaban entre las primeras beneficiarias de la construcción del multimillonario gaseoducto Nord Stream, entre otras cosas, y Rutte no quería que saliese perjudicado el flujo de dinero.

162

Aquella noche, sin embargo, quizá debido a los acontecimientos recientes, Rutte parecía muy contento de estar a mi lado, sonriendo para las fotos y con un ejemplar de mi libro en la mano.

Pocos minutos después, un productor nos escoltó a Rutte y a mí, junto con los otros invitados, al estudio. El programa era en vivo, y el escenario estaba en el centro del público, en una plataforma circular. Allí reinaba la misma atmósfera casual, como de fiesta, que en la sala de espera, casi como si no hubiera distinción entre ambas cosas.

La presentadora del programa, una joven rubia de unos treinta años llamada Eva Jinek, había nacido en Tulsa, Oklahoma, había pasado la primera infancia en D.C., y se había trasladado con su familia a Holanda a los once años. Era la entrevistadora a la que había que recurrir para cualquier noticia norteamericana en Holanda. Estaba sentada a la izquierda de un gran sofá semicircular, reservado para los invitados. Rutte fue al sofá y yo me senté en la fila delantera, entre el público del programa. Como este era en holandés, me tendieron unos auriculares para que pudiera escuchar la traducción en vivo.

163

Con el primer ministro holandés Mark Rutte en la sala de espera
de *Jinek*, el 27 de febrero de 2015.
(© BILL BROWDER)

Eva empezó su entrevista preguntándole a Rutte por un escándalo que implicaba la malversación de unos pocos cientos de euros por parte de su partido político. Para mí era difícil sentir algo a ese respecto. Según mis cálculos, Putin había robado miles de millones de euros al pueblo ruso. No entendía por qué unos pocos cientos de euros merecían siquiera una mención. Mientras Eva continuaba acribillando a Rutte a preguntas, perdí el interés y empecé a consultar los mensajes que tenía en el móvil.

Fui pasando los mensajes y llegué a un texto que me dejó helado. Era de Elena Servettaz, una reportera rusa que trabajaba en Radio France Internationale en París. Decía: «¡Han matado a Nemtsov en Moscú!».

Miré aquellas palabras, mi dedo se quedó congelado sobre la brillante pantalla. No podía ser cierto. Furiosamente, escribí Nemtsov en Google. La información de múltiples medios confirmaba la noticia. Boris Nemtsov había sido tiroteado a unos metros del Kremlin, hacía solo unos minutos.

Se me empezó a acelerar el corazón.

Desde que conocí a Boris en Helsinki, se había convertido no solo en un aliado indispensable, sino también en un amigo. Cuanto más lo conocía, más había crecido mi admiración por él. Como todos los demás funcionarios rusos de alto nivel, había tenido la oportunidad de meter mano y sacar tajada de la corrupción y la malversación. Pero rechazó esa vida de codicia y glotonería. Adoptó el camino difícil y justo de defender a los rusos normales y corrientes y hablar en contra de los que abusaban del poder.

Después de que se aprobara la Ley Magnitski en Estados Unidos, a menudo le preguntaban: «¿No es esta una ley antirrusa?». Y él respondía: «No. Es la ley más pro-rrusa que se ha aprobado en Estados Unidos en la historia de nuestros respectivos países».

Por esa postura suya fue muy criticado en la Rusia oficial. Una vez, después de un viaje a Washington en el cual había presentado una lista de compinches de Putin a los senadores de Estados Unidos, para que la añadieran a la lista Magnitski, Boris incluso fue atacado físicamente en el aeropuerto de Sheremétievo por miembros de un grupo juvenil pro-Putin llamado Nashi. El ataque no me sorprendió.

Pero matarlo..., eso era inimaginable.

Las emociones me asaltaron mientras estaba allí sentado en aquel plató de televisión en Ámsterdam. Lo único que quería era salir de allí. Pero justo en ese momento el público aplaudió. Había terminado la parte de Rutte. Pusieron un vídeo corto en el que se nos veía a Serguéi y a mí. Aturdido, ocupé mi lugar en el sofá de los invitados. El vídeo terminó. Eva Jinek cambió a un inglés americano perfecto y me presentó.

Contó la historia de Serguéi. Intenté parecer interesado mientras respondía sus preguntas, pero no podía dejar de pensar en Boris. Tuve que encontrar alguna forma de hablar de lo que acababa de ocurrir.

—Está usted aquí sentado, perfectamente reconocible —dijo ella, hacia el final—. No puede ser seguro para usted, es imposible.

—No es seguro, se mire por donde se mire. Han amenazado con matarme. Han amenazado con secuestrarme. Tengo que decir que hace justo un par de minutos he recibido una noticia terrible de Rusia, y es que Boris Nemtsov, uno de los líderes de la oposición, ha sido asesinado a tiros en la Plaza Roja.

—¿Ahora mismo?

—Sí, literalmente, hace unos minutos.

El público dio un respingo. Un momento más tarde, los productores pusieron una imagen de Boris en las pantallas que rodeaban el plató.

—¿Se tiene alguna idea de quién ha sido? —preguntó Eva, alterada por esa noticia tan reciente.

—Solo he leído el titular. Pero no puedo dejar de mencionar este hecho en su programa, esta noche.

La entrevista acabó unos minutos más tarde. Yo estaba desesperado por irme, pero me pareció que no debía hacerlo, de modo que me quedé sentado junto al primer ministro y durante los veinte minutos siguientes soporté desenfadadas noticias sobre impresiones en 3D y un grupo de hiphop holandés.

En cuanto terminó el programa corrí al exterior y cogí un taxi para volver a mi hotel. Cuando el taxi iba serpenteando por las calles de Ámsterdam, Elena Servettaz volvió a enviar un texto. «He hablado con Vladímir K. M. Está ahí, junto a Boris... Está destrozado.» Se refería a Vladímir Kara-Murza,

165

el protegido de Boris, de treinta y tres años, que, como él, se había opuesto a Putin en Rusia y defendía las leyes Magnitski en todo el mundo.

Llamé a Vladímir. Estaba inconsolable. Entre sollozos, lo único que pude entender fue que se encontraba en el puente que hay junto al Kremlin, a poca distancia de la ambulancia que contenía el cuerpo de Boris. Intenté obtener más detalles, pero Vladímir apenas podía hablar.

Pasé toda la noche al teléfono y con el ordenador, y al final pude recomponer un poco lo que había pasado.

Aquella noche, Boris había dado una entrevista en Echo Moscow Radio sobre la próxima manifestación anti-Putin que estaba organizando. Después se reunió con su novia en un restaurante en el centro comercial GUM de Moscú. Cuando acabaron de cenar, se fueron andando a casa, cogidos del brazo. Paseaban junto a la Plaza Roja, dirigiéndose al apartamento de Boris, que está al otro lado del río. Mientras cruzaban el puente Bolshoi Moskvoretski, una enorme quitanieves pasó junto a ellos. En ese momento el asesino saltó de una escalera que estaba en sombra, a un lado del puente, y disparó seis veces a Boris. Murió al instante. Su novia salió indemne.

Boris yacía de espaldas, con las piernas retorcidas y la camisa subida hasta las axilas, con el estómago y el pecho a la vista. Quedó así mucho rato, antes de que lo introdujeran en una bolsa negra para cadáveres y lo cargaran en una ambulancia. Cuando corrió la noticia, su exesposa, Raisa, y su hija, Zhanna, corrieron al escenario. Llegaron al mismo tiempo que Vladímir Kara-Murza. Los tres se vieron obligados inicialmente a permanecer tras una barrera policial, pero estaban tan alterados que la policía al final los dejó pasar. Rogaron ver a Boris, pero sus súplicas cayeron en saco roto.

Las autoridades despejaron la escena, y llegó un camión de limpieza de las calles.

Lanzó chorros de agua por todo el puente, borrando así cualquier posibilidad de una investigación forense adecuada.

El cuerpo de Boris Nemtsov en el puente Bolshoi Moskvoretski,
27 de febrero de 2015.
(©EVGENIY FELDMAN/NOVAYA GAZETA)

167

A la mañana siguiente volví a Londres. Estaba completamente destrozado, pero aun así fui a la oficina. Cuando llegué encontré más noticias incomprensibles. El Gobierno ruso había anunciado que todas las cámaras de vigilancia que rodeaban el puente Bolshoi Moskvoretski se habían apagado para «mantenimiento» la noche antes. Era completamente absurdo. El asesinato de Boris ocurrió justo al lado del Kremlin, el edificio más vigilado de toda Rusia. La única cámara que funcionaba y que filmó el puente pertenecía a una emisora de televisión que se llamaba TV Centre, que estaba a ochocientos metros de distancia. Sin embargo, la quitanieves bloqueaba su línea de visión en el momento exacto en que dispararon a Boris.

Todo lo que hicieron las autoridades después de ese asesinato demostraba que no tenían intención alguna de llegar a la verdad. En lugar de seguir pistas lógicas, asaltaron el apartamento y la oficina de Boris, se apoderaron de sus ficheros, ordenadores, teléfonos, discos duros y cualquier cosa conectada con sus actividades políticas. Estaban más interesados en saber quién le ayudaba en su oposición a Putin que en averiguar quién le había matado.

Las autoridades quizá no estuvieran interesadas en la verdad, pero el pueblo ruso sí que lo estaba. Dos días después de su asesinato, cincuenta mil personas tomaron las calles, extendiéndose durante kilómetros a lo largo del río Moscova. Lo que se había planeado como una enorme marcha anti-Putin antes de que mataran a Boris se convirtió en una manifestación masiva de dolor público, exigiendo justicia. Se colocaron miles de flores en el lugar donde Boris fue asesinado. Las autoridades las quitaban rápidamente, pero la gente volvía a poner más. Esto ocurrió una y otra vez, una y otra vez. Hasta el día de hoy, todavía hay flores marcando el lugar como un monumento semipermanente a Boris Nemtsov.

El crimen de Boris causó tal ira que el Kremlin tenía que hacer algo, de modo que las autoridades arrestaron a cinco hombres chechenos (un sexto murió en una explosión justo cuando iba a ser arrestado). Uno de esos hombres confesó, pero más tarde se supo que había sido torturado antes de esa confesión. Otro de los hombres resultó ser un miembro activo del Ministerio del Interior ruso.

Funeral de Boris Nemtsov.
(© OLGA MALTSEVA/AFP/GETTY IMAGES)

Improvisado monumento a Boris Nemtsov
en el puente Bolshoi Moskvoretski.
(© ANADOLU AGENCY/GETTY IMAGES)

169

Al final, los cinco fueron sentenciados a largas penas de prisión por su implicación en la muerte de Boris. Esas condenas sirvieron para el objetivo general de echarle la culpa a alguien. No se interrogó jamás a ningún funcionario de alto nivel, y como se esperaba, Putin nunca fue implicado en el asesinato de Boris.[5]

Yo no tenía duda alguna de que Putin había ordenado el asesinato de Boris. Y no era el único. Cuando la opinión pública señaló a Putin como el que tenía el motivo más importante para matar a Boris, el secretario de prensa del presidente, Dmitri Peskov, insistía en que Boris «no suponía ninguna amenaza para el actual liderazgo ruso», y que «Boris Nemtsov era solo un poco más que un ciudadano medio».

Esta afirmación es notable. Era como si el Kremlin sugiriera que si Boris «hubiera sido» realmente una amenaza, cosa que, como todo el mundo sabía, en realidad sí que era, entonces habría sido perfectamente apropiado matarlo.

---

5. Un informe de febrero de 2020 de la Asamblea Parlamentaria de la OSCE afirmaba que Putin muy probablemente ordenó el asesinato de Boris.

Además, Putin sabía que Boris no era un «ciudadano medio». Decenas de miles (o quizá incluso centenares de miles) de personas estaban ya detrás de Boris. Si Putin hubiese permitido que esa popularidad y ese respeto hubieran ido en aumento, el impulso de Boris habría acabado siendo imparable.

Quizá lo que más preocupaba de Boris era su trabajo en la Ley Magnitski. Según Putin, era una traición imperdonable.

Pero más allá de todo esto, estaba el mensaje que el asesinato de Boris nos enviaba a personas como Vladímir Kara-Murza y yo. Un año antes, en una aparición en la CNN, Boris había dicho: «Soy un hombre muy conocido, y eso es una seguridad, porque si me ocurre algo, será un escándalo no solo en Moscú, sino en todo el mundo».

Yo había dicho unas palabras idénticas sobre mí mismo un montón de veces. Y aunque su muerte fue escandalosa, esas palabras entonces quedaban sin sentido.

El asesinato de Boris demostraba que a Putin no le importaba.

21

Una flecha en el cuello

Primavera de 2015

El asesinato de Boris hacía mucho más peligrosa aún la citación del *Daily Show*. Si los rusos eran capaces de hacerse con la información confidencial que había solicitado Baker-Hostetler, entonces el Kremlin tendría un mapa detallado de cómo hacer daño a mis colegas, a nuestras fuentes en Rusia y a mí mismo.

Sin embargo, existía una ligera posibilidad de que la citación se pudiera detener. Se había programado una vista para el 9 de marzo, para determinar si era válida o no. Yo no podía creer que nos encontrásemos en semejante situación. Habíamos pasado años mejorando nuestras ciberdefensas y la seguridad física de nuestras oficinas para evitar que los rusos se enterasen de ese tipo de detalles. Ahora, parecía que podían simplemente entrar en un tribunal de Estados Unidos y coger toda nuestra información confidencial, con el apoyo explícito de un juez federal.

Cuando ya se aproximaba la vista, le pregunté a Randy:

—¿Cómo es posible que puedan hacer esto? ¿Qué tienen que ver mis precauciones de seguridad y mis registros de viajes con la defensa de Prevezon?

—Nada —respondió Randy—. Pero, aunque la citación siga en pie, nos aseguraremos de que el tribunal no les permita pedir cosas como esas.

—El único problema es que el juez Griesa no entiende nada —protesté—. Si no ve conflicto de intereses en John.

—Aunque dictamine que la citación es válida, tenemos una oportunidad de limitarla —dijo Randy, con calma—. Las citaciones excesivamente amplias como esta nunca se conceden por entero. Y el proceso de limitarla no ocurrirá ante el juez Griesa. Se lo entregará a otro que se llama magistrado, que se especializa en este tipo de cosas.

La tarde del 9 de marzo de 2015, Randy volvió al tribunal. Durante casi una hora, Randy expuso al juez una serie de argumentos legales por los cuales la citación no debía ser válida. También insistió en que concederla sería colocarme en un grave riesgo personal.

Pero cuanto más hablaba de mí Randy, más se aburría el juez Griesa. No le importaba en absoluto que los rusos vinieran y me matasen. Lo único que le importaba es que el caso Prevezon llevaba un año y medio atascado en su juzgado. Desde esa perspectiva, yo era simplemente un cuello de botella. Y lo que quería era despejarlo.

El juez Griesa estaba tan agobiado que cuando llegó el momento de tomar su decisión, rápida y sumariamente dictaminó en mi contra, declarando válida la citación del *Daily Show*.

Pero entonces ocurrió algo realmente extraordinario. En lugar de enviar la citación a un magistrado para que trabajase en los detalles, la concedió «en su totalidad». No habría limitación de los detalles, como me había prometido Randy. Los rusos obtendrían todas y cada una de las cosas que habían pedido. El juez Griesa estaba tan furioso que le dijo a Randy que no presentara «más cartas y otros documentos. Nada de papeleo. Ya hemos tenido bastante, y no necesitamos saber nada más del señor Browder».

Según esta decisión, yo tendría que entregar todo el servidor del ordenador de Hermitage, todos mis portátiles y todos los teléfonos móviles que había llevado alguna vez en la vida. En cuanto ocurriera tal cosa, el Kremlin lo sabría todo de las personas con las que me había reunido alguna vez, los lugares donde había estado, la correspondencia que había tenido con todas las fuentes en Rusia, las agencias de la ley con las que había contactado, y muchísimas cosas más.

Igualmente alarmante era que el juez garantizase también la petición de BakerHostetler de que yo me presentara a prestar declaración el 15 de abril. No solo tendría que darles a ellos toda la información de la citación, sino que también tendría que responder preguntas.

Tenía que dárselo todo a los rusos. No habían conseguido introducirme en su sistema penal durante años, pero ahora estaban usando los procedimientos de un tribunal de Estados Unidos, en el cual eran los acusados, para hacer exactamente eso.

Estaba claro que el ejercicio habitual de la abogacía no estaba funcionando. Teníamos un juez que no entendía los argumentos legales y un adversario desvergonzado. Me gustaba mucho Randy, de verdad, y sabía que era un buen abogado, pero si quería tener alguna oportunidad de salir de aquello, necesitaba un cambio radical. Y lo necesitaba rápido.

Aquella noche llamé a un hombre llamado Michael Kim. Me lo habían recomendado como uno de los abogados más astutos y menos convencionales de Nueva York. Nacido en Corea del Sur, se trasladó a Estados Unidos con su familia siendo niño. Más tarde sirvió como oficial de las Fuerzas Aéreas de Estados Unidos, fue estudiante en Harvard y finalmente se graduó en Derecho en la misma universidad. Después de la facultad de Derecho, trabajó un periodo de cinco años en el Distrito Sur de Nueva York, donde se ganó la distinción de recibir más amenazas de muerte que cualquier otro fiscal criminal que hubiera pasado por allí.

Uno de los casos más famosos de amenazas contra Michael se refería a un acusado que se había escondido una navaja de afeitar en el recto antes de aparecer ante los tribunales. El acusado planeaba sacarla y cortar el cuello de Michael delante del jurado durante la argumentación final, pero se lo impidieron. Ahora, Michael tiene una radiografía del abdomen de aquel hombre enmarcada en la pared de su oficina. Cuando tiene que reprender a uno de sus jóvenes asociados por no darlo todo, ilumina la radiografía, de manera que se ve el rectángulo de metal en el cuerpo del hombre, y dice: «Eso. Eso sí que es compromiso».

173

Michael Kim (© MICHAEL KIM)

Le expliqué nuestra situación, esperando las mismas palmaditas en la espalda legales que había obtenido de tantos otros, para darme confianza, pero Michael se quedó callado.

—Que le haya tocado el juez Griesa realmente es un problema —dijo. Al menos era sincero en eso—. Ya me lo miraré, pero no estoy seguro de que se pueda hacer gran cosa.

Sin embargo, al día siguiente por la tarde, Michael llamó y parecía más animado.

—Bill, no va a ser fácil, pero tengo un plan.

—¿Cuál es? —pregunté, aprensivo.

—Debe pensar en esto como si tuviera una flecha clavada en el cuello —dijo—. Tiene que salir, por un lado o por otro. No va a ser agradable. Si tirásemos demasiado repentinamente, podría tocar una arteria y moriría. De modo que tenemos que ir sacándola muy despacio, con mucho cuidado.

Entonces me explicó su estrategia, y me dijo que quería poner una trampa a BakerHostetler. Era algo totalmente contraintuitivo. Me encantó.

Desde aquel momento, Michael Kim pasó a ser mi abogado en Nueva York.

Cuatro días más tarde, Michael envió una carta breve y cortés al juez Griesa presentándose como mi nuevo abogado.

Le dijo al juez que cumpliríamos totalmente con todos los aspectos de la citación, incluyendo que yo me presentara para la declaración el 15 de abril. Acabó la carta prometiendo que intentaríamos resolver todas las disputas con la otra parte sin «perturbar al Tribunal». Esto sonaba a música celestial en los oídos del juez Griesa.

Podría parecer una capitulación total, pero Michael había localizado una pequeña grieta en la armadura de nuestros oponentes. Sencillamente, habían pedido demasiado. En un intento de obtener la información sensible que realmente querían, habían lanzado una avalancha de peticiones de todo tipo de información que en realidad no les servía para nada. Michael comprendió que podíamos cumplir fácilmente con determinadas partes de la citación sin poner en peligro a nadie.

Diez días más tarde enviamos 328 525 páginas de documentos a BakerHostetler. Incluían archivos judiciales rusos, datos del Banco Central Ruso y extractos bancarios. En gran parte era un material que John Moscow y BakerHostetler ya habían visto, y que estaba disponible para el público.

A partir de entonces, cada pocos días los inundábamos con un envío similar de documentos inocuos que nos habían pedido.

Los abogados de BakerHostetler no eran tontos. Veían claramente lo que estábamos haciendo. Pero estaban en un aprieto. No podían volver al juez y decirle que no estábamos cooperando, porque sí lo hacíamos. Tampoco podían asegurar que no les dábamos lo que se indicaba en la citación, porque les estábamos entregando exactamente lo que nos habían pedido. Solo que se lo dábamos en el orden que a nosotros nos daba la gana.

BakerHostetler podía haber obtenido todo lo que hubiese querido si hubieran estado dispuestos a retrasar la declaración, como les ofreció Michael amablemente. Pero por el momento el juez había autorizado la citación, y los rusos estaban tan ansiosos de tenerme en la sala de vistas que se habían emperrado en la fecha del 15 de abril.

Se acercaba ya el día, pero nosotros no habíamos entregado ni un solo documento que pusiera en peligro la seguridad de nadie.

Acudir a declarar, sin embargo, era potencialmente más peligroso que las peticiones de documentos. Yo estaría bajo juramento, y obligado a responder a cualquier consulta que me hicieran, y a todas las preguntas. Podían preguntarme por mi familia, por los parientes de Vadim o Ivan en Rusia, nuestras fuentes…, cualquier cosa. Si me negaba a responder, incurriría en desacato al tribunal, que es delito bajo las leyes de Estados Unidos.

Dos días antes de la declaración, llegué a Nueva York para prepararme con Michael. A la mañana siguiente fui a su oficina en la Tercera Avenida y la calle 49 Este por primera vez. Era normal, moderna y funcional. No había mármol ni obras de arte modernas, no tenía pretensiones de ningún tipo.

Entramos en una sala de conferencias que habían preparado para ensayar una falsa declaración, y empezamos. Michael representaba el papel de abogado de BakerHostetler. Dejó un documento en la mesa y lo empujó hacia mí.

—¿Está usted familiarizado con esto? —me preguntó.

Le eché un vistazo.

—Sí, es la queja que presenté en la oficina de la Fiscalía de Nueva York.

Michael se salió del personaje y meneó la cabeza.

—No. Le pueden poner delante cualquier papel. Cuando le den algo, tiene que leerlo con mucho cuidado, página a página, para asegurarse de que eso que le están enseñando es exactamente lo que usted piensa que es.

—Pero me podría costar diez o veinte minutos —protesté.

—¿Y de quién son esos veinte minutos?

—¿Qué quiere decir? —le pregunté.

—Tienen un total de siete horas para hacerle declarar. Si quieren desperdiciar veinte minutos verificando un documento, es elección suya…, los veinte minutos son de ellos.

Ese tipo era realmente listo.

Seguimos adelante. Un poco después, Michael exclamó:

—¿Es verdad que usted robó los doscientos treinta millones de dólares?

—¡Claro que no! Fue el Gobierno ruso quien…

Michael levantó la mano, cortándome.

—Bill, tiene que hacer un esfuerzo y asumir que los que estén en la sala con usted no serán seres humanos, solo maniquíes. Podrán sonreír, gritar o susurrar, da igual. No tendrá que sostener una conversación con ellos, ni estará ahí para convencer a nadie de nada. Simplemente, estará ahí para contestar preguntas diciendo la verdad.

—Vale, entonces mi respuesta es «no» —dije yo.

—Correcto. Y más importante aún: si le hacen una pregunta cuya respuesta usted no conozca, diga simplemente: «No lo sé». No intente ayudarles. No importa si eso le hace parecer listo o tonto, porque eso no tiene consecuencias legales. Si empieza a especular o aportar argumentos, lo único que conseguirá es meterse en problemas.

Seguimos con ese consejo y otros más. Al final del día, yo estaba todo lo preparado que se podía estar.

A la mañana siguiente me reuní con Michael en su oficina, y recorrimos a pie la corta distancia que había hasta el 30 de Rockefeller Plaza, donde se llevaría a cabo la declaración. Subimos en el ascensor hasta el piso 45 y nos dirigieron hacia una gran sala de conferencias con una mesa en forma de herradura. Fuimos los primeros en llegar. Michael me indicó que yo debía sentarme en la parte curvada de la herradura, enfrente de una cámara de vídeo, en el otro extremo de la sala. Todo tipo de cables y conexiones cruzaban por encima de la mesa, y se veía un portátil abierto a mi izquierda, que mostraba imágenes en vivo a alguna ubicación desconocida. Un poco después llegaron Paul Monteleoni y otro fiscal del SDNY, y se sentaron junto a Michael.

Justo después de las nueve en punto apareció el equipo legal de Prevezon, confiados como pavos reales. Los abogados de mayor rango tomaron asiento a un lado de la mesa, y los asociados y asistentes trajeron cajas llenas de documentos y las fueron colocando junto a la pared. Entonces los abogados auxiliares desaparecieron y se fueron a otra sala abarrotada desde donde verían en vídeo la declaración. Parecía que había al menos una docena de abogados de diferentes firmas legales. Estimé que Prevezon se estaría gastando varios centenares de miles de dólares en tasas legales solo aquel día.

Extrañamente, John Moscow no estaba a la vista. La tarea de tomarme declaración se había asignado a su colega, Mark Cymrot.

177

Empezó la declaración y me tomaron juramento. Antes de que Cymrot empezara su interrogatorio, Michael preguntó si alguien más, aparte de los abogados de la sala adjunta, estaba contemplando el vídeo. Cymrot se removió un poco y reconoció que sí, que había «otras personas mirando». Nombró a Denis Katsiv y a su abogada, Natalia Veselnitskaya, ambos mirando desde Moscú, así como el abogado inmobiliario establecido en Brooklyn de Prevezon.

Michael no estaba satisfecho. Si aquello se estaba transmitiendo a Moscú, cualquiera podía estar mirando.

—¿Son capaces ustedes de verificar quién está escuchando realmente y quién no, con un cierto grado de certeza? —preguntó.

Cymrot respondió cautelosamente.

—Pues no, desde aquí donde estoy no.

Yo estaba seguro de que había funcionarios mirando en Moscú. Me imaginé a un grupo de hombres sentados en torno a una mesa de conferencias en la Lubianka (el cuartel general de la FSB), comiendo de unos envases de comida para llevar, y bien instalados para disfrutar del espectáculo.

Michael objetó para que quedase constancia, pero no había forma de detener aquello, de modo que seguimos.

Empezaron las preguntas.

Exactamente tal y como había predicho Michael, Cymrot me tendió la queja que yo había puesto en la oficina del fiscal de Nueva York.

—¿Reconoce usted este documento?

Yo lo cogí, fui pasando las hojas lentamente y revisando cada página. La sala estaba en completo silencio, mientras todos esperaban. No me costó veinte minutos, pero, aun así, fue satisfactorio saber que iba gastando tiempo.

Cuando finalmente confirmé que era la queja que yo había presentado, Cymrot siguió con los documentos adjuntos.

—¿Qué es este documento? —me preguntó, refiriéndose a un extracto bancario ruso.

Como yo no hablo ni escribo el ruso, dije:

—No lo sé.

—¿No tiene usted ni idea?

—No.

—¿Se lo entregó usted al fiscal de Estados Unidois?

—Sí.

—¿Y le explicó lo que era al fiscal de Estados Unidos?

—No.

—¿Y qué le dijo al fiscal de Estados Unidos sobre este documento?

—Nada.

Me encantaba dar esas respuestas de una sola palabra.

—¿Y no tiene usted ni idea de quién creó este documento?

—No.

Cymrot vio que no iba a ninguna parte por ahí y cambió de tema, concentrándose finalmente en cómo habíamos obtenido las pruebas que demostraban que Dmitri Klyuev había viajado a Chipre con el funcionario del Ministerio del Interior Pavel Karpov.

—¿De dónde sacó usted estos registros de viaje? —me preguntó.

—De una fuente anónima en Moscú —respondí.

—¿Y quién es su fuente anónima?

Como Vadim era quien había manejado todas las fuentes rusas, yo no sabía sus nombres reales, ni cómo ponerme en contacto con ellos, ni dónde vivían o dónde trabajaban.

—No lo sé. —Era el tipo de pregunta que más me asustaba, ya que responderla podía poner a alguien en peligro físico. Pero es que no lo sabía, de verdad.

Cymrot se mostró incrédulo.

—No sabemos el nombre, no sabemos la dirección, no sabemos quién es, y no sabemos de dónde sacó los documentos [Vadim Kleiner], y tampoco sabemos si los documentos son reales, ¿verdad?

—No lo sé.

A lo largo de toda la mañana, pronuncié diversas versiones de ese «no lo sé» más de cien veces. Supongo que parecía un completo idiota, pero, como me había dicho Michael, no estaba allí para impresionar a nadie. Simplemente seguía repitiéndome: «No hay seres humanos en esta sala, solo maniquíes».

Al cabo de dos horas de este tira y afloja, Cymrot empezó a cansarse. No ayudaba que le estuvieran bombardeando simultáneamente con mensajes en su portátil. Yo estaba seguro de que sus clientes rusos y sus supervisores estaban expresándole sus frustraciones a tiempo real.

Paramos para comer justo antes de la una. Antes de salir del edificio me encaminé al aseo. Mientras atravesaba el vestíbulo, me sorprendió encontrarme con John Moscow viniendo hacia mí arrastrando los pies. Resultó que sí estaba ahí, que lo veía todo desde la sala abarrotada.

Todo aquel circo seguramente había sido idea suya, y la cosa no iba bien.

Yo le sonreí simuladamente, le tendí la mano y le dije: «Hola, John».

Cuando nos encontramos en la Conferencia de Criminalística de Cambridge, en 2010, fue todo sonrisas. En esta ocasión bajó la cabeza, fingió no verme y siguió andando.

Michael y yo fuimos a un restaurante de sushi que había allí al lado. Yo tomé un almuerzo bastante ligero a propósito, para no cansarme y bajar la guardia. De alguna manera tenía que encontrar la fuerza suficiente para soportar otras cinco horas de aquella arriesgada política legal.

Volvimos a la sala de vistas y se reanudó el interrogatorio. Cymrot había recuperado parte de su confianza y pasamos a otro tema. Quería saber qué países tenían investigaciones en marcha sobre el blanqueo de dinero ruso conectado con el caso Magnitski.

Responder a esas preguntas podía ser muy peliagudo. Yo estaba implicado personalmente en todos nuestros asuntos legales, así que no podía decir «no lo sé», porque sí lo sabía. Tendría que responder honestamente, cosa que daría al Gobierno ruso un programa de los actos que se estaban llevando a cabo contra los blanqueadores de dinero rusos. Sabiendo esto, el Kremlin podía hacer muchas cosas para echar por tierra las investigaciones que se estaban llevando a cabo en todo el mundo.

Finalmente me habían puesto en un aprieto. Me mantuve sereno, pero interiormente era presa del pánico.

Justo cuando iba a responder, sin embargo, intervino Paul Monteleoni.

—Voy a solicitar que el testigo no responda en la parte de esta información que todavía no sea pública —dijo. Estaba acogiéndose a algo llamado «privilegio del cumplimiento de la ley», que significaba que cualquier información perteneciente a investigaciones criminales en curso estaba fuera de los límites. Eso interrumpió en seco esa línea de interrogatorio. Cymrot estaba muy irritado, pero no podía hacer nada, de modo que pasó a otros temas.

Hacia el final de la tarde su frustración era palpable. Los asociados entraban y salían, buscando algo que pudiera ayudarles a comprometerme. Las preguntas de Cymrot se volvieron más erráticas, pero no había manera de que encontraran nada.

Al final de la jornada dijo:

—Estuvo usted en la Casa Blanca el 14 de febrero de 2014. ¿Lo recuerda?

—No —respondí, rotundamente. Yo solo había estado en el interior de la Casa Blanca una vez en mi vida, acompañando a mi padre, cuando recibió la Medalla Nacional de las Ciencias por parte del presidente Clinton, en 1999.

Cymrot se animó. Susurró algo urgente a un asociado, que salió corriendo de la sala y volvió un par de minutos más tarde llevando una caja con archivos. El asociado sacó un documento y se lo pasó a Cymrot, que me lo puso delante. Era un diario de visitantes de la Casa Blanca. Yo aparecía allí con mi nombre, incluyendo la inicial intermedia, y repitió:

—¿Mantuvo usted una reunión en la Casa Blanca el 14 de febrero de 2014?

Cymrot pensaba que me había cogido finalmente en una mentira.

—No —respondí yo, con calma—. Asistí a una reunión en el Antiguo Edificio Ejecutivo de Oficinas. —Se trata de un edificio del Gobierno que está en el complejo de la Casa Blanca, pero no es la Casa Blanca.

En su lado de la sala se quedaron sin aire. Cymrot dijo:

—Entonces tengo que hacer mis preguntas con mucho cuidado, ¿no?

—Sí.

La declaración fue decayendo un poco después, y acabó doce minutos antes de consumir mis siete horas. Michael educadamente indicó que nos podíamos quedar, pero a Cymrot se le habían acabado las preguntas. Mientras Michael y yo tomábamos el ascensor para bajar al vestíbulo, sonrió y dijo:

—Bien hecho, Bill.

Volví a mi habitación del hotel completamente exhausto. Pedí el servicio de habitaciones y encargué comida china. Mientras comía buey mongol de una caja de cartón, me imaginé a Denis Katsiv y Natalia Veselnitskaya destripando a John Moscow y Mark Cymrot por no haberles entregado mi cabeza en una bandeja. Los rusos se habían gastado millones de dólares, y BakerHostetler incontables horas investigando, persiguiendo y litigando contra mí, pero al final todo había quedado en nada.

Pocos días más tarde, BakerHostetler apeló a los tribunales para que me obligaran a entregar los documentos que «realmente» querían, y que acudiera a una «segunda» declaración. De mala gana, el juez Griesa puso fecha para otra vista a finales de mayo, para poder tomar una decisión.

Poco sabía BakerHostetler que aquella era precisamente la trampa que les había puesto Michael. Fueron derechitos a ella.

En el momento en que se puso en marcha la vista de mayo, Cymrot empezó a quejarse de que yo no estaba cumpliendo las órdenes del tribunal. Cada vez que mencionaba mi nombre, el juez Griesa se ponía furioso. Pero Cymrot estaba decidido a salirse con la suya, y no paraba.

Finalmente, el juez Griesa se hartó.

—¡Quien presentó el caso fue el Gobierno, no el señor Browder! —gritó—. Ya hemos perdido el suficiente tiempo y esfuerzo con el señor Browder.

Y así fue como acabó todo. El juez Griesa suspendió la citación, junto con una posible declaración posterior, y le dijo a Cymrot que pasara a otros asuntos, de modo que el caso pudiera seguir adelante.

Michael no había dicho ni una sola palabra hasta aquel momento. Rápidamente preguntó al juez:

—Ya que no somos parte en este asunto, ¿podemos retirarnos?

No quería quedarse por allí más tiempo, no fuese que el juez Griesa cambiara de opinión.

—Por supuesto que pueden.

—Gracias.

Michael se fue. No había presentado una sola moción, ni había entregado largas cartas, ni había hablado apenas ante el tribunal. Su estrategia había sido totalmente anticonvencional, pero había funcionado. Era un perfecto jiu-jitsu legal. Había usado el propio peso de sus oponentes para derrotarlos.

Y, con todo ello, Michael Kim me había sacado con éxito la flecha del cuello.

22

Vladímir Kara-Murza

Primavera de 2015

$\mathcal{D}$espués de la declaración, ya podía concentrarme en intentar hacer justicia a Boris Nemtsov. Ya que él había sido indispensable a la hora de aprobar la Ley Magnitski, me parecía adecuado que la ley que ayudó a crear pudiera usarse para castigar a las personas que habían ordenado su muerte.

Yo no era la única persona que pensaba esto. Otra voz importante que pedía sanciones Magnitski era Vladímir Kara-Murza, el hombre que se había reunido con la exmujer y la hija de Boris en el puente Bolshoi Moskvoretski la noche que asesinaron a Boris.

Vladímir y Boris eran como de la familia. Aunque Vladímir, junto con su mujer, Evgenia, y sus tres hijos, tenían un hogar en Fairfax, Virginia, él y Boris habían pasado miles de horas en campaña en Rusia, comiendo, haciendo vacaciones y bebiendo juntos. Boris incluso era el padrino del hijo mediano de Vladímir.

Vladímir estaba tan comprometido con la Ley Magnitski como había estado Boris..., tanto que le habían despedido de su trabajo en Washington como jefe de agencia de RTV1, una cadena de televisión rusa, por apoyar la Ley Magnitski, en 2012. (Cuando Vladímir empezó a trabajar allí, la RTV1 era independiente, pero en 2012 había caído bajo el control del Kremlin.)

Yo conocí a Vladímir en 2012, en el Parlamento canadiense, donde ambos testificamos a favor de una Ley Magnitski canadiense. Cuando Vladímir se dirigió a los diputados de Ottawa, fue cambiando sin esfuerzo entre el francés y el inglés sin atisbo alguno de acento ruso. Había perdido ese acento tras años de escolarización británica, primero en el instituto en Londres y luego en la Universidad de Cambridge. Tenía tanto talento, carisma y expresividad que cuando le oía hablar me parecía estar escuchando a un joven Nelson Mandela o Václav Havel.

Y resultó que Vladímir y yo tuvimos la oportunidad de presentar nuestra petición a favor de sanciones Magnitski para los responsables del asesinato de Boris en Washington, el 30 de abril de 2015, un poco más de dos meses después de su asesinato. Ambos fuimos invitados a hablar en una ceremonia conmemorativa del Congreso para Boris que se celebró en la sala 2255, en el edificio de oficinas Rayburn House. Muy adecuado, ya que allí era donde se había concebido la Ley Magnitski. Era la misma sala donde yo, en 2010, testifiqué por primera vez sobre el asesinato de Serguéi frente a la Comisión de Derechos Humanos del Congreso Tom Lantos.

En Rayburn 2255 no quedaban asientos libres el día de la conmemoración. La multitud iba desde empleados hasta los legisladores de más categoría, incluyendo a Steny Hoyer, el segundo demócrata de mayor rango del Congreso; Eliot Engel, el miembro de mayor rango del Comité de Asuntos Exteriores del Congreso, y Jim McGovern, el promotor original de la Ley Magnitski en la Cámara de Representantes.

Ese acto conmemorativo no se pareció a nada que hubiese visto yo jamás. No fue como el funeral de mi madre, que tuvo lugar solo una semana antes de que asesinaran a Boris. Aunque la muerte de mi madre fue trágica para nuestra familia, especialmente para mi anciano padre, que se quedó solo, perderla formaba parte del inevitable ciclo de la vida. Los discursos que se pronunciaron en el funeral de ella hablaban de una vida bien vivida. Había tristeza, pero también alegría al recordarla.

Pero no hay nada inevitable en el asesinato. Los discursos en aquel funeral fueron distintos. Ciertamente, había dolor en la ceremonia de Boris, pero la emoción predominante era la rabia. Y nadie la sentía más profundamente ni consiguió transmitirla de una manera más coherente que Vladímir.

185

Vladímir, que con su cabeza calva, su frente fruncida y su barba recortada parecía un joven Lenin, no habló en un volumen que no fuese moderado. Hizo una lista cuidadosa de las mejores cualidades de Boris: que nunca traicionaba a sus amigos y sus principios, que nunca ponía sus intereses personales por encima de los de su país, y por encima de todo, que Boris había sido totalmente incorruptible. En un país cuyos cimientos se basan en la corrupción, este fue su mayor pecado.

Hacia el final de su discurso, Vladímir levantó una hoja de papel con el nombre de ocho personas que dijo que eran responsables de incitar al asesinato de Boris, y que creía que debían ser sancionadas bajo la Ley Magnitski de Estados Unidos.

Vladímir Kara-Murza en la ceremonia conmemorativa
del Congreso para Boris Nemtsov, en abril de 2015.
(© NATIONAL ENDOWMENT FOR DEMOCRACY)

Yo hablé poco después de Vladímir, y también pedí que se usara la Ley Magnitski en el caso de Boris.

Encontramos terreno fértil para nuestro mensaje aquel día. Además de los legisladores presentes, había una persona allí que se podía asegurar que era mucho más importante que nadie en Washington en lo referente a la Ley Magnitski: un miembro del personal del Congreso llamado Kyle Parker. Este, proveniente de Maine, directo y sensato, de cuarenta y tantos años, con barba de un castaño claro, era un experto en Rusia que había redactado literalmente la ley y conocía cada aspecto de su aplicación. El Gobierno de Estados Unidos nunca añadía a nadie en la lista Magnitski sin consultarle antes.

En 2015, Kyle, Vladímir y yo nos habíamos hecho muy amigos, unidos por nuestro compromiso con la Ley Magnitski y por buscar justicia en Rusia.

Kyle Parker (© HERMITAGE)

187

Pero si el terreno en la ceremonia era fértil, también era traicionero. El público consistía sobre todo en norteamericanos, pero incluía también a un puñado de rusos. Dondequiera que había un acto en el Capitolio que implicaba a Rusia, la embajada rusa enviaba a unos cuantos representantes oficiales para que observaran y enviaran cables a Moscú. Pero si algún acto tenía algo que ver con la Ley Magnitski, los rusos enviaban también a operativos clandestinos de sus servicios secretos.

Una cosa era que yo, británico de nacionalidad, requiriese sanciones Magnitski, y otra que Vladímir, un ruso, hiciera lo mismo. Aunque residía en Estados Unidos, sobre todo tenía su base en Rusia. A finales de mayo volvería a Moscú para continuar su trabajo (y el de Boris) de defensa anti-Putin.

A Vladímir todo esto no lo intimidaba.

Después de la vista, volvió a su hogar en Fairfax, donde pasó unos días con Evgenia y sus hijos. Luego hizo varios viajes en Nueva York y Berlín de defensa de Open Russia, la ONG para la que trabajaba, que fue fundada por la figura de la oposición rusa y antiguo oligarca Mijaíl Jodorkovski.

El 22 de mayo, Vladímir tomó un vuelo a Moscú. Desde allí voló a Kazán, una ciudad de provincias a ochocientos kilómetros al este de la capital rusa, para presentar una conferencia que daría un importante historiador ruso que era abiertamente crítico con Putin. El acto se celebraría en el Museo Estatal de Bellas Artes, un edificio grandioso rebosante de pinturas al óleo con marcos dorados, solo a unas pocas manzanas del río Volga. El día del acto, sin embargo, el Ministerio de Cultura ruso dio instrucciones al museo de que cerrase sus puertas a Vladímir y sus colegas.

Vladímir estaba acostumbrado a este tipo de obstruccionismo, y rápidamente cambió el acto a una ubicación alternativa, una sala de conferencias en el hotel Ibis. Cuando el grupo iba hacia allí, Vladímir recibió una llamada urgente del director del hotel informándole de que este local de repente no estaba disponible. El director justificó ese cambio de última hora asegurando que «el aire acondicionado había goteado en el vestíbulo».

Vladímir encontró entonces espacio en el cercano Museo de Videojuegos Soviéticos, un local estrafalario lleno de futbolines y videojuegos con marca URSS. El público (todavía de unas cien personas) llenó el local. Pero cuando empezó a hablar Vladímir se fue la luz y llegó la policía, que evacuó a todo el mundo. Aseguraban que habían puesto una bomba en el edificio (una historia que a nadie sorprendió al enterarse de que era falsa).

Como no tenía más opciones, Vladímir se llevó a los incondicionales que aún quedaban a un café cercano, donde el profesor pudo hablar por fin. Durante la conferencia de dos horas, varios desconocidos de aspecto extraño fueron avistados con equipos de grabación, filmando abiertamente a los asistentes. Todos sabían que eran agentes de la FSB, pero a pesar de su presencia la charla continuó y fue todo un éxito.

A la tarde siguiente, Vladímir embarcó en un vuelo de Aeroflot para volver a Moscú, satisfecho por haberle ganado la batalla a la FSB aquella semana. Comió algo insípido en el propio avión, aterrizó hacia las diez y media de la noche y se fue directo a su apartamento, junto al Boulevard Ring. Estaba en la cama y durmiendo antes de medianoche.

Al día siguiente, se reunió con un pequeño grupo de filmación y grabaron dos entrevistas para un documental que estaba grabando sobre la vida de Boris, una entrevista en un edificio de oficinas, y la otra en una habitación del hotel Park Hyatt. Si los agentes de la FSB le habían seguido a Moscú, mantuvieron la distancia. Ciertamente, no se dieron a conocer aquella noche, cuando cenó temprano con su padre.

A la mañana siguiente, Vladímir hizo algunos recados y luego dejó la ropa en el tinte.

Después tomó un almuerzo de bufé con un colega activista en un restaurante llamado Bobry I Utki («Castores y patos»). Lo único que consumió que no procediera del bufé fue un vaso de zumo de arándanos, que le trajo un camarero. Después de almorzar cogió el metro para ir a una reunión en el edificio RIA Novosti, un bloque de cemento de seis pisos que se había construido como centro de prensa para los Juegos Olímpicos de 1980. Ese edificio ahora es el cuartel general de Russia Today, o RT, la principal agencia de propaganda internacional del Kremlin.

Vladímir estaba allí para reunirse con un antiguo colega e intentar convencerle de que se uniera a Open Russia. Los dos hombres, más otro colega, se reunieron en una sala de conferencias. Pero cuando Vladímir se sentó en su silla, el estómago le dio un vuelco y se le formó una bola acre en la garganta. Estaba a punto de vomitar.

Se excusó y corrió al baño, cayó de rodillas y vomitó varios minutos. Cuando pensaba que ya había terminado, otra oleada de náuseas le invadió. Seguían viniendo una tras otra. No había estado tan enfermo en su vida.

189

Cuando al final pasó, le costó toda su energía ponerse de pie y volver tambaleándose a la reunión, apoyándose en las paredes para no caerse.

Entró de nuevo en la sala de conferencias, intentó hablar y se desmayó. Sus colegas lo trasladaron a un sofá rápidamente. Se quejaba y estaba cubierto de sudor. Había perdido todo el color y su respiración era rápida. Aterrorizados, llamaron a una ambulancia.

El servicio de urgencias llegó poco después, pero no tenían ni idea de lo que había causado aquello. Lo metieron en la ambulancia, pusieron la sirena y corrieron por las calles de Moscú hasta el Hospital Clínico de la Ciudad número 23 (una de las instalaciones médicas más cercanas de RIA Novosti). Cuando lo admitieron, la presión sanguínea de Vladímir había caído a un crítico 100/20. Los médicos estaban convencidos de que sufría un ataque cardíaco, lo que significaba que no le podían atender adecuadamente en aquel hospital en concreto. Lo estabilizaron lo mejor que pudieron, lo metieron en otra ambulancia y lo transfirieron al Centro Científico Bakulev para Cirugía Cardiovascular, donde empezaron a prepararlo para una operación de corazón de emergencia.

El padre de Vladímir corrió al Bakulev en cuanto se enteró de las noticias.

Era un periodista muy bien conectado, y mientras iba recorriendo las calles de Moscú, consiguió hablar con uno de los mejores especialistas cardíacos de Rusia, convenciéndolo para que acudiera también al hospital. El especialista llegó antes de que Vladímir pasara a cirugía. Después de revisar el expediente de Vladímir, hizo que detuvieran el procedimiento de inmediato. En su opinión, Vladímir no tenía nada en el corazón, y si seguían adelante con la operación, lo más probable era que muriese en la mesa de operaciones. Hubo unas discusiones acaloradas, pero al final prevaleció la opinión del especialista.

A las dos y media, Vladímir perdió la conciencia por completo, y su diagnóstico cambió a envenenamiento por una sustancia «desconocida».

A las seis de la mañana lo transfirieron al Hospital Pirogov, en Leninski Prospekt, una de las instalaciones médicas más avanzadas de Rusia. Cuando llegó su estado se había

190

deteriorado más aún. Se le estaba hinchando el cerebro, y le fallaban los pulmones y los riñones. Le indujeron un coma y lo intubaron, le pusieron un ventilador y lo conectaron a diálisis para los riñones y a hemodiálisis para limpiarle la sangre, y le dieron medicación para controlar su presión sanguínea, peligrosamente baja.

Aquel día era el 27 de mayo. El estado de Vladímir era tan grave que parecía que había llegado su último momento.

23

La valija diplomática

Primavera de 2015

Aquella tarde en Londres tomé un vuelo para Lisboa, para unas vacaciones familiares. Mientras mi esposa y yo llevábamos a nuestros hijos más pequeños a la pasarela de embarque, sonó mi teléfono. Era Elena Servettaz, la misma reportera que me había avisado del asesinato de Boris Nemtsov. Trasteando con una mochila rosa de princesa y una silla infantil plegable, conseguí cogerlo al quinto tono.

—Bill —dijo ella, con urgencia—, Vladímir Kara-Murza se ha desmayado en Moscú.

Me detuve en seco.

—¿Cómo?

—Estaba en una reunión. Se ha puesto muy enfermo. Está en el hospital.

—Pero ¿se va a poner bien? —pregunté en voz alta.

—No lo sé.

Mi esposa, que iba la primera de nuestra procesión familiar, me dirigió una mirada preocupada. Yo seguí avanzando por la pasarela, dejé la sillita y por fin subimos al avión.

—¿Con quién se estaba reuniendo?

—No lo sé.

—¿Y en qué hospital está?

—Tampoco lo sé. Estoy intentando averiguarlo todo.

Tuve que apoyarme en uno de los asientos para estabilizarme.

—Ahora estoy subiendo a un avión. Te llamaré en cuanto aterrice.

Colgué y me guardé el teléfono en el bolsillo. Mi esposa me preguntó en voz baja:

—¿Qué ocurre?

—Vladímir se ha desmayado y está en un hospital en Moscú —susurré.

—¿Kara-Murza? —pronunció ella.

—Sí —asentí yo.

El color desapareció de su cara.

—Ay, Dios mío.

—Sí —repetí yo.

Hicimos que se sentaran los niños y luego ocupamos nuestros asientos. Frenéticamente llamé a unos pocos de nuestros amigos comunes, incluyendo a Kyle en Washington, para decirles lo que había pasado y ver si sabían algo más. Pero no lo sabían. La puerta del avión se cerró y empezamos a rodar por la pista de despegue. Fue el vuelo de tres horas más largo de toda mi vida.

En cuanto aterrizamos, envié un mensaje a Elena Servettaz. Llamé de nuevo a Kyle. Mandé mensajes a Vadim e Ivan en Londres. Mensajes a reporteros en Moscú. Nadie sabía nada. Pero como Vladímir había sido el confidente más estrecho de Boris, era difícil no llegar a la conclusión más siniestra.

Aquella noche mi familia y yo cenamos en el restaurante del hotel. Mis hijos estaban muy emocionados por estar de vacaciones e ignoraban lo que estaba pasando, pero yo tenía la cabeza en otro sitio y estaba pegado al móvil.

A la mañana siguiente por fin tuve noticias. Según los medios de comunicación rusos, Vladímir sufría fallo multiorgánico, producido por «una intoxicación aguda no alcohólica».

La expresión «intoxicación aguda no alcohólica» estaba convenientemente abierta a la interpretación, pero para mí solo tenía una traducción posible: Vladímir había sido envenenado deliberadamente.

Aquel mismo día, sin embargo, el padre de Vladímir hizo una declaración sorprendente. Especulaba que el estado de su hijo lo podía haber causado alguna «alergia», o bien «una vida muy estresante», o incluso la «falta de sueño». Decía: «Puede ser cualquier cosa, el *chebureki*[6] de ayer, un plátano, una manzana…, pero no creo que sea nada criminal».

Para mí era obvio que sí se trataba de algo criminal, pero comprendía lo que intentaba hacer su padre. Como periodista en la oposición desde hacía mucho tiempo, estaba perfectamente familiarizado con la depravación del régimen de Putin, y probablemente intentaba quitar importancia a lo que seguramente había sido un intento de asesinato. Hacía lo que pensaba que era lo mejor para salvar la vida de su hijo, intentando aplacar a sus posibles asesinos.

Había algo de lógica en esa estrategia, pero no cambiaba el hecho de que Vladímir estaba siendo atendido en un hospital ruso. Si el régimen de Putin quería terminar con Vladímir, sus médicos simplemente podían no proporcionarle la atención adecuada, o peor aún, un agente de la FSB podía entrar en el hospital y envenenarle de nuevo.

Mientras Vladímir permaneciera en Rusia, estaba en un grave peligro. Había que evacuarlo lo antes posible.

Si el padre de Vladímir no quería organizar la evacuación de Rusia de su hijo, esperaba que la esposa, Evgenia, sí quisiera.

La llamé a su casa en Fairfax. Solo la había visto una vez y apenas la conocía, pero no podía permitir que eso se interpusiera en lo que tenía que decirle:

—Si no sacamos a Vladímir de ahí ahora mismo, creo que podrían cometer otro atentado contra su vida.

Hubo una pausa al otro lado, pero luego ella respondió:

—Estoy completamente de acuerdo. Ya he hablado con Mijaíl Jodorkovski. Envía un avión de evacuación médica desde Tel Aviv, junto con un especialista de cuidados intensivos. Estarán en Vnúkovo mañana —dijo, refiriéndose a uno de los tres principales aeropuertos de Moscú.

También había reservado un vuelo para sí misma en el siguiente vuelo que salía para Moscú. Además de evacuarle, estuvimos de acuerdo en que ella debía procurarse unas muestras biológicas para que las examinaran en Occidente. Necesitábamos saber con qué le habían envenenado, para tener algu-

---

6. Un pastel de carne picada.

na posibilidad de encontrar un antídoto. Ninguno de nosotros confiaba en que los rusos hicieran eso.

Antes de colgar añadió:

—Tenemos que llamar a la embajada británica también.

—No la sigo…

—Vladímir tiene pasaporte británico, así como ruso. Lo obtuvo mientras estaba en Cambridge.

Aunque hacía mucho tiempo que conocía a Vladímir, no sé cómo ignoraba que fuera ciudadano británico.

Eso podía cambiarlo todo. Cuando luchábamos para liberar a Serguéi de la cárcel, no pudimos implicar a ningún Gobierno occidental. La respuesta constante era: «Es una historia muy triste, pero ¿qué tiene que ver con nosotros?». Como Vladímir era británico, su envenenamiento sí que tenía algo que ver con el Reino Unido.

En cuanto colgué con Evgenia, llamé a la Embajada de Gran Bretaña en Moscú y hablé con un funcionario consular británico. Después de explicarle la situación, le dije:

—Queremos conseguir unas muestras de sangre y sacarlas de Rusia. Si las conseguimos, ¿podríamos usar la valija diplomática para transportarlas?

—Por supuesto. Estamos muy preocupados por el señor Kara-Murza. Haremos todo lo que podamos para ayudar.

Después de eso, lo único que podía hacer era esperar a que Evgenia obtuviera las muestras.

Ella aterrizó en el aeropuerto Domodédovo en Moscú a las 5.45 del día siguiente, que era viernes. Después de pasar por la aduana se reunió con Vadim Projorov, el abogado de Vladímir, y su gigantesco maletín, que llevaba consigo a dondequiera que iba. Después de saludarse apresuradamente, se subieron al coche y se fueron directos al hospital Pirogov.

Ella me llamó desde el camino.

—¿Se sabe algo de los británicos? —me preguntó.

—Sí. Están dispuestos a ayudar. Si puede obtener las muestras, se han comprometido a usar la valija diplomática para trasladarlas a Londres.

—Estupendo. Haré lo que pueda. —Tuve que admitirlo, estaba notablemente entera, dadas las circunstancias.

A las ocho de la noche, Evgenia y Projorov entraron en el

195

hospital y fueron directamente al mostrador de recepción. Una recepcionista, que apenas levantó la vista del teléfono, les dijo cansinamente:

—Las horas de visita se han terminado. No hay visitas durante el fin de semana. Vuelvan el lunes.

—Perdóneme —dijo Evgenia—, pero vengo en avión desde Estados Unidos para ver a mi marido, que está muy enfermo. ¡Tengo que verlo ahora mismo!

—Lo siento, no es posible. Por favor, vuelva el lunes —repitió la recepcionista.

—¡El lunes puede haber muerto!

La recepcionista finalmente levantó la vista del teléfono.

—La única persona que tiene autoridad para dejarla entrar durante el fin de semana es el director del hospital.

—Entonces quiero hablar con él.

La otra puso los ojos en blanco.

—Tampoco volverá hasta el lunes.

Furiosos, Evgenia y Projorov se quedaron fuera. La noche era cálida, casi veraniega. El sol, que no se ponía hasta bien pasadas las nueve de la noche en aquella época del año, no se había ocultado aún. Se sentaron en un banco cercano mientras Projorov hacía una serie de llamadas, intentando encontrar a alguien que pudiera contactar con el director del hospital una noche de viernes.

Una persona con la que habló fue Yevgenia Albats, la misma redactora jefe de la influyente revista de la oposición *The New Times*, que había informado de que alguien había pagado un soborno de 6 millones de dólares al FSB para que arrestase a Serguéi, en 2008. Nadie en Moscú quería enemistarse con Albats. Ella hizo unas cuantas llamadas y una hora más tarde, un sedán último modelo entró en el aparcamiento del hospital. Salieron dos hombres, uno robusto y calvo, con la barba canosa recortada, y el otro más alto, con el pelo negro muy corto y los ojos pequeños. Se acercaron a Evgenia y Projorov. El hombre de ojos pequeños se presentó como el director del hospital. El otro se quedó callado.

—Síganme —dijo el director, molesto porque le habían interrumpido su fin de semana.

Fueron directos a su oficina. Evgenia y Projorov se sentaron frente a su escritorio y el otro hombre se sentó en una silla junto a la pared.

El director se cruzó de brazos.

—¿Qué puedo hacer por ustedes?

—Quiero saber cómo está mi marido.

—Está en la unidad de cuidados intensivos a cargo del doctor Protsenko. —El director señaló al otro hombre con un gesto—. Su marido ha sufrido fallo multiorgánico, y me temo que su situación es muy grave.

—¿Cómo de grave?

El director bajó la vista, evitando mirarla a los ojos.

—En mi opinión tiene un cinco por ciento de posibilidades de supervivencia —afirmó.

Evgenia se echó a temblar. Respiró hondo tres veces y le preguntó:

—¿Y cuál es la causa de esto?

—O bien envenenamiento alimentario o bien su medicación —dijo el director, displicente.

—¿Su medicación?

Lo único que tomaba Vladímir era Celexa, un antidepresivo común y corriente, y un pulverizador nasal para las alergias que se vendía sin receta. Evgenia sabía que aquellos medicamentos no podían causar un fallo multiorgánico. Si lo hubieran hecho, decenas de millones de personas que sufrían de ansiedad y de fiebre del heno se morirían por todo el mundo.

—¿Han comprobado que no le hayan envenenado? —preguntó.

—¿Por qué iba a querer alguien envenenar a su marido?

—Hay muchísimas razones. ¡Era el ayudante de Boris Nemtsov, y Boris fue asesinado hace solo tres meses!

Pero el director negó con la cabeza.

—Son dos cosas totalmente distintas.

A Evgenia le costó toda su fuerza de voluntad permanecer calmada.

—Trasladaré a mi marido mañana —dijo—. Hay un avión medicalizado esperando en Vnúkovo.

—Señora Kara-Murza —le dijo el director—. Su marido no puede ser trasladado. Si lo llevamos de un lado de la ha-

197

bitación al otro, probablemente no saldrá adelante. No puede sobrevivir de ninguna manera a un viaje al aeropuerto, y no digamos a un vuelo.

—Entonces quiero una segunda opinión. Hay un doctor israelí aquí, de Tel Aviv. Quiero que vea a Vladímir mañana por la mañana.

—Señora Kara-Murza —repitió el director, más condescendiente todavía—. ¿Por qué quiere usted una segunda opinión?

—¿Que por qué quiero una segunda opinión? —preguntó Evgenia, levantándose un poco de la silla—. ¡Me acaba de decir que no han comprobado si mi marido ha sido envenenado, cuando mi marido muestra todas las señales de haber sido envenenado!

El director se mostró burlón.

—Imagínese un tren. Y ese tren ha atropellado a su marido. ¿Realmente le importa qué tipo de tren sea? NO. Usted lo que quiere es salvar a su marido. Y eso es lo que estamos intentando hacer.

Perdiendo la paciencia por fin, ella gritó:

—¡Y eso es lo que intento hacer yo también! Tendré una segunda opinión, y haremos pruebas toxicológicas. Necesito su sangre. ¡Ahora mismo!

A los médicos rusos jamás se les habla así.

—No entrará ningún médico extranjero en mi hospital, y no sacarán sangre —anunció el director—. A menos que tenga un poder notarial, no puede pedir esas cosas.

A diferencia de la mayoría de los demás países, en Rusia los cónyuges no tienen derechos legales automáticos sobre sus parejas incapacitadas. Él pensaba que la cosa acababa ahí.

Evgenia dejó escapar un suspiro. Ella no tenía un poder notarial.

Pero Vadim Projorov se animó entonces: como abogado de Vladímir, él sí que lo tenía.

Buscó en su maletín gastado y repleto y, como un mago que saca un conejo de una chistera, puso un poder notarial encima del escritorio del director. Ese documento solo cubría el trabajo político de Vladímir, no sus problemas médicos, pero Projorov no pensaba señalar tal cosa. Y con el calor del momento, el director no pensó en comprobarlo. Lo miró con la cara blanca como el papel. Projorov, volviendo a guardarse el documento en la cartera, dijo:

—Por favor, haga lo que le está pidiendo la señora Kara-Murza y llévela con su marido.

Derrotado, el director se volvió hacia el doctor Protsenko, que hasta el momento había permanecido muy callado.

—Haga lo que dice. Dele una hora… y las muestras.

Sin decir una palabra más, el doctor Protsenko escoltó a Evgenia a la UCI, una sala grande con seis camas.

—Su marido está ahí —le dijo, señalándolo. Ella fue al lado de Vladímir. Él estaba detrás de una maraña de tubos, alambres y máquinas que resonaban. Apenas pudo reconocerlo. Parecía una especie de pulpo robótico.

El doctor Protsenko explicó cuál era el plan de tratamiento de Vladímir, que sonaba bastante completo, pero no ofrecía seguridad alguna.

—Lo siento, pero, como ha dicho mi colega, la situación de su marido es muy grave

Evgenia cogió una silla, se sentó junto a Vladímir y le cogió la mano. Aunque él estaba inconsciente, ella le susurró que ya estaba aquí, y que no se iría de Moscú sin él.

Una hora más tarde llegó una enfermera a la sala, le extrajo un poco de sangre, recortó unos mechones de pelo y unas uñas de Vladímir, colocó todo ello en bolsas selladas y se lo tendió a Evgenia, junto con una copia de su expediente médico.

—Lo siento, pero se tiene que ir ya —le dijo la enfermera—. Me han dicho que puede volver mañana.

Eran más de las once de la noche cuando Evgenia salió del hospital. Se subió al coche de Projorov y fueron al apartamento de sus padres. Una vez allí, ella guardó las muestras en el frigorífico y me envió el expediente médico por correo electrónico a mí.

A la mañana siguiente volvió al hospital con el especialista israelí en cuidados intensivos. Después de examinar a Vladímir, él estuvo de acuerdo con sus colegas rusos: no se le podía trasladar. Evgenia ya lo sospechaba, pero oírselo decir a una fuente de confianza resultó totalmente desmoralizador.

Ahora se enfrentaba a un dilema imposible: si trasladaba a su marido, moriría con toda seguridad, pero si se quedaba en Rusia, probablemente moriría también.

24

La fábrica de veneno de la KGB

Primavera-verano de 2015

*Q*ue Vladímir se encontrara en estado crítico en un hospital ruso era un verdadero golpe. Se parecía a la situación que siguió al arresto de Serguéi. Ya tenía a otra persona que me importaba en peligro mortal, a miles de kilómetros de distancia, y me sentía impotente para ayudarle.

Kyle Parker se sentía así también. Además del trabajo que Vladímir y él habían hecho juntos en la Ley Magnitski, sus familias estaban muy unidas. Sus niños jugaban juntos, hacían barbacoas cada uno en el jardín del otro, y sus esposas eran amigas.

En cuanto recibí el expediente médico de Vladímir, le envié una copia a Kyle. Teníamos que convertirnos en expertos en veneno… y rápido. Ambos conocíamos la infame fábrica de veneno de la KGB, que durante décadas había creado formas novedosas, malignas y misteriosas de matar a los enemigos de Rusia. Los venenos que desarrollaban se solían probar primero en prisioneros del gulag ruso, antes de usarlos de forma específica. Sus favoritos incluían ricino, dioxina, talio, cianuro de hidrógeno, polonio (que fue lo que usaron en Londres para matar a Alexander Litvinenko) e incluso venenos raros extraídos de unas medusas. Teníamos que determinar cuál de aquellos (o algún otro) se había usado con Vladímir.

Kyle y yo buscamos a cualquiera que pensamos que podía ayudarnos.

En Estados Unidos, Kyle envió el historial de Vladímir a

un toxicólogo importantísimo del Instituto Nacional de Salud, a un funcionario de inteligencia especializado en guerra bacteriológica, a un desertor kazajo que estuvo implicado en el programa de venenos de la Unión Soviética y a su propia hermana, oncóloga de élite en el Hospital Memorial Sloan Kettering de Nueva York.

A nuestro lado del Atlántico, mi equipo y yo identificamos a todos los expertos en venenos del Reino Unido que pudimos encontrar. Mandamos un mensaje a Porton Down, renombrada instalación de investigación médica británica que dirigían los militares, al Servicio de Información de Venenos, a un patólogo forense del Ministerio del Interior, al Departamento de Toxicología del hospital Guy y a un antiguo detective de homicidios en la Policía Metropolitana de Londres.

Kyle tuvo noticias de algunos de sus contactos al cabo de unas horas. La primera respuesta llegó de su fuente en la inteligencia norteamericana. Sospechaba que había «dos» venenos en acción. El primero estaba destinado a crear la apariencia de grave envenenamiento alimentario. Mientras los médicos se ocupaban de este, el segundo estaba haciendo el trabajo real de colapsar los órganos de Vladímir. La fuente de Kyle dijo que había visto antes usar esa misma táctica por parte de los rusos. Desde la perspectiva del asesino, era una operación muy limpia. Con una coartada creíble. Los médicos que no formaran parte del plan podían decir con toda sinceridad: «No encontramos nada malo. Hicimos todo lo que pudimos, pero, desgraciadamente, el paciente murió».

201

La segunda respuesta vino del contacto de Kyle en el Instituto Nacional de Salud. Ella no proporcionó un análisis tan exhaustivo, sino que estableció categóricamente que, basándose en el recuento de glóbulos blancos de Vladímir, podíamos descartar el agente radiológico.

Esto nos ayudaba mucho. Recordando a Alexander Litvinenko, lo primero que pensamos Kyle y yo fue en envenenamiento por radiación. Rápidamente estábamos aprendiendo que identificar un veneno era como buscar una aguja en un pajar. Si queríamos descubrirlo, tendríamos que ir descartando cosas.

Nuestros intentos británicos no fueron tan afortunados:

nadie parecía comprobar su correo durante el fin de semana. La única respuesta que recibimos vino del antiguo detective de homicidios. No nos adelantó teoría alguna sobre el veneno que habían utilizado con Vladímir, pero sí nos ofreció una serie de instrucciones truculentas para preservar «la escena del crimen» (es decir, el cuerpo de Vladímir) si se producía su muerte. Estas instrucciones incluían «ordeñar» algo de sangre de su arteria femoral, quitarle un trozo de hígado y llenar un frasco con fluido de su globo ocular.

Leer aquello me revolvió el estómago. Vladímir era mi amigo. No quería pensar en globos oculares ni en hígados. Quería verle otra vez, caminando, hablando.

Y entonces tuvimos noticias de la hermana de Kyle.

«Kyle, odio decirte esto, pero no parece que vaya a salir adelante —le escribió ella. Había visto a muchos moribundos en su trabajo—. Creo que deberías decirle a la familia que tienen que despedirse.»

Ni Kyle ni yo pensábamos decirle tal cosa a Evgenia. Ella estaba sentada a la cabecera de Vladímir, y conocía su estado mucho mejor que nosotros. Pero si la presión por averiguar lo que le había envenenado era alta antes, ahora ya era insoportable. Al menos teníamos las muestras, que podíamos analizar en Occidente.

Llamé a la embajada británica en Moscú, la mañana del sábado 30 de mayo. Me pusieron con un funcionario distinto al que había hablado anteriormente.

—Tenemos las muestras de Vladímir —le dije—. ¿Se las tiene que entregar su mujer a ustedes, o las recogerán ustedes mismos?

—Ay, lo siento mucho, señor —replicó el funcionario—. ¿No le han llamado sobre este tema?

—No.

—Ya no nos ocupamos de esto en la embajada. El asunto ha pasado al Centro de Respuestas Globales en Whitehall. Alguien de allí se pondrá en contacto con usted en breve.

El Centro de Respuestas Globales es una división de la Oficina de Asuntos Exteriores y de la Commonwealth británica para ayudar a los británicos que se encuentran en problemas en el extranjero.

Me animó mucho saber que el Gobierno se tomaba todo aquello en serio, y un poco después recibí un correo electrónico de ellos.

Pero no resultaba de ninguna ayuda. No hacían mención alguna de la valija diplomática. Lo único que ofrecían eran los números de teléfono de las oficinas en Moscú de DHL, FedEx y otras empresas similares, junto con un cierto apoyo moral, bastante tibio.

¿DHL y FedEx? ¿Estaban de broma? Cualquiera podía ir *online* y conseguir esa información a los treinta segundos.

Llamé a la persona del Centro de Respuestas Globales cuyo número aparecía al final del correo electrónico.

—Estoy confuso —le dije—. Me dijeron que nos ayudarían a transportar la sangre.

—Me temo que no podemos hacer eso, señor.

—Pero la embajada en Moscú me aseguró que podíamos usar la valija diplomática.

—Lo siento, señor, pero no podemos ofrecer ese tipo de asistencia.

Le expliqué que Vladímir, que era ciudadano británico, podía morir, pero el hombre no se conmovió. Me costó varios minutos calmarme, después de su llamada.

Nos hacen creer a todos que si eres ciudadano de un país potente, como Estados Unidos o Gran Bretaña, y te ocurre algo malo en el extranjero, tu Gobierno usará todo su peso y toda su fuerza para protegerte.

Pero en este caso no estaba ocurriendo eso.

Esto significaba un verdadero tropiezo en nuestros planes. A lo largo de las veinticuatro horas previas habíamos estado obsesionados con venenos y diagnósticos, y no con temas logísticos.

Como estábamos empezando desde cero, llamé a DHL y descubrí que no enviaban muestras biomédicas desde Moscú. FedEx sí que lo hacía, pero decían que tardarían al menos setenta y dos horas, y teníamos que conseguir una licencia de importación del gobierno ruso.

Ya nos podíamos olvidar. Uno de los motivos principales por el cual queríamos usar la valija diplomática era específicamente evitar manejos por parte del Gobierno ruso. Quizá igual de importante era que, en el caso de la muerte de Vladímir,

203

esas muestras serían la única prueba de su asesinato, y la valija diplomática podía mantener la cadena de custodia. Meterlos en una bolsa de muestras biológicas de FedEx era romper esa cadena irrevocablemente.

Lo único que se me ocurrió hacer fue ir a la cabeza, de modo que redacté un mensaje de correo electrónico y se lo envié al secretario de Asuntos Exteriores británico, el muy honorable Philip Hammond, a quien no conocía de nada.

Como era un ministro de alto rango, no esperaba respuesta, pero curiosamente me escribió un mensaje personalmente al día siguiente, domingo. Decía que había seguido el caso de cerca y que quería ayudar, pero que en lo referente a la valija diplomática, tenía las manos atadas. Citó la Convención de Viena sobre Relaciones Diplomáticas, y me explicó que tenía prohibido usar la valija diplomática para algo que no fueran comunicaciones oficiales. Para demostrar que se preocupaba, sin embargo, se ofreció a que un funcionario de la embajada acompañase a nuestro mensajero hasta el aeropuerto y le ayudara a pasar el control de la aduana. Desgraciadamente, era lo único que podía hacer.

Me quedé muy decepcionado. A los rusos les importaba un pimiento la Convención de Viena. Usaban sus valijas diplomáticas para trasladar drogas, venenos y dinero en efectivo por todo el mundo. ¿Por qué no podían los británicos saltarse las normas para usar la suya y salvar a uno de sus ciudadanos?

(Más tarde me di cuenta de que la cosa no funciona así. Eso era por lo que Boris, Vladímir y yo habíamos luchado… y lo que Serguéi creía cuando murió: que Rusia debía ser un país basado en las normas, donde el ministro de Asuntos Exteriores escribiera una carta semejante, convencido de lo que decía.)

Aquel día decidimos que dejábamos de lado la cadena de custodia. Si el Gobierno británico no nos permitía usar la valija diplomática, usaríamos nuestros propios recursos para traer las muestras a Londres. Cuando esos problemas llegaron a oídos de los amigos de Vladímir en Moscú, uno de ellos se ofreció voluntario para volar a Londres con las muestras escondidas en su equipaje. Después, todo ocurrió muy deprisa. El voluntario entregó las muestras en nuestra oficina al día siguiente, lunes, justo después de almorzar, cinco días después de que Vladímir cayera. Fueron derechas al frigorífico junto a los restos de la comida para llevar de aquel día.

Ahora tenía que encontrar un lugar donde hicieran el análisis. Empecé a llamar por teléfono, primero a Porton Down, la instalación médica de investigación. Pero, antes de que pudiera acabar de explicar la situación, la persona que me atendía dijo:

—Señor, nosotros solo tomamos encargos del gobierno.

—Pero es urgente —le rogué—. ¿No hay forma de que puedan hacer una excepción?

—Lo siento, no podemos hacer nada sin autorización del Gobierno.

Luego llamé al Servicio de Información Nacional de Venenos, otra agencia del Gobierno, pero me dijeron que necesitaban una autorización por parte de una instancia policial. Y aunque pudiera conseguirla, tardaría días o semanas.

Hice una docena más de llamadas que no fueron a ninguna parte. Finalmente, por la noche, me dieron el número de un médico particular que atendía a dueños de fondos de cobertura, banqueros de inversiones y otros londinenses ricos. No resultaría barato, pero yo estaba dispuesto a pagar lo que fuese.

Ese médico estaba conectado con un laboratorio privado en Harley Street, una zona del centro de Londres con una gran concentración de doctores caros y expertos médicos. Me aseguró que tenían todos los contactos necesarios para que analizaran las muestras en cualquier laboratorio del Gobierno de Gran Bretaña. Dijo que le costaría un día, dos como mucho, pero que tendría algunas respuestas de forma inminente.

Cuando llamé a Evgenia para informarle de que las muestras de sangre estaban ya en Londres, ella me interrumpió para darme una noticia completamente inesperada.

—Bill, ¡los riñones de Vladímir han empezado a funcionar otra vez!

—¿De verdad? ¡Eso es fantástico!

—Sí, lo es. El doctor Protsenko ha decidido sacarlo del coma. Van a hacerlo mañana.

Evgenia había empezado mal en el hospital Pirogov, pero desde entonces las cosas habían mejorado. Y lo más importante de todo: parecía que el doctor Protsenko estaba intentando de verdad salvar la vida de Vladímir.

Cuando el doctor y su personal se prepararon para el procedimiento, Evgenia se sentía aterrorizada de lo que podía pasar cuando se despertara Vladímir. ¿Estaría paralizado? ¿Respondería a su voz? ¿Recuperaría la conciencia alguna vez? Ella no podía contemplar lo que podía ser su vida si a Vladímir le habían arrebatado la mente.

El procedimiento llevó la mayor parte del día. Cuando los médicos poco a poco fueron disminuyendo la cantidad de medicación usada para inducir el coma, Evgenia, con la mano de Vladímir entre las suyas, repetía de vez en cuando: «Volodia», que es el diminutivo ruso para Vladímir.

Al final de la tarde, él empezó a parpadear. Evgenia se puso de pie y se inclinó hacia él. Él volvió a parpadear. Ella le gritó:

—¡Soy yo! ¡Soy Zhenia!

Él movió los dedos y le apretó la mano débilmente.

—Ay, Volodia —dijo ella, con las lágrimas acumuladas en sus ojos.

Seguía siendo él. Vladímir estaba intubado y no podía hablar, de modo que movía los ojos en torno, haciendo preguntas con ellos. Primero miró al techo.

—Estás en Moscú, en el hospital —le explicó Evgenia—. Esas son las luces. —Él señaló con los ojos hacia la ventana—. Es primero de junio. Hoy es un día veraniego. —Vladímir hizo un esfuerzo para mirar al hombre que estaba sentado a su lado, en la cama—. Este es el doctor Protsenko —le dijo Evgenia—. Te ha cuidado muy bien. —Sacó el teléfono y le enseñó fotos de sus tres hijos—. Todos están bien, Volodia. Te echan mucho de menos.

Aquella misma tarde llamó para compartir la buena noticia. Me recorrió una oleada visceral de alivio. Estaba seguro de que Vladímir no iba a salir adelante. Llamé a mi mujer para decírselo. Llamé a Kyle. Abracé a Ivan y a Vadim en la oficina, conteniendo las lágrimas cuando el horror de perder a Vladímir empezó a alejarse.

Por la noche, Vladímir hizo más progresos todavía. Empezó a respirar sin ventilador, y a la mañana siguiente los médicos le quitaron el tubo de respiración. Evgenia quería desesperadamente oír su voz, pero él tenía la garganta en carne viva y apenas podía emitir ningún ruido, de modo que siguieron comunicándose con parpadeos, sonrisas y apretones de manos.

Aquella noche, Vadim, Ivan y yo fuimos a un restaurante tailandés local a celebrarlo. Nada más hacer el pedido, sonó mi teléfono. Era Evgenia.

Era imposible oírla con el estrépito del restaurante, de modo que salí fuera.

—¿Puedes repetírmelo? —le pedí.

—Le acaban de hacer una radiografía a Vladímir —dijo. Su voz sonaba distinta de antes—. Han encontrado algo. Una mancha negra en su estómago.

—¿Una mancha negra? ¿Y qué significa eso? —pregunté, mientras la sensación familiar de temor caía de nuevo sobre mí.

—El doctor Protsenko dice que podría ser necrosis. Tienen que operarle de inmediato.

—Mierda. Lo siento mucho. Por favor, llámame en cuanto haya terminado.

Volví dentro justo cuando llegaban los aperitivos, e informé a Vadim e Ivan. Nuestra celebración terminó ahí. Apenas tocamos la comida, y pedimos la cuenta. Nos fuimos cada uno a su casa. Yo me quedé despierto, sentado en el sofá en la oscuridad, esperando la llamada de Evgenia.

Llamó tarde, aquella noche. El informe de patología de Vladímir no mostraba necrosis, la mancha negra no era nada preocupante, pero, a causa de los anticoagulantes que le habían inyectado en el hospital, era propenso al sangrado interno, y la operación le causó una hemorragia inesperada, que condujo a un derrame. A continuación, el doctor Protsenko le volvió a inducir el coma.

El derrame y consiguiente parálisis de mi madre la habían situado en un largo y terrible camino que acabó con su muerte, y que dejó destrozada por completo a nuestra familia. Vladímir solo tenía treinta y tres años, y no quería ni pensar en lo que aquello podía significar para él, Evgenia y sus hijos.

Estuve dando vueltas toda la noche. A la mañana siguiente llamé al médico particular, esperando tener los resultados de la prueba de Vladímir. Tenerlos no ayudaría a Vladímir con el

207

ataque que había sufrido, pero seguía siendo importante conocer con qué le habían envenenado.

Le entregamos las muestras el lunes, y el médico particular había prometido resultados para el miércoles, como mucho. Ya era jueves y todavía no tenía nada. No cogió mi llamada, de modo que esperé quince minutos y volví a intentarlo. Seguía sin poder comunicar con él. Seguí llamándole toda la mañana, sin resultado.

En torno a las once me envió un largo correo: «Ya sé que esto quizá no es lo que desea oír, Bill, pero las muestras están a cargo de Porton Down y otras agencias del Gobierno, y no hay forma de influir directamente en la velocidad de su trabajo». Y acababa diciendo: «Estoy de su parte, Bill».

La gente que dice cosas como «estoy de tu parte» normalmente no lo está. Yo empezaba a sospechar que aquel hombre no había sido sincero conmigo. Finalmente le localicé por teléfono después de comer, y entonces todo quedó claro.

Me dijo que las muestras en realidad no se habían enviado nunca al Gobierno. Queriendo desviar las culpas de su persona, me explicó que los técnicos del laboratorio privado temían lo que las muestras pudieran contener, de modo que nunca las sacaron del paquete sellado de riesgo biológico en el que habían llegado.

Recuperamos las muestras enseguida (¡ni siquiera las habían refrigerado!). Hicimos un esfuerzo para encontrar un laboratorio que quisiera ayudarnos, y nos enviaron a uno francés junto a Estrasburgo que accedía a hacer los análisis. Mark Sabah, mi colega, el que había estado conmigo en Mónaco, se subió al Eurostar y llevó las muestras allí, pero por aquel entonces estaban tan degradadas que cuando finalmente las examinaron, no revelaron nada definitivo.

No tenía tiempo de entretenerme en eso, sin embargo, porque al día siguiente sacaron a Vladímir de su segundo coma.

A la mañana siguiente repitieron el mismo proceso. Como antes, Evgenia se sentó junto a Vladímir y susurró su nombre, esperando cualquier señal de conciencia. Pero esta vez, cuando él abrió los ojos, estaba mucho más desorientado. No la miró ni le apretó la mano, y no intentó emitir sonido alguno.

Sin embargo, respiraba solo, de modo que le quitaron el

tubo respirador. Al cabo de pocas horas intentó hablar, pero sus palabras no tenían sentido. Algunos de los sonidos que producía ni siquiera se podían considerar palabras. Por parte de alguien tan erudito y expresivo como Vladímir, era terrible para Evgenia ver aquello.

Vladímir se quedó una semana más en la UCI. Y, aunque no podía hablar correctamente, pronto se puso más alerta y consciente de lo que le rodeaba. A mediados de junio ya estaba lo bastante bien para que le trasladaran al ala neurológica. El ataque había sido muy malo: no podía hablar, apenas podía comer, y masticar y tragar le resultaba difícil. Tenía muchísimo trabajo por delante si quería volver a la normalidad.

A diferencia de Occidente, en Rusia la carga de la rehabilitación de un paciente recae en los hombros de su familia. Evgenia tuvo que enseñar a Vladímir a hacer todas esas cosas solo, incluyendo hablar. Al principio sus incoherencias se veían puntuadas por relámpagos de lucidez, pero a medida que iba trabajando con él, durante las semanas siguientes, los momentos lúcidos aumentaron y las incoherencias declinaron. El daño físico era real, pero el Vladímir al que conocíamos y amábamos todavía seguía ahí.

Casi seis semanas después de haber sido envenenado, Vladímir estaba lo bastante bien para ser transportado a Estados Unidos. El 4 de julio, Evgenia lo llevó en coche al avión de evacuación médica, y volaron a Washington. Vladímir fue recogido en el aeropuerto por una ambulancia y lo llevaron directamente al Campus Médico Inova Fairfax, donde fue alojado en la UCI. Los doctores norteamericanos llevaron a cabo las pruebas toxicológicas que los rusos tendrían que haber hecho desde el principio. Incluso fueron tan cuidadosos que hicieron llevar a Evgenia un traje para materiales peligrosos, cuando le visitaba. Pero, como había transcurrido tanto tiempo desde el colapso de Vladímir, no pudieron encontrar nada.

Después de tres semanas de rehabilitación en una instalación distinta, Vladímir finalmente pudo volver a su hogar en Virginia. Los efectos del envenenamiento le persiguieron durante meses, pero había sobrevivido.

Ese noviembre, Vladímir hizo su primer viaje desde el incidente. Viajó a Londres para los Premios de Derechos Humanos

Serguéi Magnitski. Doscientas cincuenta personas de todo el mundo se reunieron en Westminster, en el Salón Metodista Central, junto al Parlamento, para honrar a algunos de los activistas de derechos humanos más valientes del mundo. Boris Nemtsov sería honrado póstumamente. Su hija, Zhanna, aceptaría el galardón en su lugar.

El día antes de la ceremonia, Vladímir vino a nuestra oficina. Salió del ascensor con un bastón, con la espalda y los hombros encorvados. Había perdido al menos quince kilos desde la última vez que le había visto. Pero aunque físicamente estaba perjudicado, yo sabía por el brillo que tenían sus ojos que estaba más decidido que nunca a llevar a cabo su misión de obtener justicia para Boris, Serguéi y otras muchas víctimas del régimen de Putin.

Al final, las instituciones occidentales que se suponía que tenían que haberle salvado (el Gobierno británico, Porton Down, nuestro médico particular, la clínica Harley Street) habían fallado todas.

Le había salvado alguien que no pensábamos que lo hiciera: su médico ruso. Aunque había muchos en el Gobierno ruso que querían muerto a Vladímir, tuvo la enorme suerte de encontrar a alguien que estaba decidido a hacer su trabajo, y que era fiel a su juramento hipocrático de no hacer daño.

Vladímir Kara-Murza, un buen ruso, había quedado bajo el cuidado del doctor Denis Protsenko, otro buen ruso. Y eso había significado una enorme diferencia.

25

La gaviota

Otoño-invierno de 2015

$\mathcal{M}$e costó un poco tranquilizar mis nervios después del envenenamiento de Vladímir. Afortunadamente, durante el verano los rusos me dejaron en paz. Pero el 5 de octubre, un mes antes de los Premios Magnitski, Michael Kim, de quien no había tenido noticias desde hacía cierto tiempo, me llamó desde Nueva York.

—Siento ser el portador de malas noticias, Bill —dijo—, pero BakerHostetler ataca de nuevo.

Acababa de recibir la noticia de que John Moscow y Mark Cymrot volvían a los tribunales para obligarme a hacer una segunda declaración. Al parecer esta vez habían aprendido de sus errores. En lugar de peticiones desmesuradas y solicitudes de documentos, habían estrechado mucho el margen, de tal manera que era muy probable que el juez Griesa aceptase lo que me estaban pidiendo. Según Michael, no había forma de librarse de ello.

Y tenía razón. El 9 de noviembre, el juez Griesa aceptó su petición sin armar ningún escándalo y nos dio instrucciones de acordar una fecha para la declaración antes de que empezara el juicio. La fecha del juicio todavía era fluctuante, pero debía empezar más o menos en torno al Año Nuevo.

Yo no entendía por qué hacían aquello los rusos. La primera declaración había sido un descalabro total, y no habían conseguido la información confidencial a la que estaban tan ansiosos de echar mano. Y les había costado una pequeña fortuna.

Pero luego quedó bien claro cuáles eran sus motivos.

El 17 de noviembre, un día después de los Premios Magnitski en Londres, Mark Cymrot presentó un documento formalmente ante los tribunales acusándonos a Serguéi y a mí de robar los 230 millones de dólares. Basaba esa acusación en un documento oficial que la oficina del fiscal general de Rusia había enviado recientemente al Departamento de Justicia de Estados Unidos haciendo las mismas acusaciones.

Los rusos habían ido desarrollando esa ficción en el país durante años, pero ahora la exportaban formalmente a Occidente.

Era una estrategia de defensa absurda. Era Prevezon quien tenía el dinero en sus cuentas de Nueva York, no yo, y eran ellos los únicos que tenían que explicar por qué estaba allí, y no yo. Se les estaba juzgando a «ellos», no a mí. Las teorías conspirativas y de presión en los tribunales no conseguirían que se libraran.

Por muy burda que fuera su estrategia, al menos nuestros oponentes habían puesto todas las cartas sobre la mesa. Esta acusación demostraba que la segunda declaración se proponía defender a Prevezon, y ya no iba de que intentaran hacerse con nuestra información confidencial. Se trataba de hacer falsas acusaciones contra mí en un entorno oficial, similar a los tribunales. Los rusos podían entonces publicar mi segunda declaración en internet (como habían hecho con la primera) como parte de su campaña para convencer al mundo de que los villanos éramos Serguéi y yo, y no ellos.

La declaración iba a tener lugar de todos modos, pero negociar una fecha no fue sencillo. Todo el mundo tenía programadas fechas conflictivas en el mes de diciembre. Yo tenía que volar desde Londres, el Gobierno de Estados Unidos tendría que estar presente también, y su calendario estaba lleno, se acercaban las vacaciones y, por si faltaba algo, la hija de Mark Cymrot se casaba justo después de Navidad, con lo cual muchos días quedaban inutilizados.

Cymrot parecía estar bajo mucha presión por parte de sus clientes rusos, y pedía que yo apareciese para hacer mi declaración el 7 de diciembre. Pero el gobierno no podía asistir aquel día, y como ambas partes tenían que estar presentes, yo no aparecí.

Mi no asistencia puso tan furiosos a los rusos que Cymrot presentó una moción el mismo día para pedir que me inculparan por desacato al tribunal. Era una escalada importante. El desacato es un delito que conlleva prisión. Incluso el juez Griesa, aun con sus capacidades disminuidas, veía lo inapropiada que era esa moción, y la desestimó de inmediato. Pidió que todos los implicados se calmaran y se pusieran de acuerdo en una fecha.

Esa orden tendría que haber sido el fin de todo aquello, pero dos días más tarde el *Daily Beast* publicaba una noticia sobre Denis Katsiv y Natalia Veselnitskaya.

El *Daily Beast* había obtenido un documento en el que se demostraba que Katsiv pedía al Departamento de Justicia de Estados Unidos que le reembolsara 50000 dólares por «gastos» de un reciente viaje a Nueva York para hacer una declaración. Se incluían habitaciones a 995 dólares la noche en el hotel Plaza, y una cena de 793,29 dólares donde Katsiv, Veselnitskaya y otro colega habían disfrutado de un festín de dieciocho platos, ocho grappas y dos botellas de vino caro.

El artículo se titulaba: «Los rusos piden a Estados Unidos una factura de hotel y bar de 50 000 dólares». Los rusos se sintieron tan ofendidos por todo eso que, dos días después de que apareciera el artículo, Cymrot presentó «otra» moción contra mí por desacato al tribunal, y esta era un despropósito absoluto.

Aseguraba que existía una gran conspiración entre el Gobierno de Estados Unidos y yo destinada a destruir la reputación de la familia Katsiv. Cymrot me acusaba de coordinar una campaña de prensa contra ellos, de actuar en connivencia para evitar mi declaración, y, lo más ridículo de todo, de hacer planes juntos para presentar todo el caso contra Prevezon, de entrada. Parecía que el Gobierno de Estados Unidos era una marioneta en mis manos y que hacían todo lo que yo les pedía, como si fuera una especie de villano superpoderoso al estilo Bond.

Al final de esta moción, y por añadidura, Cymrot exigía al juez que también sancionase al Departamento de Justicia por su conducta.

Parecía que la moción la hubiese redactado una Veselnitskaya en plena crisis emocional en Moscú, y que la hubieran traducido con el traductor de Google al inglés. En Rusia, indi-

213

viduos privados conspiran regularmente con su Gobierno, de modo que parecía lógico que hubieran proyectado esa conducta sobre mí y el sistema de justicia norteamericano.

Había algo frenético y desesperado en estos actos. Era como si BakerHostetler ya no llevara el caso, sino que Veselnitskaya les estuviera ordenando que dieran los pasos más ridículos, por muy condenados al fracaso que estuvieran.

El juez Griesa no hizo caso de todas esas cosas. Rechazó enseguida esta moción también, diciendo: «Sencillamente, tales afirmaciones no tienen ningún sentido». Lo único que quería era que se fijase una fecha para la declaración, que, como nadie se ponía de acuerdo, estableció para el 18 de diciembre. Y se acabó.

Me cogería justo en medio de las vacaciones familiares de Navidad en Aspen, pero no podía discutir. El único consuelo era que el juez Griesa me permitía hacerlo por vídeo, así que no tendría que ir a Nueva York.

Elena, los niños y yo salimos hacia Colorado el 13 de diciembre y llegamos a Aspen aquella misma tarde, a última hora. Estábamos exhaustos cuando llegamos a casa. Elena preparó una cena rápida mientras los niños jugaban fuera en la nieve. Cuando acabamos de cenar, a las siete de la tarde (dos de la mañana según la hora de Londres), ninguno de nosotros podía mantener los ojos abiertos. Acostamos a los niños en la cama, y Elena y yo nos metimos bajo las mantas y nos dormimos al momento.

Con el estupor que produce el desfase horario me olvidé de apagar el móvil, y a la una de la madrugada empezó a sonar. Intenté ignorarlo, pero continuó sonando sin parar. Cuando me di cuenta de que no podría volver a dormirme, lo cogí y vi llamadas perdidas de corresponsales en Moscú del *New York Times*, el *Wall Street Journal* y Associated Press.

Me incorporé en la cama y encontré múltiples mensajes de correo que me pedían que comentara un artículo que acababa de aparecer en *Kommersant*, uno de los principales periódicos de Moscú.

Cliqué en el vínculo. No lo había escrito ningún periodista ni reportero, sino el funcionario principal de justicia de Putin, el fiscal general Yuri Chaika. Era el mismo funcionario que había viajado a Suiza en 2011 para intentar detener el caso suizo de blanqueo de dinero contra los Stepanov.

Lo leí… y lo volví a leer. Era una completa y fidedigna recapitulación de todas las acusaciones que había hecho Baker-Hostetler contra mí y contra Serguéi, pero iba mucho más allá.

Según Chaika, cuyo nombre traducido significa «gaviota», las agencias de inteligencia occidentales me habían enviado a Rusia en la década de los 90 con la misión de debilitar y destruir el país. Mi primera misión había sido invertir en Gazprom, el monopolio de gas natural de Rusia, obtener un asiento en su consejo directivo y conseguir acceso a toda la información confidencial de la empresa. Entonces la compartiría con mis jefes de inteligencia occidentales, así como con empresas norteamericanas, para poder socavar los intereses nacionales de Rusia.

Chaika afirmaba orgullosamente que ese plan había sido frustrado, pero que mientras yo estaba implicado en esa operación, también defraudé en mis impuestos, llevé a la bancarrota a varias empresas y robé 230 millones de dólares del Tesoro ruso. Según él, encabecé una «falsa campaña de relaciones públicas» internacional que duró varios años, para trasladar la culpa de mis delitos a honrados funcionarios rusos y ciudadanos privados como los pobres Katsiv, todo con la bendición de la inteligencia occidental. Y, de paso, Chaika insinuaba también que estaba implicado en los crímenes de Valeri Kurochkin, Oktai Gasanov y Semión Korobeinikov, los tres miembros muertos del grupo criminal organizado de Klyuev, mencionados en el capítulo 8 de este libro, «Culpad a los muertos».

En medio de esta operación extensa, Serguéi fue arrestado, se puso enfermo y finalmente murió de «causas naturales», en prisión. Chaika aseguraba que la «tragedia» vino como llovida del cielo para mí y mis colegas de inteligencia, ya que nos permitía usar la muerte de Serguéi para lanzar nuestra «siguiente operación especial para desacreditar a Rusia a los ojos de la comunidad mundial».

Esta nueva empresa consistía en pagar a periodistas occidentales para que escribieran historias manipuladoras ape-

215

lando al «inherente sentido de la compasión de las personas», que finalmente condujeron a la aprobación de la Ley Magnitski en Estados Unidos.

Hacia el final del artículo, Chaika lo acababa ligando todo perfectamente. Refiriéndose al caso Prevezon, que había ido siguiendo atentamente, dijo que yo acabaría desenmascarado como un «defraudador internacional, estafador y criminal», que había engañado al mundo entero durante años.

Después de leer el artículo por tercera vez, mi mano cayó sobre la cubierta y me quedé mirando al techo. Era lo más absurdo que había leído en mi vida…, y era mucho decir.

Me sorprendió la naturaleza fantástica de toda aquella narración, pero lo que revelaba era la desesperación de Chaika y las instancias implicadas. Según la lógica de Chaika, si podía convencer al mundo de que yo era un estafador, la Ley Magnitski resultaría también un fraude, y por lo tanto habría que revocarla. En el artículo, Chaika dejaba bien claro lo que nosotros habíamos sospechado desde siempre, y es que el caso de Prevezon tenía relación con los rusos. Su enorme inversión en servicios legales en Nueva York, una suma que, teniéndolo en cuenta todo, yo estimaba que «excedería» el importe que había quedado embargado, no tenía que ver con defenderse contra el blanqueo de dinero. Lo que querían era destruirme para que el Gobierno pudiera derribar los cimientos de la Ley Magnitski.

Con la segunda declaración no podía haber más en juego.

26

El mandato judicial de seguridad

Invierno de 2015-2016

*E*l día después de que se publicara la carta de Chaika nos reunimos en Aspen con unos viejos amigos, Eduardo y Lina Wurzmann, junto con sus tres hijos. Los Wurzmann eran de São Paulo, pero nos habíamos conocido en Moscú a finales de los años 90 antes de que empezaran todos mis problemas. Siempre me ha parecido que los brasileños son la gente más encantadora del mundo y, entre los brasileños, los Wurzmann eran especialmente maravillosos.

Cuando Elena y yo los invitamos a venir a Colorado no teníamos ni idea de que el caso Prevezon consumiría mi vida. Por mi inminente declaración, yo no podría estar mucho tiempo esquiando o pasando el rato con ellos, pero resultaba consolador tener a unos amigos tan excelentes a mi lado, durante un tiempo tan difícil.

Sin embargo, existía una mínima posibilidad de que la declaración no tuviera lugar. Michael Kim se dio cuenta de que BakerHostetler y sus clientes rusos habían cometido un importante error táctico al acusarme de robar los 230 millones de dólares. En la vista de descalificación en 2014, Cymrot defendió a John Moscow y a BakerHostetler jurando ante el juez Griesa que Prevezon no era «adversa» a Hermitage. El juez se lo tragó, haciendo de esa afirmación la base para no descalificarlos.

Pero, como señalaba Michael, esta acusación reciente de Prevezon y sus abogados era la mismísima definición de la adversidad. Sugirió que intentásemos una vez más que expulsaran del caso a John Moscow y BakerHostetler.

Por motivos técnicos, la moción de descalificación tenía que proceder de Hermitage, y no de mí personalmente, lo que significaba que teníamos que contratar a otro abogado más. Michael sugirió a uno llamado Jacob Buchdahl, de la firma Sussman Godfrey. Le contratamos y redactó la moción, que presentamos el 15 de diciembre.

Como el juicio tendría lugar en Año Nuevo, todo se movía muy rápido, y la segunda vista de descalificación tendría lugar tres días más tarde, el mismo día de mi declaración.

Nos despertamos aquel viernes por la mañana con casi un palmo de nieve. Mi familia entera y nuestros huéspedes estaban muy emocionados por el día de esquí que se avecinaba, un día en el que, desgraciadamente, yo no podría participar.

Desayuné temprano con los Wurzmann, ayudé a los chicos a vestirse en el recibidor y luego me retiré a la oficina, donde me situé frente al ordenador para lo que estaba seguro de que sería un día largo y arduo.

Llamé a Michael a Nueva York para probar el enlace de vídeo con su oficina, donde se llevaría a cabo la declaración. Cuando apareció la imagen, estaba solo en la sala de conferencias. A las nueve y cuarto más o menos, hora de las montañas, aparecieron dos abogados del Gobierno. Me saludaron, se sentaron a un lado de la mesa y sacaron unos expedientes y unas libretas.

Luego, en torno a las 9.45 de la mañana, apareció el equipo BakerHostetler. Como la otra vez, venían en gran número. Había al menos media docena, algunos con carritos en los que cargaban gigantes portafolios legales llenos de documentos. Les costó cinco minutos instalarse.

Esta declaración no la llevaría a cabo Mark Cymrot, sino su suplente, Paul Levine. Cymrot no podía estar en dos sitios a la vez, y en aquel momento se encontraba en el Tribunal Federal de Pearl Street intentando evitar que a BakerHostetler la echaran del caso. Se suponía que la vista tenía que haber terminado cuando empezase mi declaración, pero no había sido así.

Cuando el reloj dio las 10.15, empezó oficialmente la decla-

218

ración. Incluso desde Aspen notaba yo la tensión en la sala de Nueva York. Levine se inclinaba hacia delante, preparándose para atacar. Pero Michael intervino en voz baja (siempre hablaba bajito) diciendo: «Como hay una moción de descalificación pendiente ante el juez, sería inapropiado empezar hasta que el juez haya dictaminado».

Al principio parecía que Levine estaba dispuesto a pelearse, pero la lógica de Michael era aplastante. Levine no podía hacer nada. Ya que no podíamos proceder hasta que el juez dictaminase, nos quedamos allí sentados, incómodos, y esperamos.

El reloj iba avanzando. Diez minutos, luego veinte, treinta. Un poco después de las once sonó el teléfono de todo el mundo a la vez. El juez Griesa acababa de instruir a los abogados de que dejaran en suspenso la declaración hasta que emitiese su dictamen.

La declaración se había desbaratado, al menos aquel día. Mientras BakerHostetler ruidosamente cargaba sus carritos, yo miré por la ventana toda aquella nieve polvo nueva. Llamé a Michael a su móvil y le pregunté:

—¿Puedo irme a esquiar ya?

Aún le veía en el vídeo. Sonrió y me dijo:

—Disfruta.

Le dije adiós, apagué el ordenador y corrí escaleras abajo a coger mi equipo. Lo cargué todo en nuestro jeep y me dirigí a Snowmass, la montaña con pistas de esquí que estaba al lado de Aspen, a reunirme con Eduardo y los niños.

Snowmass está a unos veinte minutos en coche desde Aspen, de modo que cogí la carretera que va por detrás del aeropuerto y me acordé entonces de cuando estaba en un internado de Steamboat Springs, Colorado. Por aquellos tiempos, cuando caía un palmo de nieve por la noche, el director hacía sonar una campana gigante, anulaban las clases y aquel día lo declaraban «día de nieve polvo», y todo el mundo esquiaba, alumnos, profesores y personal, todos por igual. No había sonido más dulce para mí que aquel repique de la campana gigante.

Y eso es lo que acababa de hacer por mí Michael en aquel preciso instante.

Al pasar junto a Owl Creek, llamé a Eduardo para compartir las buenas noticias. Estuvo encantado. Me pidió que me reuniera con ellos en la cima de Elk Camp, una zona de Snow-mass que tiene la mejor nieve, pero que además dispone de unas pistas intermedias que serpentean entre los árboles y son estupendas para los niños.

Aparqué el jeep, cogí mis cosas y me fui directo al telesilla. No había contraste mayor que estar en mi oficina interrogado por representantes del Gobierno ruso y al momento ir sentado en un telesilla contemplando las montañas con aquel aire frío y limpio, anticipando que pronto me metería hasta las rodillas en la nieve polvo.

Eduardo y los niños me esperaban arriba. Mis hijos se sentían especialmente felices porque yo había estado muy ausente aquellos días del viaje. Empezamos a bajar por el Grey Wolf Trail. Eduardo y yo íbamos a retaguardia y llevábamos a los niños delante. Al flotar por aquellas suaves curvas en forma de arco, noté que mi móvil vibraba. Me aparté a un lado para ver quién me llamaba. Era Jacob Buchdahl.

Me sorprendió tener noticias suyas tan pronto. Como quien contempla a un jurado que vuelve después de solo treinta minutos, seguro de que traen un veredicto de culpabilidad, yo temía lo que estaba a punto de decirme.

—¿Hola?

—Bill..., ¿estás disfrutando de este día?

—Pues sí. ¿Qué ha ocurrido?

—¡Hemos ganado!

—¿Que hemos ganado?

—Sí. ¡El juez Griesa ha descalificado a John Moscow y a BakerHostetler!

Me quedé allí parado, mirando hacia la distancia, con las Montañas Rocosas a mi alrededor. Me había costado años y un esfuerzo monumental, pero finalmente habían echado a esos siniestros abogados del caso.

Sin tener ni idea de las conmociones legales de mi vida, mis hijos, que me esperaban junto al sendero, por debajo de mí, ahora me gritaban:

—¡Ven, papá, ven!

Le dije a Jacob que era un héroe, me metí el móvil en el bolsillo y volví a esquiar. Fue y sigue siendo uno de los mejores días de esquí de mi vida.

Me regodeé mucho en esa victoria durante los días siguientes, y saboreé la oportunidad de sentirme como una persona normal haciendo cosas normales de vacaciones. Esquiamos, fuimos en trineo, hicimos batallas de bolas de nieve en el jardín y envolvimos regalos para ponerlos debajo del árbol. Sabía que todo aquello no era más que un paréntesis (Prevezon pronto contrataría a unos nuevos abogados y volverían al ataque en Año Nuevo), pero no quería pensar en todo aquello en aquel momento.

Pero dos días antes de Navidad, Jacob me llamó de nuevo. Esta vez no estaba tan animado. Me dijo que el juez Griesa había programado una conferencia telefónica urgente para todos los abogados aquella tarde.

—Creo que se está echando atrás de su decisión de descalificación —dijo Jacob.

—No me digas…

Aquel mismo día, todo el mundo marcó el número del despacho del juez Griesa. En un giro extraño de los acontecimientos, Natalia Veselnitskaya también se unió a la llamada. Había acudido específicamente a Nueva York para ocuparse de aquella crisis, y el juez Griesa le permitió que se dirigiera al tribunal. Aquello era tremendamente inusual. Veselnitskaya no era miembro de la Abogacía de Nueva York, ni hablaba inglés siquiera. A través de un intérprete, rogó al juez que volviera a rehabilitar a BakerHostetler, explicando que sería muy difícil para Prevezon encontrar nueva representación solo unas semanas antes del juicio.

El juez se mostró comprensivo. Parecía especialmente impresionado por el hecho de que ella hubiese volado nada menos que desde Moscú para defender su caso. Al día siguiente, Nochebuena, el juez Griesa suspendió su decisión de descalificación. No había cambiado de opinión todavía, pero quería que los abogados le presentaran más argumentos por escrito antes de emitir un dictamen final.

Conseguí dejar a un lado todo esto, haciendo un titánico esfuerzo de compartimentación. Nos despertamos temprano el día de Navidad y bajamos al salón para reunirnos en torno al árbol. Los niños fueron abriendo sus regalos por turno. Cuando acabaron, Elena y yo intercambiamos regalos con Lina y

Eduardo. Me costó un enorme esfuerzo no dejar que ese caprichoso juez de Nueva York me arruinase la Navidad, pero al final lo conseguí.

Unos días más tarde nos despedimos de los Wurzmann y volvimos a Londres el 3 de enero.

La decisión del juez Griesa llegó el 8 de enero. Con un dictamen escrito en términos muy retorcidos, anuló la descalificación de John Moscow y BakerHostetler. Sencillamente, cambió de opinión… una vez más.

Presentamos una apelación tres días más tarde, pero el juez Griesa la rechazó de plano, declarando que su dictamen de no descalificación era el definitivo. Lo único que le importaba era empezar de una vez el juicio de Prevezon, y no quería que yo me interpusiera en su camino.

Cuando llamé a Michael Kim, él me dijo:

—Nos hemos quedado prácticamente sin opciones, pero todavía podemos intentar una cosa. —Me explicó que lo único que podía obligar al tribunal a desdecirse era lo que se llamaba mandato de seguridad—. Casi nunca salen adelante, pero es nuestra única opción.

—Suena bastante pobre —dije.

—Y lo es. Tenemos que ir al tribunal de apelación y convencerles de que el juez está desbarrando completamente, y esperar que intervengan. Normalmente no lo recomendaría nunca, pero con el juez Griesa actuando de una manera tan errática, podría funcionar.

Como había dicho Michael, era nuestra única opción. Les di luz verde a los abogados, y Jacob presentó nuestra petición de mandato de seguridad en el Tribunal de Apelación del Segundo Distrito en Nueva York, el 13 de enero.

Mientras el Segundo Distrito consideraba el mandato, el caso Prevezon seguía en marcha. El juicio empezaría el 27 de enero. Los documentos iban y venían de un lado a otro, en un frenesí de actividad. Era de vértigo. Yo tendría que volar a Nueva York para una declaración de última hora y luego ir directamente al juicio, donde tendría que comparecer durante días, al ser el testigo principal.

Cuando ya me disponía a viajar a Nueva York, el 25 de enero, recibí un correo de Jacob. Contenía un adjunto de una

página del Segundo Distrito, que decía: «Después de la debida
consideración, por la presente se ORDENA que la petición de
suspensión del procedimiento por parte del apelante sea CON-
CEDIDA, y que los procedimientos del tribunal del distrito que-
den SUSPENDIDOS durante la duración de la apelación».

O sea, traducido a lenguaje normal, eso significaba que
todo quedaba paralizado. Los abogados tenían que dejar sus
bolígrafos. El juicio se suspendía hasta que el Segundo Distrito
determinase si BakerHostetler debía ser descalificado o no.

Aquello era notable. Que un tribunal de apelaciones sus-
pendiera un importante caso de blanqueo de dinero justo unos
días antes del juicio demostraba lo seriamente que se tomaban la
mala conducta profesional de John Moscow y de BakerHostetler.

Desde aquel momento todo quedó en silencio. La siguiente
información llegó tres meses más tarde, el 29 de abril de 2016.
Era una notificación del Distrito Sur del sistema judicial de
Nueva York. El Segundo Distrito estaba considerando todavía
la descalificación, pero el juez Griesa, que había servido en los
tribunales federales desde 1972, quedaba apartado permanentemente del caso Prevezon.

223

27

El chelista

Primavera de 2016

Casi un año antes, a mediados de mayo de 2015, cuando el cielo de Saint-Tropez se iluminaba ya con la pálida luz de la aurora, doce oficiales uniformados de la Policía Nacional francesa se reunían en la entrada de una lujosa villa situada en la Route Belle Isnarde. No sonaba ninguna sirena ni relampagueaba ninguna luz.

El oficial que estaba al mando llamó al timbre de la puerta. Una mujer rubia, de mediana edad, acabó respondiendo, con los ojos cargados de sueño. Sorprendida y hablando francés con un claro acento ruso, nerviosamente preguntó por qué estaban allí. El policía entregó a la mujer una orden de registro. Luego entraron en su casa y pasaron las doce horas siguientes poniéndola patas arriba. Al final del día, la mujer fue arrestada, la llevaron a una comisaría de policía de Aix-en-Provence y la interrogaron. Al día siguiente la transfirieron a París, donde fue interrogada una vez más, en esta ocasión por el juez Renaud van Ruymbeke, el magistrado a cargo de una investigación de blanqueo de dinero conectada con el caso Magnitski.

Después de su interrogatorio, el juez Van Ruymbeke acusó a la mujer rusa de blanqueo de dinero, y simultáneamente embargó 9 millones de dólares de sus cuentas de Francia, Luxemburgo y Mónaco. Era el quinto embargo preventivo en el caso Magnitski.[7]

---

7. Por motivos legales, la identidad de la mujer debe permanecer en secreto.

El registro, arresto y embargo preventivo llegaron como resultado directo de una de las demandas criminales que habíamos presentado después de conseguir acceso al archivo moldavo. Ese archivo no solo nos condujo a países como Estados Unidos y Francia, sino por toda Europa y por todo el mundo, y ayudó a revelar una red muy enmarañada y vasta de blanqueo de dinero.

La manera en la que funciona el blanqueo de dinero es complicada, pero a la vez sencilla.

Es complicado diseñarla. A diferencia de hace cuarenta años, cuando un blanqueador de dinero podía aparecer en un banco llevando una maleta llena de dinero en efectivo y abrir una cuenta, hoy en día el máximo de efectivo que se puede depositar o retirar es de 10 000 dólares. Cualquier cantidad mayor requiere rellenar una declaración ante las autoridades competentes.

Como resultado, los blanqueadores de dinero ya no trabajan en efectivo. Llevan a cabo sus operaciones usando transferencias bancarias. Crean cientos de cuentas en docenas de bancos en nombre de incontables empresas fantasma, y luego transfieren el dinero tantas veces y con tantos valores distintos que esperan que nadie tenga la paciencia, recursos o vigilancia para seguirle la pista.

También tiene un diseño muy sencillo. El blanqueo de dinero consiste solamente en transferir dinero, y cada transferencia deja un rastro indeleble, igual que había señalado John Moscow allá por 2008. En todos los casos de blanqueo de dinero ruso, el dinero empieza en Rusia y luego pasa por un montón de países en tránsito, como Moldavia, Chipre, Lituania, Letonia y Estonia, antes de aterrizar en países de destino como Francia, Suiza y Estados Unidos. Cuando llega a su etapa final, el dinero se acumula en bancos o se mantiene en propiedades inmobiliarias, o bien se usa para hacer compras extravagantes como yates y jets privados, joyas u obras de arte.

Pero los blanqueadores rusos no contaban con gente como la OCCRP o nosotros, y específicamente no contaban con Vadim Kleiner. Después de recibir el archivo moldavo, preparó unas denuncias criminales que envió a más de una docena de países. La mayoría condujeron a que se abrieran investigaciones, que a menudo daban acceso a Vadim a más transferencias bancarias. Cuando conseguía esa nueva información la introducía en su base de datos, y gradualmente iban apareciendo más noticias de adónde habían ido a parar los 230 millones de dólares.

Lo que había empezado como una colección incompleta de transferencias, nombres de empresas y documentos de registros bancarios, había ido creciendo hasta convertirse en una de las bases de datos más extensas de blanqueo de dinero ruso en todo el mundo.

En 2016, Vadim era la persona a la que acudir para cualquier periodista que tuviera una pregunta sobre blanqueo de dinero ruso.

A finales de marzo de aquel año, recibí una llamada de un periodista británico llamado Luke Harding, un hombre educado en Oxford, con el pelo rubio y a finales de la cuarentena, que trabajaba para el *Guardian* y había sido corresponsal suyo en Moscú. Había escrito numerosos artículos y libros denunciando la corrupción rusa. También compartíamos un vínculo especial. Como yo, Luke había sido detenido en el aeropuerto Sheremétievo de Moscú, donde lo mantuvieron preso toda la noche y luego fue deportado de vuelta a Londres. Revocaron su visado permanentemente, y hasta el momento no ha podido volver nunca a Moscú.

Me preguntó si podía venir a mi oficina para discutir un proyecto en el cual estaba trabajando. Cuando le pregunté cuál era, me dijo:

—Lo siento, no puedo hablar de ello por teléfono.

La expresión «solo porque seas un paranoico, eso no significa que no te estén persiguiendo» definitivamente se aplicaba a Luke. Cuando vivía en Moscú con su esposa británica y sus dos hijos pequeños, la familia fue acosada regularmente por el FSB. Los agentes del Gobierno irrumpieron en su apartamento de un décimo piso múltiples veces, cambiaban los salvapantallas de los ordenadores, las alarmas de los relojes radio para que sonaran en mitad de la noche, e incluso rompieron una cerradura instalada en una ventana junto a la cama de su hijo menor. Nadie resultó herido con todos estos actos, pero estaban destinados a que Luke y su familia supieran que estaban bajo vigilancia constante y que siempre eran vulnerables.

Luke llegó a nuestras oficinas el 22 de marzo. Cuando nos reunimos en la sala de conferencias, nos pidió a Vadim y a mí que dejásemos los móviles en nuestros respectivos escritorios. Nosotros accedimos y, cuando volvimos, él estaba metiendo su propio móvil en una bolsa Faraday, una pequeña cartera negra que bloquea todas las señales telefónicas. De esa forma, si su teléfono había sido hackeado, nadie podría escucharnos.

Yo ya estaba acostumbrado a esas precauciones generales, pero me parecían excesivas.

—¿Por qué toda esta comedia? —pregunté.

—Mis colegas y yo estamos trabajando en una historia muy delicada —dijo—. No quiero dejar nada al azar.

—Bueno, ahora que estamos en la misma sala, ¿de qué se trata? —le pregunté.

—Lo siento. Me he comprometido con mi fuente a que no diría nada hasta que la historia se revelase. Pero si le parece bien, me gustaría revisar algunos nombres de su base de datos para ver si están conectados con el caso Magnitski de alguna forma.

Aunque fuese un intercambio de información en una sola dirección, este tipo de situaciones a menudo favorecía nuestra misión, de modo que le dije que sí, que encantado.

Empezó preguntando:

—¿Han dado con una empresa fantasma de las Islas Vírgenes Británicas llamada Sonnette Overseas?

Vadim la tecleó en su portátil. Al cabo de un momento dijo:

—No.

—¿Y qué tal International Media Overseas, o Sandalwood Continental Limited?

Vadim repitió el ejercicio.

—Lo siento, nada.

—¿Ha oído hablar alguna vez de un ruso llamado Serguéi Roldugin?

Vadim cerró los ojos, pensó y dijo:

227

—No. ¿Tendría que conocerlo?

—No necesariamente. Es un famoso de baja categoría, un chelista de San Petersburgo..., pero tenía curiosidad por saber si su nombre había aparecido alguna vez en su sistema.

Vadim lo comprobó.

—Pues no, me temo que no está.

Algo desanimado, Luke cambió de tema, y hablamos entonces del envenenamiento de Vladímir Kara-Murza, de Prevezon y de otros asuntos rusos recientes. Cuando acabábamos ya, Luke dijo:

—Vayan leyendo el *Guardian*. Cuando salga todo esto, creo que les interesará.

Y sí que nos interesó. El 3 de abril, el *Guardian* publicaba un artículo titulado: «Revelado: el rastro *offshore* de los 2000 millones que conduce a Vladímir Putin». Luke formaba parte de un grupo de 370 periodistas de ochenta países que habían sacado a la luz una historia que se llamaba «los papeles de Panamá». En resumen, era una filtración de datos que contenía más de once millones de documentos que estaban en posesión de la firma legal panameña Mossack Fonseca. Los archivos revelaron detalles financieros de cientos de miles de empresas *offshore* y cuentas que pertenecían a personas ricas de todo el mundo.

Hay muchos motivos por los cuales uno puede establecer una empresa *offshore*. A veces se hacen por motivos de anonimato o de seguridad personal, a veces para que resulte más fácil invertir en múltiples países, pero otras veces esas empresas se crean para objetivos más turbios.

La filtración revelaba que yo poseía unas pocas empresas *offshore* que habían sido creadas por Mossack Fonseca. A diferencia de algunas de las otras empresas de la filtración, sin embargo, las mías se habían creado para objetivos legítimos de planificación patrimonial, y eran plenamente transparentes ante las autoridades fiscales y regulatorias occidentales.

A los periodistas no les interesaban ese tipo de empresas, sino que estaban interesados en las secretas que pertenecían a funcionarios del Gobierno y políticos que se habían enriquecido mediante la corrupción.

Los artículos que salieron el 3 de abril estaban divididos

por país, y cada país tenía una estrella. En Rusia la estrella era Serguéi Roldugin.

Luke informaba de que Roldugin no era un simple chelista, sino que también era el mejor amigo de Putin, nada menos que desde la década de los 70. Aunque Roldugin decía que conducía un coche usado y que tocaba un violonchelo de segunda mano, controlaba empresas que habían acumulado miles de millones de dólares de activos desde 2000, convirtiéndole así de una manera efectiva en el músico más rico del mundo.

Esto era absurdo. Una rápida búsqueda en Google revela que los músicos más ricos son Jay-Z, sir Paul McCartney y sir Andrew Lloyd Webber, que tienen cada uno de ellos en torno a 1250 millones de dólares. Yo-Yo Ma probablemente sea el chelista más rico del mundo, y eso que «solo» tiene en torno a veinticinco millones de dólares.

El *Guardian* no era el único medio que informaba sobre Roldugin. La OCCRP y el periódico de la oposición de Moscú, *Novaya Gazeta*, también sacaron largos artículos aquel día que describían algunos de los planes usados por Roldugin. El retrato colectivo que pintaban era asombroso.

Serguéi Roldugin.
(© ALEXANDER DEMIANCHUK/TASS/GETTY IMAGES)

En una de las tramas, un oligarca supuestamente pagó decenas de millones de dólares a una de las empresas *offshore* de Roldugin por «servicios de asesoría de inversiones». Resultaba difícil explicar por qué un multimillonario con acceso a firmas como Goldman Sachs, JPMorgan y Credit Suisse querría pagar a una empresa *offshore* propiedad de un oscuro chelista ruso tantísimo dinero por asesoría de inversiones.

Según otro informe, otro oligarca distinto había «vendido» un «activo» que valía más de 100 millones de dólares a otra empresa de Roldugin por 2 dólares.

En una tercera trama, se informaba de que una empresa de Roldugin recibió una línea de crédito de más de 500 millones de una filial *offshore* de un banco estatal ruso. La empresa de Roldugin supuestamente no proporcionó ninguna garantía o seguridad para esa enorme línea de crédito.

En conjunto, más de 2 mil millones de dólares habían fluido a través de las empresas de Roldugin.

¿Por qué esos importantes individuos e instituciones rusos habían entregado montones de dinero a unas empresas *offshore* propiedad de un chelista?

Roldugin nunca proporcionó una explicación convincente. Pero la respuesta, en mi opinión, es que ese chelista estaba sirviendo como testaferro de su viejo amigo Vladímir Putin.

Ese arreglo financiero ponía de relieve uno de los principales dilemas de Putin. Como sabe cualquiera que conozca Rusia, a Putin le encanta el dinero. Pero como es presidente, solo puede ganar su salario oficial (que está en torno a los 300 000 dólares al año) y no puede tener más activos, aparte de los que hubiera acumulado antes de estar en el Gobierno. Si lo hiciera, cualquiera que se apoderase de un extracto bancario o de un registro de la propiedad con su nombre en él podría usarlo para hacerle chantaje. Putin es bien consciente de ello, porque ha usado esa táctica en muchas ocasiones contra sus enemigos.

Por lo tanto, Putin necesita que otros tengan su dinero, para que ningún rastro documental conduzca hasta él. Para eso necesita a personas en las que pueda confiar. En cualquier organización mafiosa, esas personas son raras. No hay mercancía más valiosa que la confianza.

Roldugin era una de esas personas para Putin. Desde el momento en que ambos se conocieron en las calles de Leningrado, cuando tenían veinte años, fueron como hermanos. Roldugin presentó a Putin a la que sería su esposa, fue el padrino de la primera hija de ambos, y a lo largo de las décadas, han seguido siendo amigos íntimos.

231

El presidente Vladímir Putin (izquierda) concede un galardón humanitario a Serguéi Roldugin (derecha). Kremlin, Moscú, septiembre de 2016.
(© MIKHAIL SVETLOV/GETTY IMAGES NEWS/GETTY IMAGES)

Desde que Putin asumió el poder, periodistas y Gobiernos occidentales han sabido que era un hombre muy rico, pero no han conseguido saber dónde tiene su dinero. Gracias a los papeles de Panamá, ahora conocen al menos una pequeña parte del asunto.

Para nosotros esa noticia era mucho más interesante todavía. Si podíamos vincular de alguna forma parte de los 230 millones de dólares con Putin a través de Roldugin, el juego cambiaría por completo.

Vadim pasó cada empresa mencionada en esos artículos del 3 de abril por nuestro sistema, pero no salió nada.

Sin embargo, esos primeros artículos no hicieron más que rascar la superficie. Otros periodistas continuaron explotando los papeles de Panamá, y dos días más tarde, una oscura web lituana, 15min.lt, escribió otro artículo sobre Roldugin. Informaba de que en mayo de 2008 (justo seis meses después del fraude de los 230 millones), una de las empresas vinculadas con Roldugin había recibido 800000 dólares de una cuenta de un banco lituano. Esa cuenta pertenecía a una empresa fantasma llamada Delco Networks.

Vadim buscó de nuevo en nuestra base de datos. Delco sí estaba en nuestro sistema. Encontró transacciones que indicaban que los 800000 dólares estaban conectados con la devolución de impuestos de 230 millones de dólares. Después de dejar Rusia, el dinero había pasado a través de una serie de bancos en Moldavia, Estonia y finalmente, Lituania.

Ya podíamos vincular el delito que había desenmascarado Serguéi Magnitski, y por el que le habían asesinado, con Roldugin. Y desde Roldugin podíamos vincularlo con el presidente Vladímir Putin.

Esto lo explicaba todo.

Cuando mataron a Serguéi, Putin pudo hacer que juzgaran a los perpetradores, pero no lo hizo. Cuando la comunidad internacional exigió justicia para Serguéi, Putin exoneró a todos los implicados. Cuando se aprobó la Ley Magnitski en 2012, Putin tomó represalias prohibiendo la adopción de huérfanos rusos por parte de familias norteamericanas. Antes de que se aprobara la ley, el Gobierno de Putin había dispuesto que Dmitri Klyuev, un mafioso convicto, junto con su abogado, Andréi Pavlov, ambos ciudadanos privados, asistieran a la Asamblea Parlamentaria de la OSCE en Mónaco para que presionaran contra la Ley Magnitski, como si fueran enviados especiales del Gobierno.

¿Por qué se había tomado tantas molestias Putin para proteger a un grupo de funcionarios deshonestos y criminales organizados?

Porque, sencillamente, se estaba protegiendo a sí mismo.

Comparado con los 230 millones de dólares, 800000 es una miseria. Pero cantidades como esa van sumando. Es como si pones un peaje de cinco dólares. Para un coche no es nada, pero después de un millón de coches, has recogido una fortuna.

Mossack Fonseca era simplemente una de los cientos de empresas *offshore*. Si los libros de esas otras empresas quedaban revelados de manera similar, yo estaba seguro de que encontraríamos a otros fiduciarios de Vladímir Putin que habían recibido también parte de los 230 millones. Y ese era solamente un delito entre miles y miles de delitos que habían tenido lugar en Rusia desde que Putin tomó el poder.

Estábamos viendo solamente la punta de lo que era un enorme iceberg.

La Ley Magnitski establece que a los violadores de los derechos humanos en Occidente se les embargarán sus activos. También dice que los beneficiarios del delito de los 230 millones serán sancionados. Que Putin viola los derechos humanos no se discute, pero ahora además cumplía ya con los dos requisitos.

La Ley Magnitski ponía en riesgo todas sus riquezas y su poder. Y eso hacía que se enfureciese mucho.

Su cruzada contra la Ley Magnitski no era simplemente filosófica, era algo personal.

Acabábamos de herir verdaderamente el talón de Aquiles de Vladímir Putin.

233

28

Dezinformatsiya

Primavera de 2016

*T*res días antes de que saliera la noticia de los papeles de Panamá, un grupo de cinco congresistas de Estados Unidos, acompañados por dos escoltas militares y varios miembros del personal del Congreso, llegaron a Moscú.

Acudieron al hotel Ritz-Carlton en Tverskaya Ulitsa, la avenida principal de Moscú, donde, después de dejar sus equipajes y refrescarse un poco, se reunieron en el vestíbulo junto con un oficial de control de la embajada americana, que los acompañó a tres Chevy Suburban negros. Todavía exhaustos por su largo viaje, los norteamericanos recorrieron los ochocientos metros que había hasta el Consejo de la Federación, la cámara legislativa más elevada de Rusia.

El viaje lo había organizado el congresista republicano Dana Rohrabacher, de Orange County, California. Al principio de su carrera, Rohrabacher había escrito discursos para el cruzado antisoviético Ronald Reagan, pero ahora era notorio en el Capitolio por ser el congresista favorito de Putin. Nadie en Washington sabía qué era lo que había causado esa metamorfosis, pero era completa. En 2012, Rohrabacher perfeccionó su buena fe pro-Putin siendo uno de los pocos legisladores en votar contra la Ley Magnitski.

Cuando la delegación estadounidense llegó a su destino, los llevaron a una sala de conferencias y les saludó el senador ruso Konstantin Kosachev, jefe del Comité de Asuntos Exteriores del Consejo de la Federación, junto con unos cuantos colegas suyos. La reunión fue sobre todo formal, y se tocaron temas como las relaciones entre Estados Unidos y Rusia, la guerra en Ucrania y el comercio.

Duró más o menos una hora. Cuando se iba desarrollando la reunión, Kosachev pasó discretamente una nota al empleado de Rohrabcher, Paul Behrends.

Kosachev preguntaba si Rohrabacher y Behrends se podían quedar en la sala para una reunión privada sin ningún otro norteamericano presente. Rohrabacher accedió. Mientras el resto de la delegación bajaba al vestíbulo, Rohrabacher y Behrends se quedaron atrás con Kosachev. En cuanto estuvieron solos se les unió otro funcionario, Viktor Grin.

Grin no era un funcionario normal y corriente. Era el ayudante del fiscal general de Rusia y uno de los lugartenientes más unidos a Yuri Chaika. Significativamente, era el hombre que había iniciado las acusaciones póstumas contra Serguéi, que habían conducido a que Serguéi fuera el primer hombre muerto en ser procesado en toda la historia de Rusia. Por ello, Grin había sido sancionado por el Gobierno de Estados Unidos bajo la Ley Magnitski en diciembre de 2014.

Rohrabacher había recibido previamente una advertencia de la contrainteligencia del FBI de que estaba en la mira de agentes rusos como posible objetivo. Tendría que haber salido de aquella sala en cuanto entró Grin.

Pero no lo hizo.

Aquella reunión no fue meramente formal. Grin le tendió a Rohrabacher un documento en inglés de dos páginas en el que ponía «Confidencial». No sabemos qué más ocurrió en aquella reunión, pero al cabo de quince minutos se separaron.

Rohrabacher y Behrends se unieron a la delegación estadounidense, y se subieron de nuevo a sus Chevy Suburban y fueron a Spaso House, la ornamentada residencia del embajador norteamericano en el centro de Moscú, para asistir a una recepción oficial honrando su visita.

El día siguiente estuvo lleno de reuniones, incluyendo otra cita entre Rohrabacher y un funcionario ruso oficial sancionado también, Vladímir Yakunin, antiguo jefe de los ferrocarriles rusos. De nuevo, ningún otro norteamericano estuvo presente.

235

Más tarde, toda la delegación de Estados Unidos abordó un vuelo de las aerolíneas polacas LOT hacia Varsovia. A lo largo de la semana siguiente viajaron a la República Checa, Hungría y Austria, antes de volver a Washington el 12 de abril.

Tres días después de su regreso, y sin relación con su viaje, la Ley Global Magnitski fue añadida a la agenda del Comité de Asuntos Exteriores del Congreso para su debate. La Ley Global Magnitski era una extensión de la Ley Magnitski original, que permitiría al Gobierno de Estados Unidos imponer embargos de bienes y prohibiciones de viajes a los que violasen los derechos humanos y a los cleptócratas de cualquier lugar del mundo, no solo de Rusia. Ya había pasado por el Senado, donde fue aprobada unánimemente. Debatirla en el Comité de Asuntos Exteriores del Congreso era el último obstáculo antes de pasar por una votación en el Congreso, donde seguramente se aprobaría.

La Ley Global Magnitski expandía significativamente el legado de Serguéi. Cada vez que Estados Unidos sancionase a uno de los malos en cualquier lugar del mundo sería un recordatorio no solo del sacrificio de Serguéi, sino también del papel de Rusia en su asesinato. Era muy importante para nosotros que se convirtiera en ley.

Más o menos una semana después de que Rohrabacher volviera a Washington, recibí una llamada urgente de Kyle Parker. Trabajaba como consejero de alto rango sobre Europa y Rusia del congresista Eliot Engel, el miembro de grado superior del Comité de Asuntos Exteriores del Congreso.

—¡Han quitado la Ley Magnitski de la agenda! —exclamó.

—¿Qué? ¿Cómo? —pregunté yo.

—Ha sido Rohrabacher. Ha vuelto de Rusia, se acaba de reunir con Royce —el presidente del comité—, y ha conseguido eliminarla.

—Pero ¿por qué lo ha hecho Royce?

—Al parecer, Rohrabacher ha traído algo, un documento.

—Mierda. ¿Puedes conseguir una copia?

—Sí, creo que sí. Dame un día. —A causa del trabajo de Kyle, cualquier cosa que tuviera que ver con Rusia en el Congreso pasaba por sus manos.

Al día siguiente, Kyle me mandó un documento de dos páginas a un solo espacio, sin firmar y sin cabecera, que era el que Rohrabacher había recibido de Viktor Grin y que ahora circulaba por Washington. Era un refrito del artículo en *Kommersant* de Yuri Chaika y sugería, en forma de sutil extorsión, que, si se eliminaba la Ley Magnitski, las relaciones entre Estados Unidos y Rusia podían mejorar espectacularmente. Esa «mejora» podía incluir teóricamente el levantamiento de la prohibición de adopciones por parte de Putin.

Cuando le pregunté a Kyle por qué el presidente Royce, que era muy conocido por su dureza con Rusia, había dado crédito a ese documento, Kyle dijo:

—Rohrabacher también está haciendo proselitismo de una película que apoya todo esto.

Kyle pudo pasarme el vínculo y la contraseña para ver la película, que compartió aquella misma noche. La película se llamaba *The Magnitsky Act: Behind the Scenes* (La Ley Magnitski: entre bastidores). La había escrito y dirigido Andréi Nekrasov, el mismo intelectual de pelo desmadejado que me había entrevistado en el Finrosforum de Helsinki, en 2010, cuando conocí a Boris Nemtsov.

Desde entonces, Nekrasov me había entrevistado tres veces más. Las dos primeras fueron bien, pero la tercera descarrilló cuando, a la mitad de la entrevista, Nekrasov empezó a soltar opiniones del FSB, como la idea de que el comandante Pavel Karpov era inocente, o que Serguéi no había testificado contra él y su colega el teniente coronel Artem Kuznetsov. Yo corté la entrevista enseguida. Nunca pensé que pudiera surgir algo de aquello, pero al parecer sí que había surgido. Hice clic en el vínculo y me puse cómodo.

La película comenzaba como una dramatización de serie B de la historia Magnitski en la cual yo aparecía como narrador. Pero más o menos hacia un tercio de la película el tono cambiaba, cuando Nekrasov irrumpía ante los focos y se convertía en personaje de su propia película: el personaje del investigador heroico.

Aseguraba que la historia de Magnitski que Occidente había llegado a aceptar no era cierta. A lo largo de la película, la representación que hacía de mí se transformaba de cruzado de

237

los derechos humanos a financiero nefasto que se lo había inventado todo para cubrir mis propios «delitos financieros» en Rusia. También se regodeaba usando su reputación anti-Putin para prestar credibilidad a sus «nuevos hallazgos», que, todo hay que decirlo, eran idénticos a los del Gobierno ruso, pero presentados en un envoltorio más hábil y digerible.

La película estaba repleta de mentiras y tergiversaciones. Seguía la historia habitual rusa, asegurando que Serguéi no era un denunciante de malas prácticas, que Serguéi y yo habíamos robado los 230 millones de dólares y que Serguéi no había sido asesinado. Según el relato de Nekrasov, la última noche de la vida de Serguéi no había sido golpeado por ocho antidisturbios, sino que, por el contrario, las magulladuras y lesiones de sus muñecas, manos y tobillos se las había infligido él mismo.

Había oído otras versiones de esas afirmaciones del Gobierno ruso tantas veces que era difícil que me sorprendieran ya. Pero una cosa que sí me sorprendió fue cómo trataba Nekrasov a la madre de Serguéi.

Antes de que fuéramos conscientes de que Nekrasov se había pasado al lado oscuro, pidió una entrevista con Natalia Magnitskaya, y nosotros respondimos por él. Por ese motivo, cuando llevó a cabo la entrevista en nuestra oficina de Londres, Natalia creía que estaba hablando con un amigo que simpatizaba con ella sobre la muerte de su hijo. Cuando llegaron al tema de lo que había causado la muerte de Serguéi, ella dijo lo que habría dicho cualquier otra madre:

—Me resulta mucho más duro pensar que le mataron, y no que murió de enfermedad.

Pero Nekrasov no era ningún amigo. Retorció la entrevista haciendo que pareciera como si ella creyese que Serguéi no había sido asesinado. Para conseguir este fin, al final de aquel fragmento Nekrasov, de una manera insincera, incluía con una voz en *off* (a la que ella no podía responder): «Según la madre de Magnitski, la causa de la muerte de su hijo fue una negligencia médica, y no un asesinato».

Esta afirmación no podía estar más lejos de la verdad. Desde la muerte de Serguéi, Natalia había aprovechado cualquier oportunidad que tenía para acusar a las autoridades rusas de asesinar a su hijo.

238

Yo estaba seguro de que cuando Natalia viera aquella película quedaría traumatizada, una vez más. Estaba muy enfadado con Nekrasov, pero también conmigo mismo por haber permitido que la pusieran en aquella situación.

Sin tener en cuenta los sentimientos que me produjera a mí, aquella película de Nekrasov era una propaganda muy efectiva. Y eso la hacía peligrosa. Un espectador que no conociera los hechos del caso Magnitski podía salir fácilmente con la impresión de que había algo equivocado en lo que yo había contado de la muerte de Serguéi.

Y de eso se trataba, precisamente. La película de Nekrasov era la clásica *dezinformatsiya* rusa. No tenían que probar nada. Lo único que tenían que hacer era sembrar la semilla de una duda. Si aquella película conseguía hacer mella, entonces la campaña de justicia de Magnitski podría quedar en peligro. Esa era la intención de nuestros adversarios…, y ahora Nekrasov parecía estar entre ellos.

Y para empeorar las cosas, su película no solo flotaba por ahí en Washington. El mismo día recibí una llamada de un miembro del personal del Parlamento Europeo advirtiéndome de que Heidi Hautala, mi amiga y aliada, la que había iniciado la campaña europea de Magnitski y que me había presentado a Boris Nemtsov, patrocinaría un visionado de la película de Nekrasov en el Parlamento Europeo.

Los actos de Rohrabacher en Washington al menos eran coherentes, pero ¿Heidi? Había sido el miembro más pro-Magnitski del Parlamento Europeo.

La única explicación que se me ocurría era que, de alguna manera, el FSB se había apoderado de Nekrasov, que era su novio, y por amor o por deber, Heidi estaba haciendo eso por él.

Fuera cual fuese el motivo, era otra traición que me dejó conmocionado.

239

Andréi Nekrasov y Heidi Hautala.
(© ITAR-TASS NEWS AGENCY/ALAMY STOCK PHOTO)

Intenté hablar directamente con Heidi, pero no sirvió de nada. Ella no pensaba detener la proyección.

Peor aún: en torno a esa época, Nekrasov anunció que su película se emitiría en las cadenas de televisión más importantes de Francia, Alemania, Noruega y Finlandia en las semanas siguientes, alcanzando una posible audiencia de millones de espectadores.

Mi primera idea fue hacer un vídeo por nuestra parte rebatiendo las mentiras de Nekrasov. Pero, como las cosas estaban ocurriendo tan deprisa, no teníamos tiempo.

Desesperado, llamé a uno de los abogados expertos en difamación más temido de toda Europa, Alisdair Pepper, de la firma legal Carter-Ruck, en Londres. No me entusiasmaba la idea de presentar una demanda por difamación. Todo nuestro éxito de la campaña de justicia venía de haber podido contar la verdad sin adornos, cosa que me convertía en un defensor comprometido de la libre expresión.[8]

Sabía que usar abogados especializados en difamación no daba buena imagen, sobre todo cuando lo hacía un financiero rico, pero las mentiras que estaba contando Nekrasov sobre mí y sobre Serguéi, y la forma traicionera en la que había representado a la madre de Serguéi y manipulado sus sentimientos eran demasiado indignantes. Sí, tenía que defenderme, pero sobre todo, y lo más importante, tenía que defenderlos a «ellos».

Alisdair vio la película, identificó las numerosas mentiras de Nekrasov y redactó una carta de ocho páginas con pruebas y documentos que las refutaban. Entonces envió esa carta a todas las organizaciones implicadas en la producción y distribución de la película. (Se había financiado con becas y subvenciones de numerosas organizaciones europeas, que no tenían interés alguno en formar parte de una campaña de propaganda rusa.) Pidió a cada una de ellas que se «disociase de la película y en el futuro no tuviera nada que ver con ella». Si no lo hacían así, aseguraba que todos los implicados serían demandados por daños significativos.

La carta funcionó. La proyección en el Parlamento Europeo fue cancelada repentinamente, solo treinta minutos antes de la hora en la que se suponía que debía empezar. Nekrasov, que estaba en Bruselas para el estreno europeo de su película, no podía creerlo. Ni tampoco los rusos que le acompañaban, un grupo que incluía a cinco cámaras de la televisión rusa, a Andréi Pavlov, el comandante Pavel Karpov, un lobista ruso-americano llamado Rinat Ajmetshin y... Natalia Veselnitskaya.

241

8. También había estado en la situación contraria, como víctima de múltiples demandas por difamación, y la peor resultó proceder del comandante Pavel Karpov. Después de nuestro vídeo en YouTube sobre sus ganancias ilegales, Karpov me demandó en Londres en agosto de 2012 por difamación. Aunque no vivía en Gran Bretaña y solo ganaba unos 15 000 dólares al año, pudo contratar a unos abogados expertos en difamación muy caros, que le cobraban más de 1500 dólares la hora. Estuvimos en los tribunales más de un año. Al final, el juez desestimó el caso como abuso procesal y ordenó que Karpov pagase las tasas legales, que subían a 900 000 dólares. Hasta el momento no lo ha hecho, y por lo tanto está sujeto a una orden de detención en Gran Bretaña por desacato al tribunal.

Su presencia era curiosa. Esa película no tenía nada que ver con Prevezon ni con los Katsiv. Ella aseguraba que estaba allí como representante de una ONG llamada Iniciativa para la Responsabilidad Global de los Derechos Humanos (HRAGI por sus siglas en inglés), que era una misteriosa organización de la que yo no había oído hablar nunca.

Cuando Kyle googleó HRAGI, lo único que encontró fue una web completamente pelada en la que se veían una serie de fotos de colección de familias felices de aspecto genérico. El supuesto propósito de HRAGI era anular la prohibición de adopción de Putin…, en realidad, hacer derogar la Ley Magnitski en Estados Unidos.

Kyle investigó un poco más y averiguó que la HRAGI había sido registrada en Delaware solo hacía dos meses. Se creó con la ayuda de BakerHostetler y no era mucho más que una ONG fantasma con un apartado de correos en D.C. en la avenida Connecticut Noroeste, 1050, justo a unas manzanas al norte de la Casa Blanca. (Más tarde supimos que la HRAGI había sido financiada en parte por Denis Katsiv.)

242

Nekrasov, Veselnitskaya y los rusos dejaron Bruselas humillados. Después de su derrota, las cadenas de televisión alemana y francesa eliminaron la película de su programación prevista, y poco después los noruegos y finlandeses discretamente hicieron lo mismo.

Habíamos ganado la ronda en Europa, pero las cosas no estaban tan claras en Washington. Como la película de Nekrasov no iba a mostrarse públicamente en Estados Unidos, no teníamos a nadie a quien mandar la carta de Alisdair. Si la película había hecho que el presidente Royce eliminara la Ley Global Magnitski de la agenda de su comité, entonces, de alguna manera, yo tenía que convencerle de que la ignorase.

Llamé a su oficina, pero no pude traspasar el grueso muro de personal que le rodeaba. Lo máximo que pude conseguir fue hablar con uno de sus ayudantes de menor experiencia por teléfono. Advertí a aquel funcionario de que el comité de Royce era el blanco de una campaña activa de desinformación rusa. Me escuchó educadamente y prometió sacar el tema con el presidente. Yo había tenido la suficiente experiencia de ese tipo de conversaciones para saber que, cuando un miembro joven del personal promete tratar algo con su jefe, no tienen intención alguna de mencionárselo a nadie.

Si no podía llegar directamente a Royce, intentaría llegar a él indirectamente. Decidí acudir a *National Review*, una revista conservadora que estaba seguro de que Royce leía.

Les insistí en que Royce, cuyo tema favorito era contrarrestar la desinformación rusa, había caído víctima de ella, precisamente. Les gustó. La noticia salió cuatro días más tarde. El artículo, «Propaganda rusa paraliza misteriosamente una Ley de Derechos Humanos en el Congreso», seguía toda la cronología del viaje de Rohrabacher a Moscú y cómo se había silenciado el proyecto de ley. Concluía: «Mientras la Ley Global Magnitski continúe detenida en el comité por motivos engañosos, la ofensiva informativa de Rusia estará ganando».

Una semana más tarde, la Ley Global Magnitski estaba de nuevo en la agenda.

Al parecer, Royce captó el mensaje.

29

Echar a Magnitski

Primavera de 2016

*L*a vista de la Ley Global Magnitski tendría lugar el 18 de mayo. Yo no podía estar en Washington aquel día porque tenía que testificar en Roma en una vista ante el Consejo de Europa sobre el constante abuso de la Interpol por parte de Rusia. Por aquel entonces me habían sometido a cinco avisos de Interpol: de hecho, era el paradigma del abuso de la Interpol.

Como habíamos conseguido entorpecer con éxito la intriga de Rohrabacher en el comité, no me preocupaba demasiado perderme la vista en Estados Unidos. Esperaba que todo fuese sobre ruedas.

Llegué a Italia la noche del 17 de mayo y me registré en el Hassler, un hotel icónico, junto a la escalinata de plaza de España. Normalmente mi agenda es tan apretada que apenas tengo tiempo de disfrutar de mi entorno. Pero entonces tenía un poco de tiempo después de cenar, y Roma es tan irresistible que fui a dar un paseo por el barrio. Al entrar en la amplia elipse de la Piazza del Popolo, me interrumpió una llamada de Kyle desde Washington.

—Bill, algo pasa con el comité. Hay un grupo de gente en el Capitolio presionando para conseguir que quiten la Ley Global Magnitski de la agenda otra vez.

—¿Quiénes?

—Entre ellos, un excongresista de Oakland llamado Ron Dellums. Otro es Ajmetshin, el tipo que estuvo en Bruselas con Veselnitskaya. —Hizo una pausa—. Y el tercero es Mark Cymrot.

—Joder, esa gente no para nunca...

—Pues no.

No eran buenas noticias, sobre todo esa persona nueva, Ajmetshin. Cuando apareció en el Parlamento Europeo, investigamos para ver de dónde procedía. Al parecer, hacía un esfuerzo deliberado por seguir siendo enigmático, ya que no había fotos suyas disponibles *online*. Sin embargo fuimos capaces de averiguar que se había criado en la Unión Soviética, había pasado algo de tiempo trabajando para la inteligencia militar rusa y al final había emigrado a Washington, donde se convirtió en ciudadano norteamericano y empezó a presionar para diversos intereses extranjeros.

En cuanto a Ron Dellums, más tarde supimos que se le habían pagado unos cinco mil dólares para que hiciera un rápido viaje de veinticuatro horas desde Oakland a D.C. para abrir puertas. A Dellums, antiguo representante de ochenta años que llevaba desde 1998 fuera del Congreso, probablemente le dijeron que estaba allí para ayudar a los huérfanos rusos. Es probable que no hubiera oído hablar nunca de la Ley Magnitski, y seguramente no comprendía el papel que estaba representando en la operación rusa.

Una persona que sí que tenía que haberlo entendido era Mark Cymrot. Resultó que estaba pluriempleado como lobista, suministrando al personal del Comité de Asuntos Exteriores del Congreso información reciclada del caso Prevezon, sobre todas mis «fechorías» en Rusia.

En cuanto Kyle me dijo todo esto, ya no pude disfrutar de mi paseo por Roma y volví al Hassler. Nada más llegar a mi habitación me enteré de que Dana Rohrabacher también se había metido en la refriega. Aquel día, Rohrabacher envió una carta a todos los miembros del Comité de Asuntos Exteriores del Congreso repitiendo como un loro la misma historia de Cymrot y diciéndoles que planeaba presentar una enmienda para echar a Magnitski del título de la ley.

Que la ley llevase el nombre de «Magnitski» era significativo no solo para nosotros y para la familia de Serguéi, sino también, por distintos motivos, para Vladímir Putin. En lo re-

245

ferente a la Ley Magnitski, Putin quería dos cosas: que se revocase la ley original y que el nombre de Serguéi Magnitski no se volviera a pronunciar nunca más.

Por aquel entonces ya eran las cinco de la tarde en Washington, y yo no podía hacer gran cosa con Rohrabacher desde Roma. Simplemente tenía que esperar que esta última intervención no tuviera ningún efecto en sus colegas del comité.

Me fui a la cama y me desperté a la mañana siguiente a las seis y media. Asistí a una reunión mientras desayunaba y luego me dirigí al Parlamento italiano, donde estaba teniendo lugar la vista sobre la Interpol. Fue muy duro para mí intentar concentrarme en la Interpol, con todas las intrigas que estaban teniendo lugar en Washington. Pero cuando me llegó el turno de hablar, saqué a Rohrabacher de mi mente y lo hice lo mejor que pude.

Después de mi charla, tomé un almuerzo tipo bufé y me quedé por allí todo el tiempo que pude, hablando con legisladores europeos. Pero tenía que coger un vuelo aquella misma tarde y, además, deseaba con desesperación seguir los hechos de Washington.

Me fui al hotel, cogí mi bolsa y me dirigí al aeropuerto de Fiumicino, donde quería seguir la vista del Comité de Asuntos Exteriores del Congreso desde mi portátil, antes de viajar de nuevo a Londres.

Después de pasar por seguridad, encontré un asiento tranquilo junto a la puerta de embarque y me conecté con la retransmisión en vivo del comité. La vista había seguido su curso, y Global Magnitski era lo último de la agenda. Me quedé allí sentado, dando golpecitos con los pies. La reunión siguió, monótona, y se fueron discutiendo otros temas; esperaba que llegasen a la Global Magnitski antes de que yo tuviera que embarcar.

Finalmente, a las cuatro y media, justo cuando British Airways anunciaba que íbamos a empezar a embarcar, el presidente Royce presentó el proyecto de ley, instando a todos los miembros a que votasen. No pensaba perderme aquello metiéndome en el avión, de modo que me quedé donde estaba.

Royce preguntó si había algún comentario. Unos cuantos

miembros explicitaron su apoyo, y entonces le tocó el turno a Dana Rohrabacher.

Presentó su enmienda para que se eliminara el nombre de Serguéi, y luego se lanzó a un ataque personal de lo más malvado, describiéndome como un oligarca que había robado miles de millones en Rusia. Mezclando componentes de la campaña de difamación rusa, me acusó de haber evadido 230 millones en impuestos rusos (no importaba que los impuestos fueran precisamente los que nosotros habíamos pagado, y que luego fueron robados). Incluso sugirió que los rusos estaban perfectamente justificados para torturar a Serguéi. Según Rohrabacher, necesitaban extraerle información para poder saber dónde había escondido yo los «millones robados».

No tenía ni idea de si Rohrabacher era un informante ruso en realidad, pero si lo era, sus jefes debían de estar llevándose las manos a la cabeza. Ni siquiera era capaz de atenerse al esbozo más básico de su tapadera, tan cuidadosamente construida.

247

Rep. Dana Rohrabacher.
(© TOM WILLIAMS / CQ-ROLL CALL INC./GETTY IMAGES)

A pesar de sus meteduras de pata, me dolía mucho escucharlo. Me maravillé por la desconexión total entre sus palabras y su aspecto. Rohrabacher tenía cerca de setenta años, y a menudo llevaba un chaleco de punto como los de Fred Rogers, y parecía un alegre personaje de un cuadro de Norman Rockwell. No podía parecer más inofensivo, pero no lo era, ya que usaba su posición como congresista de Estados Unidos para ayudar al Gobierno ruso en su encubrimiento de un asesinato político.

La siguiente persona en hablar fue el diputado Eliot Engel, que dijo: «Existe una buena razón para que le pusiéramos el nombre [de Magnitski] a la ley, hace años, y deberíamos rechazar cualquier intento de revisar la historia o esconderla debajo de la alfombra. No debemos ser apologistas dc Putin».

Aquello era más esperanzador, pero justo entonces British Airways anunció que el embarque se había completado y que estaban a punto de cerrar la puerta. Me había ensimismado tanto que casi pierdo el vuelo. De un salto, pasé junto al empleado de la puerta, presenté mi tarjeta de embarque y conseguí pasar justo a tiempo.

Una vez en el avión, encontré mi asiento, guardé mi ordenador portátil y me abroché el cinturón. Cuando el avión empezó a rodar por la pista, intenté conectar con el comité de vistas en mi móvil, pero la azafata se dio cuenta y me riñó, de modo que lo apagué. British Airway no tenía wifi en sus vuelos europeos, así que tendría que esperar a que aterrizásemos para averiguar qué había ocurrido.

En cuanto las ruedas tocaron la pista en Heathrow, encendí el teléfono e intenté llamar a Kyle, pero saltó el buzón de voz directamente. Probé con Vadim, pero tampoco lo cogió. Cuando salí del avión me fui al primer asiento que encontré, saqué el portátil y volví a la web del Comité de Asuntos Exteriores del Congreso. La vista había terminado, pero habían publicado la grabación. Lo pasé hasta el lugar donde lo había dejado y seguí escuchando.

No fue solo Engel quien rechazó la enmienda de Rohrabacher. El diputado Gerald Connolly, de Virginia, dijo: «Escuchándolo [a Rohrabacher] me pareció estar viendo la RT», la agencia de noticias de propaganda internacional de Rusia.

El diputado David Cicilline de Rhode Island dijo: «Permitir al Gobierno ruso que tuviera aunque fuese la más mínima influencia en esta ley, incluyendo su nombre, sería vergonzoso y deshonraría el trabajo del señor Magnitski».

Varios diputados, republicanos y demócratas, expresaron sentimientos similares.

Se permitió a Rohrabacher hablar otra vez, e hizo un último y desesperado esfuerzo por enturbiar las aguas, que no le funcionó.

Cuando convocaron la votación, Rohrabacher perdió por 46 a 1. Lo habían masacrado. Nuestros problemas en Washington habían terminado.

30

Whac-a-mole

Primavera de 2016

*P*ero no fue así.

Diez días más tarde recibí un correo de Paul Behrends, el miembro del personal del Congreso que había acompañado a Dana Rohrabacher a Moscú. Behrends quería saber si yo podía acudir a Washington a principios de junio para aparecer como testigo ante el Subcomité del Congreso para Europa y Eurasia, que presidía Rohrabacher.

En circunstancias normales, ser invitado a testificar en una vista del Congreso podía ser una gran oportunidad, pero, como la cosa partía de Rohrabacher, estaba claro que era una trampa. Cuando le hablé a Kyle de la invitación, me confirmó rápidamente que así era. El plan de Rohrabacher era usar su subcomité como ocasión para proyectar la película de Nekrasov y después ponerme en un aprieto.

¿Por qué les hacía el juego Rohrabacher a los rusos?

Desde sus reuniones secretas en Moscú a todas sus maquinaciones con la Global Magnitski... y ahora esto. No era una conducta normal.

Afortunadamente, esta vez no tenía que ir dando rodeos para llegar al presidente Royce. Cuando se enteró de los planes de Rohrabacher, rápidamente usó su autoridad para cancelar la vista del subcomité. En su lugar, Royce anunció una vista general sobre relaciones Estados Unidos-Rusia ante el Comité de Asuntos Exteriores del Senado en pleno, donde no se proyectaría ninguna película.

Tratar con los rusos y sus facilitadores norteamericanos parecía un poco como el juego del Whac-a-mole (que consiste en dar con un mazo a unos pequeños topos de plástico que salen de unos agujeros aleatoriamente). Cada vez que les derrotaban en un sitio y acababan hundidos, reaparecían de nuevo en algún otro sitio.

Efectivamente, a principios de junio, Nekrasov anunció el estreno en Estados Unidos de su película en el Newseum, un museo dedicado a la libre expresión y a la Primera Enmienda situado solo a unas pocas manzanas del Capitolio de Estados Unidos. Para dar a la película un aire de legitimidad, había convencido no sé cómo a Seymour Hersh, el famoso periodista de investigación que había denunciado la masacre de My Lai en Vietnam, a que presentara la película y moderase la discusión que habría después de la proyección.

Ahora que la película se iba a proyectar en un lugar público en Estados Unidos, Alisdair Pepper ya podía intervenir, y le di instrucciones de que enviase una de sus cartas amenazadoras al Newseum.

La madre de Serguéi, que todavía estaba traumatizada por el maltrato que había sufrido a manos de Nekrasov, también les escribió, rogando que hicieran lo más decente y «no exhibieran una película falaz, que se burla de la vida y la muerte de Serguéi».

Esas cartas salieron el 9 de junio de 2016.

El mismo día, nuestro abogado, Jacob Buchdahl, finalmente tuvo la oportunidad de argumentar a favor de la descalificación de John Moscow y BakerHostetler frente al Tribunal de Apelación del Segundo Distrito de Nueva York. Nuestros adversarios habían contratado al antiguo fiscal general de Estados Unidos, Michael Mukasey, para que argumentase por su lado. Natalia Veselnitskaya estaba tan confiada en el resultado que incluso había volado desde Rusia para acudir al tribunal y observar el procedimiento.

Aquella noche, en Europa, Elena y yo estábamos dirigiéndonos hacia Bélgica para asistir a un acto en honor del noventa cumpleaños de la reina Isabel, en la residencia de sir Adrian Bradshaw, subcomandante supremo de las fuerzas aliadas de la OTAN en Europa. Sir Adrian me prometió que asistiría un gran número de funcionarios importantes que podrían ayudarme a implementar la campaña de la Magnitski europea.

Por la tarde, después de consultar a Alisdair y a Jacob (ninguno de los dos tenía noticias aún), Elena y yo embarcamos en el Eurostar en Saint Pancras, en Londres. Llegamos a la Midi Station en Bruselas dos horas más tarde. Después de registrarnos en el hotel y cambiarnos para ponernos la ropa de etiqueta, cogimos un coche para ir a Mons, media hora al oeste del centro de la ciudad. Aunque estábamos en Bélgica, el acto sería totalmente británico. Al salir del coche encontramos una banda militar completa, con sus gaiteros escoceses con kilts, alineados en la entrada. Nos recibieron sir Adrian y su mujer, que nos escoltaron a la fiesta y nos presentaron a algunos de los otros invitados.

Hacia la mitad de la interpretación de «Dios salve a la reina» por parte de la banda, mi teléfono vibró.

Era Alisdair. Me excusé para ir a atender la llamada. Acababa de tener noticias del presidente del Newseum, Jeffrey Herbst.

—Bill, no se echan atrás —dijo Alisdair—. De hecho, se han empeñado. No tienen intención de cancelar la proyección.

—¿Deberíamos escribir otra carta, aumentando la presión? —le pregunté.

—No lo aconsejaría. Es un museo dedicado a la libre expresión. No creo que quieras estrellarte ahí, Bill.

Tenía razón. Mis enemigos eran los rusos, no el Newseum.

Tenía que reconocérselo a Nekrasov. Había sido genial elegir un lugar en Washington que defendiera su derecho a mostrar una película de propaganda rusa bajo los auspicios de la libertad de expresión. Mirándolo retrospectivamente, amenazar con una demanda por difamación a un museo dedicado a la Primera Enmienda quizá no había sido una buena idea.

Intenté olvidarme de todo eso y volví con Elena. Nos mezclamos con la gente un poco más, intercambié tarjetas con unos cuantos funcionarios europeos, y nos fuimos a las once de la noche.

Mientras volvíamos al hotel me llamó Jacob Buchdahl para

ponerme al día de lo que había ocurrido en los tribunales. Nos había ido excepcionalmente bien. Jacob decía que el otro lado intentó argumentar en contra de la descalificación con tecnicismos, pero los argumentos cayeron en saco roto.

—Los jueces no han querido saber nada —dijo Jacob—. Creo que lo tenemos ganado. Costará unos meses que haya una resolución, pero me siento muy confiado.

Al menos había una buena noticia para concluir un día muy largo.

Mientras el coche atravesaba los oscuros bosques del campo belga, Elena se quedó dormida apoyada en mi hombro. Yo fui consultando un montón de correos recibidos. Enterrados entre ellos estaba una alerta de Google sobre un artículo del *New York Times*. Hice clic en el enlace y lo examiné. Era una introducción a la proyección de Nekrasov. Sorprendentemente, exponía sus principales argumentos contra la Ley Magnitski como si tuvieran algo de credibilidad.

Debí de hacer algo de ruido, porque Elena se removió. Me miró, adormilada, y me preguntó:

—¿Qué pasa?

—El *New York Times* está promoviendo la película de Nekrasov —le dije.

Ella se despertó del todo.

—¿Qué? ¿Cómo es posible que haya pasado eso?

—No tengo ni idea.

Eso no tendría que haber ocurrido nunca. El *New York Times* es el periódico de mejor reputación de Estados Unidos y es conocido por seguir un proceso riguroso que evita que el periódico caiga víctima de cualquier tipo de desinformación. Además, llegados a aquel punto, los rusos habían perdido toda la credibilidad en la prensa occidental en relación con el caso Magnitski. Habían dicho tantas mentiras perfectamente verificables, habían cometido tantas tergiversaciones y exageraciones, que nadie creía una sola palabra de lo que decían.

Tenía que averiguar cómo era posible que hubieran conseguido hacer eso.

Cuando volvimos a nuestra habitación, Elena pidió algo al servicio de habitaciones y preparó un poco de té, mientras yo me ponía al teléfono.

253

Llamé a varios periodistas en Washington y les presioné. Todo el mundo estuvo de acuerdo en que pasaba algo relacionado conmigo, pero, bajo la rúbrica de proteger sus fuentes, nadie me decía quién estaba detrás de todo aquello.

Era muy tarde ya, pero de todos modos decidí llamar a algunos reporteros de Londres. La mayoría no cogieron el teléfono, pero uno sí que lo cogió, y no parecía estar infectado por esa especie de *omertà* periodística. Me dijo:

—Es Glenn Simpson. —Como si fuera lo más obvio del mundo.

Glenn Simpson había trabajado en el *Wall Street Journal*, cubriendo el crimen organizado ruso desde su oficina en Bruselas, al principio de los 2000. Yo había visto a Glenn varias veces, cuando llevaba el fondo Hermitage, intentando desenmascarar la corrupción en algunas de las empresas en las que invertíamos. Era alto, descuidado y vagamente parecido a un oso. En 2011 dejó el periodismo para fundar una firma de investigación en Washington llamada Fusion GPS.

—Pensaba que Glenn era uno de los buenos —dije.

—Quizá lo fue, pero ahora hace investigación de oposición para cualquiera que esté dispuesto a pagar —dijo el periodista, refiriéndose a ese tipo de investigaciones hechas por firmas que sacan porquería de los candidatos políticos y figuras públicas—. Lleva semanas alardeando de que siguió tu pista hasta Aspen para entregarte aquella citación.

Me costó un momento digerir eso.

—¿¿¿Glenn Simpson fue el que puso en peligro a mi familia, compartiendo información con los rusos???

—Sí. Lamento que no lo supieras. Es uno de esos secretos a voces de la industria.

Le di las gracias y colgué. Si Simpson estaba trabajando para mis adversarios, eso significaba que le pagaban Katsiv y Veselnitskaya. Todos los caminos parecían conducir hacia esa oscura abogada rusa. Veselnitskaya había contratado a John Moscow y a BakerHostetler; ella se había coordinado con Rinat Ajmetshin para fundar HRAGI, estuvo también detrás de la frustrada proyección en Bruselas con Nekrasov, consiguió a un equipo de lobistas en Washington para que presionaran en contra de la Ley Global Magnitski, y ahora había puesto a Glenn Simpson a trabajar en una campaña de desprestigio contra mí.

La implicación de Simpson lo cambiaba todo. Había llevado Fusion GPS durante cinco años, y se le contemplaba en general como alguien muy bien conectado y un difamador muy efectivo, habiendo dejado tras de sí un rastro de reputaciones arruinadas de políticos y gente del mundo de los negocios de todo el mundo. Los rusos habían hecho docenas de intentos poco efectivos y torpes de destruir mi credibilidad, pero ese hombre verdaderamente sabía lo que estaba haciendo.

El juego del Whack-a-mole se empezaba a poner mucho más intenso. Si Simpson iba a trabajar con los medios después de la proyección de la película, entonces Vadim y yo necesitábamos estar en Washington para controlar los daños.

Ambos cogimos un vuelo de Virgin Atlantic desde Heathrow a Dulles, el 12 de junio, el día antes de la proyección. Nos registramos en el Grand Hyatt y preparamos toda una serie de reuniones al día siguiente con miembros del Congreso, funcionarios del Gobierno y periodistas. Nuestra esperanza era vacunar a todo aquel que pudiera ser susceptible a la campaña de desinformación de Veselnitskaya.

Ella y su equipo parecían estar igual de ocupados. Al salir de la cama, a la mañana siguiente, me enteré de que la oficina de Rohrabacher había trabajado hasta tarde por la noche, enviando invitaciones por correo electrónico a todos y cada uno de los miembros del Congreso.

El equipo de Veselnitskaya había contactado también con los medios de comunicación. Los reporteros más importantes de Washington habían recibido invitaciones a la proyección de alguien llamado Chris Cooper, otro ex del *Wall Street Journal* que, como Simpson, había dejado el periodismo en busca de nuevos pastos.

Esta avalancha de invitaciones al *establishment* de Washington era preocupante. A lo largo de todo el día, Vadim y yo recorrimos la capital intentando interceptar a Veselnitskaya.

Nuestra última reunión fue con el ayudante adjunto del secretario de Estado, Robert Bershchinski, uno de los funcionarios clave responsables de sancionar a la gente bajo la Ley Magnitski. Cuando íbamos a presentar nuestros argumentos, me dijo que no era necesario. Sabía perfectamente lo que estaban haciendo los rusos. Desde su perspectiva, era una de las operaciones más abiertas, bien financiadas y sofisticadas de inteligencia extranjera en suelo norteamericano que había visto jamás.

Me animó mucho que alguien tan importante dentro del Gobierno estuviera plenamente informado de la situación, pero me di cuenta enseguida de que él no podía hacer nada.

—Por desgracia, yo no llevo a cabo operaciones de contrainteligencia —explicó—. De eso se encarga el FBI. —Me prometió enviar a alguien del personal a la proyección y hacer que escribieran un informe, que seguiría su camino como memorándum interagencias, pero eso, junto con su simpatía, era lo máximo que podía ofrecer.

Todo el mundo supone que, si un funcionario importante del Departamento de Estado es consciente de este tipo de operación, la comunidad de inteligencia de Estados Unidos trabajará activamente para impedirlo. El FBI conocía la campaña de desinformación de Rusia, por supuesto. Robert Bershchinski quizá no les hubiera alertado, pero Kyle ciertamente lo había hecho (¡en el mes de mayo!) y ahora, un mes después, nadie había hecho nada todavía.

La realidad es que el Gobierno de Estados Unidos es tan gigantesco, compartimentado y burocrático que para que ocurra algo, alguien extraordinariamente importante tiene que intervenir y decir: «Esto es inaceptable. Párenlo ahora mismo».

Y aquí no estaba ocurriendo eso.

Vadim y yo dejamos el Departamento de Estado un poco desalentados. Volvimos al Grand Hyatt, donde buscamos una mesa en el atrio y colocamos allí nuestros portátiles y móviles para ir siguiendo los acontecimientos en el Newseum. Kyle estaría allí, y se había ofrecido a enviarnos actualizaciones toda la velada. Yo no pensaba aparecer en la proyección por nada del mundo. No quería dar a Veselnitskaya y su gente la oportunidad de crear el espectáculo que deseaban desde hacía tanto tiempo.

El acto tuvo lugar en una de las salas más bonitas del Newseum, en un piso alto, con un balcón que da al Capitolio. Hubo una recepción antes de la proyección, con entremeses y cócteles, y a medida que llegaba la gente iban pasando a la terraza, para disfrutar de la agradable noche de verano.

Los rusos y sus facilitadores occidentales estaban bien representados. Allí estaban Veselnitskaya, Ajmetshin y Nekrasov, igual que Glenn Simpson, Chris Cooper y una multitud de ayudantes y subordinados. También había un escuadrón de reporteros de la televisión estatal rusa y muchos cámaras repartidos por toda la sala para que documentaran todos los hechos.

Sin embargo, no eran los únicos rusos que había allí. También habían llegado en torno a una docena de disidentes rusos que no habían sido invitados. Se había colocado un mostrador de recepción para comprobar las invitaciones de la gente, pero, como el aforo no estaba completo y Nekrasov había armado tanto follón con el derecho a la libre expresión, no podían negar la entrada a nadie.

Mi mayor temor, que los políticos y sus ayudantes aparecieran en masa, no se materializó. No asistió ni un solo miembro del Congreso, ni siquiera Rohrabacher. Con la excepción de Kyle y otro funcionario amistoso con nosotros, las únicas personas allí conectadas con el Congreso eran Paul Behrends y un pequeño contingente de personas de la oficina de Rohrabacher.

Cuando se puso el sol, alguien del equipo de Nekrasov se fue moviendo entre la multitud y anunció que la película estaba a punto de empezar. Kyle fue andando por el balcón y antes de encontrar asiento, cogió una bolsa de palomitas y una caja de Whoppers que le entregaron, como si fuera un cine normal y corriente.

Kyle tomó asiento junto a uno de los ayudantes de Robert Bershchinski del Departamento de Estado. Mientras hablaban, una mujer regordeta, con el pelo rojizo y vestida con ropa muy cara, de unos cuarenta años, se sentó junto a Kyle. Cuando él se volvió a saludarla se quedó completamente asombrado. Se trataba de Natalia Veselnitskaya. Él la reconoció, pero al parecer ella no tenía ni idea de quién era él. Kyle no se molestó en presentarse. La disposición no podía haber sido más irónica. Allí estaba el hombre que literalmente había redactado la Ley Magnitski, sentado hombro con hombro con la persona cuya misión era destruirla.

257

Se cerraron las cortinas y se apagaron las luces. Seymour Hersh, que tenía setenta y tantos años entonces, salió a escena. Parecía el típico reportero fatigado, con chaqueta gris y gafas gruesas. Leyendo unas notas, presentó a Nekrasov y prometió que la película «desmontaría en gran medida un mito».

Empezó la película. Durante las dos horas y cinco minutos siguientes, el público se quedó callado y sentado, observando todo aquello. La película era más o menos la misma versión que habíamos visto Kyle y yo, salvo que Nekrasov había añadido un fragmento al final intentando exonerar al amigo chelista de Putin, Serguéi Roldugin, de cualquier vínculo con los 230 millones. Cuando pasaron los créditos, se encendieron de nuevo las luces y Nekrasov se dirigió hacia el escenario.

Pero en lugar de aplaudir, la sala entera empezó a abuchearle.

Una persona gritó:

—¡Vergüenza! ¡Vergüenza!

Otra gritó:

—¡Tendrían que someterle a la Ley Magnitski!

Estallaron ásperas conversaciones en ruso. Nekrasov estaba al lado de Hersh en el pequeño escenario, y las luces iluminaban sus caras. Hersh intentó calmar a la sala diciendo:

—Todos hemos visto algo de periodismo. Se llama periodismo.

Un hombre y una mujer, ambos con acento ruso y sentados en distintos lugares entre el público, gritaron a la vez:

—¡Eso no es periodismo! ¡Eso es propaganda!

Hersh consiguió calmar lo suficiente al público para que empezara el turno de preguntas. La primera vino de Drew Sullivan, cofundador del OCCRP, que había hecho un trabajo clave con el archivo moldavo y los papeles de Panamá. No había nadie en aquella sala que supiera más de blanqueo de dinero en conexión con el caso Magnitski que Drew.

Fue un inicio verdaderamente desafortunado para Nekrasov. Era Drew quien había llevado la investigación que conectaba a Roldugin con el fraude de los 230 millones, y no perdió tiempo alguno en establecerlo con claridad. Explicó que si Nekrasov se hubiera molestado simplemente en acudir a la OCCRP, como hubiera hecho cualquier periodista competente, Drew habría compartido con él los documentos que demostraban esos vínculos.

Nekrasov tuvo que darse cuenta de lo frágil que era su posición. Estaba actuando como abogado defensor *de facto* para Putin. Se había presentado a sí mismo como buscador de la verdad, pero ahora que estaba debatiendo con un auténtico buscador de la verdad en la vida real, quedaba como alguien débil e ignorante. Cada vez más nervioso y agresivo, Nekrasov intentó explicar que esos asuntos eran «complicados» y que seguir el dinero era como intentar encontrar una gota de agua en una piscina.

A lo cual Sullivan le respondió fríamente:

—Sí, eso se llama blanqueo de dinero.

Nekrasov, dándose cuenta de que no podía ganar aquella discusión, pasó abruptamente a la siguiente pregunta.

Pero la suerte no mejoró con el segundo interrogador, ni con el tercero. El cuarto era un antiguo colega de Nekrasov, un ruso llamado Alex Goldfarb. Y sus comentarios fueron devastadores.

259

Goldfarb se puso de pie tranquilamente y se presentó como amigo de hacía tiempo de Nekrasov, que había producido dos de sus películas anti-Putin. Con la voz llena de decepción, Goldfarb dijo:

—Esto es personal y muy emotivo para mí, porque esta película es un giro de ciento ochenta grados con respecto a lo que Andréi era antes.

Nekrasov se cruzó de brazos mientras Goldfarb pasaba seis minutos enteros destruyendo con precisión forense todos los fundamentos de la película de Nekrasov. Antes de sentarse, Goldfarb dijo directamente a su examigo:

—Creo que deberías mencionar que el régimen del señor Putin, que claramente se beneficia de esta película, es una dictadura asesina. Quiero que repitas eso ahora, igual que lo repetiste antes tantas veces.

Pero Nekrasov no lo hizo.

Y eso lo explicaba todo.

Dormí muy bien aquella noche.

Cuando salieron las críticas, no fueron amables. Al día siguiente, el *American Interest*, una revista política con base en Washington, publicaba una reseña bajo el titular: «La gran mentira de Putin». Luego llegó el *Washington Post* con un editorial titulado «La *agitprop* de Rusia aterriza en Washington». Después, el *Daily Beast* publicó: «Cómo un cineasta anti-Putin se convierte en títere del Kremlin». Todos juntos, esos artículos destrozaban de manera inmisericorde a Nekrasov. No hubo ni un solo artículo positivo sobre la película en la prensa occidental.

Nekrasov, Veselnitskaya, Simpson y los rusos ciertamente dieron espectáculo... pero no el que habían pretendido.

31

FARA

Verano de 2016

Si Veselnitskaya se sintió humillada por ese revés o por la debacle en el Segundo Distrito unos días antes, no lo demostró. El día después de la proyección de Nekrasov, apareció en la primera fila de la galería pública de la vista Estados Unidos-Rusia del presidente Royce, en el Comité de Asuntos Exteriores del Congreso. Dos filas por detrás de ella se encontraba Andréi Nekrasov.

261

Natalia Veselnitskaya (primera fila, a la izquierda del centro) y el antiguo embajador de Rusia, Mike McFaul (delante, centro). Andréi Nekrasov está en la tercera fila, justo por encima del hombro de Veselnistkaya. Washington, junio de 2016.

Vadim y yo estábamos allí también. Nos habíamos colocado en un lugar discreto, a un lado de la sala, esperando evitar a esas dos personas. Era la primera vez que ambos veíamos a Veselnitskaya en persona. Iba demasiado arreglada y parecía tan inofensiva que resultaba difícil imaginar que había sido el origen de tantísimos problemas.

A medida que progresaba la vista, Kyle, que estaba sentado en el estrado detrás de los miembros del comité, nos envió un texto para alertarnos de que Rinat Ajmetshin acababa de entrar en la sala. Como no teníamos fotos de Ajmetshin, Vadim se inclinó hacia delante y distraídamente hizo unas fotos con su BlackBerry. Estas resultarían muy útiles en el futuro.

La vista fue tan anodina como había pretendido Royce. Ciertamente, no era lo que habían esperado Veselnitskaya y los rusos. No había película alguna. A Serguéi y a mí no se nos mencionó ni una sola vez.

Cuando la sala se vació, alguien que estaba en el exterior nos advirtió de que un equipo de televisión ruso esperaba para tenderme una emboscada en el vestíbulo. Mandé un texto a Kyle preguntándole si había otra salida. Dijo que Vadim y yo debíamos reunirnos con él en la parte delantera de la sala. Mientras el público salía hacia la parte de atrás, nosotros fuimos en la dirección opuesta. Cuando llegamos al estrado, Kyle nos escoltó hacia una antesala solo para personal autorizado y luego a un vestíbulo vacío. Le preocupaba que pudiera haber otros rusos esperándonos fuera, en la calle, de modo que nos llevó hasta un ascensor reservado a miembros del Congreso hasta un subsótano como un laberinto bajo el Edificio de Oficinas del Congreso Rayburn. Al final salimos a la luz del día en la calle C Suroeste. No había rusos a la vista.

Vadim y yo nos despedimos de Kyle y cogimos un taxi. Mientras recorríamos Washington, yo todavía no podía creer lo que estaba ocurriendo. Literalmente estaba evitando a los rusos en edificios del Gobierno de Estados Unidos, en el mismísimo Capitolio. Lo que resultaba más insultante era que esos rusos no trabajaban solos. Los ayudaba un equipo de sofisticados facilitadores occidentales. Eso era lo que me ponía más furioso.

Una cosa es que los rusos actúen como lo hacen. Su socie

dad es tan dura e inmisericorde que para avanzar en la vida, la mayoría de la gente o bien se jode o bien jode a otros... o, a menudo, ambas cosas. Hay pocas recompensas por hacer lo que es debido. Individuos excepcionales, como Serguéi Magnitski, Boris Nemtsov y Vladímir Kara-Murza, son los únicos que no descienden automáticamente hacia el nihilismo, la deshonestidad y la corrupción.

En Occidente, y especialmente en Estados Unidos, las cosas son distintas. Tenemos nuestros problemas, desde luego, pero norteamericanos como John Moscow, Mark Cymrot, Chris Cooper y Glenn Simpson han llevado vidas privilegiadas. Fueron a las mejores universidades, se asociaron con gente del más alto nivel, vivieron siempre en hogares cómodos y operaron en una sociedad que al menos aspira a honrar la buena conducta y la responsabilidad ética.

Todo el mundo tiene derecho a una defensa legal, pero esto no se trataba de leyes, sino que era una campaña activa rusa de desinformación. Que esa gente usara sus considerables conocimientos, contactos y habilidades para ayudar a los compinches de Putin, a cambio de nada más que de dinero, era más despreciable que los actos de los propios rusos. Muchos rusos no pueden evitar hacer lo que hacen. Pero norteamericanos como esos «sí» que pueden, y actúan con pleno conocimiento.

Aquella tarde me reuní con Juleanna Glover para tomar un café en el atrio del Grand Hyatt. Cuando le expresé mi indignación ante esas personas, ella me respondió:

—Bill, parece que están violando la FARA. Si es así, están completamente desprotegidos.

Se refería a la Ley de Registro de Agentes Extranjeros (FARA por sus siglas en inglés), que dice que a cualquiera que intente influir en la política de Estados Unidos en nombre de un gobierno extranjero se le requiere legalmente registrarse en el Departamento de Justicia. Fue promulgada en 1938 para evitar que los agentes de Hitler en Estados Unidos fueran difundiendo propaganda nazi justo antes de la Segunda Guerra Mundial. Ahora nos enfrentábamos a agentes de Putin en Estados Unidos difundiendo propaganda rusa, completamente despreocupados, al parecer.

Juleanna, Kyle y yo habíamos discutido sobre la FARA un

263

tiempo, pero yo tenía mis dudas sobre su utilidad. Durante la Segunda Guerra Mundial y unos veinte años después, la ley se hizo cumplir rigurosamente, pero desde 1967 solo había habido cinco condenas criminales por violaciones de la FARA.

Pero Juleanna, que conocía el mundo de los lobistas de Washington mejor que nadie, dijo:

—No lo entiendes, Bill. La FARA es un estatuto «criminal». Esa gente se preocupa si la pasta para untar en un cóctel no está a la altura. La posibilidad, aunque sea remota, de acabar en prisión, les causaría verdadero terror.

Si realmente íbamos a intentar lo de la FARA, Kyle sugirió a un hombre al que todos conocíamos que se llamaba Thomas Firestone, que era experto tanto en la FARA como en el caso Magnitski. Thomas había sido consejero legal residente de la Embajada de Estados Unidos en Moscú cuando Serguéi fue arrestado, y había redactado los mensajes para Washington detallando las torturas, malos tratos y asesinato de Serguéi. Sus minuciosos informes desenmascaraban las tapaderas de Rusia, dando al Gobierno de Estados Unidos la confianza que necesitaba para aprobar la Ley Magnitski y sancionar a las personas implicadas. Thomas realmente era uno de los héroes anónimos en la historia Magnitski.

Siguiendo la sugerencia de Kyle, Vadim y yo visitamos a Thomas en su despacho de abogado (porque había dejado el Gobierno). Cuando le informamos de la campaña de desinformación de Veselnitskaya y los occidentales implicados, nos pidió nombres. Vadim se los fue dando y Thomas los apuntó en un bloc amarillo. Luego fue a su ordenador y se conectó con la base de datos de la FARA del Departamento de Justicia, para comprobar si alguno de ellos se había registrado.

Ninguno lo había hecho.

Levantando la vista desde su ordenador, dijo:

—Me gustaría presentaros a Heather Hunt, jefa de la FARA y la unidad de contraespionaje del DOJ.

Le mandó un mensaje aquella tarde.

Vadim y yo volvimos a Londres el sábado, y el lunes ya estábamos llamando por conferencia a Heather. Ella escuchó toda nuestra historia, pero como todo buen fiscal quería pruebas contundentes, que prometimos enviarle por escrito.

Pasamos las dos semanas siguientes poniendo sobre la mesa todos los acontecimientos que habían tenido lugar aquella primavera. Tomado por separado, todo lo que había ocurrido podía describirse como desconectado. Mark Cymrot aseguraba que representaba a Prevezon, no al Gobierno ruso. Glenn Simpson insistía en que trabajaba para John Moscow, no para el Gobierno ruso. Ron Dellums había sido contratado por HRAGI, no por el Gobierno ruso. Y Andréi Nekrasov afirmaba que era un periodista independiente, no un propagandista pagado por el Gobierno ruso.

Tomado todo en conjunto, sin embargo, era difícil no ver las obvias conexiones. Había muchos motivos para sospechar que era una operación usando intermediarios para el beneficio del Gobierno ruso, llevada por Natalia Veselnitskaya.

Presentamos todo nuestro caso a Heather el 15 de julio de 2016, acusando a Cymrot, Simpson, Cooper, Ajmetshin y tres norteamericanos más de violar la Ley de Registro de Agentes Extranjeros.

Varias semanas más tarde, Heather me invitó a ir a Washington para informar a su equipo. Había que seguir todo un protocolo para visitar el edificio conocido como «Justicia Principal», en la avenida Pensilvania. Tuve que pasar por una comprobación previa, que requería una copia de mi pasaporte por anticipado, y cuando aparecí me hicieron pasar a través de una hilera de detectores de metales y esperar a que viniera a recogerme un escolta oficial.

Como iba a visitar una unidad de contraespionaje, yo había supuesto que me llevarían a alguna sala insonorizada de un sótano. Por el contrario, me llevaron nada más pasar la recepción de la planta baja a una sala de conferencias normal y corriente, que parecía dar justo a la acera. Cualquiera que pasara por allí podía verme.

Me recibieron dos miembros del personal de Heather, que me informaron de que ella no asistiría a la reunión. No habían pasado ni dos minutos cuando nos encontramos en una situación un poco extraña. Yo esperaba que ellos me acribillaron a preguntas detalladas, cuando en realidad parecía que no sabían prácticamente nada del caso. Daba la sensación de que ni siquiera habían leído la queja presentada. Tuve que empezar

265

desde el principio, explicando a aquellos dos lo mismo que ya le había explicado a Heather por teléfono dos semanas antes.

Tomaron notas, y cuando acabaron les pregunté:

—¿Qué opinan de todo esto? ¿Van ustedes a actuar?

Con una cierta incoherencia, uno de ellos me dio la respuesta estándar de los departamentos legales:

—No podemos ni confirmar ni negar si hay una investigación en curso.

Ya había visto de primera mano lo que significa para el Departamento de Justicia «en curso». En el caso Prevezon, Paul Monteleoni y sus colegas habían contactado con nosotros casi cada día durante seis meses, antes de presentar cargos contra Prevezon. Yo estaba seguro de que esa gente de la FARA no estaba haciendo nada.

Quizá necesitaran un pequeño empujón. Si se informaba ampliamente de la operación rusa, estaba seguro de que la gente de la FARA empezaría a mover el culo. Mandé la historia al *New York Times*, al *Washington Post*, al *Wall Street Journal*, a la CNN, a *Business Insider* y otros muchos medios de comunicación. Pero no picó ninguno de ellos.

No tenía sentido. A lo largo del verano de 2016, hice llamadas constantes a los periodistas pidiendo cualquier información sobre la interferencia rusa en Washington. Donald Trump se había convertido recientemente en candidato republicano a la presidencia y no había ocultado su afecto por Putin. Además de los propios negocios turbios de Trump en Moscú, había mucha gente en su equipo de campaña que tenía inexplicables conexiones con Rusia. Los medios solo querían hablar de eso.

Nuestra situación con la FARA quizá no tuviera conexión con Trump, pero era una historia concreta sobre interferencias rusas en Washington. Cuando pregunté a todos esos periodistas por qué no estaban interesados, me dijeron cosas como: «No hay artículo a menos que haya una investigación en marcha», o «son personajes oscuros que a nadie le importan».

A mí esas excusas me sonaban a falso, y me sentí como si estuviera pasando algo más que no sabía. Decidí volver al periodista británico que me había alertado por primera vez sobre Simpson, para ver si sabía algo.

—Tu problema es Glenn, otra vez —dijo—. Bill, ¿cómo es posible que no lo sepas?

—He debido de hablar con las personas equivocadas —dije.

—Sí, bueno… Glenn se ha convertido en el centro de información e intercambio entre Rusia y Trump. Él y su equipo han recogido un montón de información sobre Trump, y las cadenas de noticias están prácticamente postradas a sus pies, esperando que les arroje un hueso. Nadie le tocará, y punto. Y eso significa que nadie va a sacar tu historia tampoco.

Por mucho que odiase reconocerlo, había llegado a un verdadero callejón sin salida. El Departamento de Justicia no iba a investigar, y aparte de un artículo diminuto y que nadie había leído en un informativo diario *online*, *Politico*, nuestra historia sobre la FARA no vería la luz del día. Tendría que dejarlo correr.

Sin embargo, tuvimos una enorme victoria aquel otoño. A mediados de octubre, mientras recogía a mi hijo menor, Noah, del colegio, me llegó un correo de Jacob Buchdahl, en Nueva York.

El Segundo Distrito había anunciado su dictamen sobre la descalificación.

Habíamos ganado. Definitivamente.

Abrí el adjunto. El jurado compuesto por tres jueces no se andaba con rodeos. Decían que las circunstancias de nuestro caso «realmente eran extraordinarias», y reconocían que yo estaba en peligro real por parte del Gobierno ruso. Decían que tenía todo el derecho a esperar que mis datos confidenciales fueran protegidos por mis antiguos abogados. Por ese motivo, instruían al tribunal del distrito a «emitir una orden descalificando a [John] Moscow y a BakerHostetler».

Me detuve junto a la acera mientras Noah continuaba saltando, delante de mí. No pude evitar una sonrisa. Había terminado con John Moscow y BakerHostetler de una vez para siempre.

267

32

El expediente

Otoño de 2016

*E*l 8 de noviembre de 2016, Vadim y yo fuimos en el Eurostar a París. Viajábamos allí para reunirnos con el juez Van Ruymbeke, el magistrado francés que había supervisado el embargo preventivo de bienes pertenecientes a la mujer rusa arrestada en Saint Tropez en 2015.

Desde el arresto, él había ampliado significativamente su investigación. Sin embargo, por emocionado que estuviera yo por esa reunión, una nube negra se cernía por encima de todo: las elecciones presidenciales de Estados Unidos, que se celebraban aquel mismo día.

Según todos los sondeos fiables, Donald Trump tenía solo una escasa posibilidad de ganar. Pero si lo conseguía, sería desastroso para mí. A lo largo de toda su campaña había alabado desvergonzadamente a Putin y había predicho lo «bien» que se llevaría con él. Como Trump se había autoproclamado agente de los rusos, y Putin llevaba años intentando echarme el guante, no me costaba demasiado imaginar algún trato turbio, anónimo, en el cual me entregasen a los rusos.

Nadie tenía ni idea de por qué Trump era tan pro-Putin. No era una postura que le consiguiera más votos. La mayoría de los norteamericanos tienen una visión negativa de Rusia, y especialmente de Putin. Tampoco serviría a Trump para obtener más apoyo del *establishment* republicano, que durante décadas había sido más duro hacia Rusia que hacia los demócratas.

En la superficie parecía que Trump estaba actuando irracionalmente, pero lo que había aprendido yo a lo largo de los años como inversor es que casi todo el mundo actúa racionalmente. Si alguien hace algo que parece irracional, lo único que significa es que no tienes toda la información.

A lo largo de la campaña electoral, todo el mundo especulaba sobre cuál sería esa información. Yo no poseía ningún conocimiento interno de los contactos de Trump con Rusia, pero a mediados de septiembre oí un extraño rumor que no era conocido ampliamente.

Venía de un hombre llamado Cody Shearer, un operativo político con vínculos con los Clinton. Cody había conseguido mi número a través de su hermano, Derek, antiguo embajador de Estados Unidos en Finlandia y conocido mío. Yo no tenía ni idea de cómo se ganaba la vida Cody, pero las pocas veces que habíamos hablado no se había mostrado tímido a la hora de hablar de misteriosas «fuentes» rusas del FSB, operaciones «de alto nivel» en la inteligencia de Estados Unidos y otros contactos clandestinos suyos en toda Europa. Era un personaje muy pintoresco.

—Bill —me dijo, con voz grave—. Me he enterado de unas noticias muy perturbadoras sobre Moscú. He hecho algunas llamadas para ver si cuadra o no.

—¿De qué se trata? —pregunté.

—Una fuente del FSB me dijo que los rusos han estado recogiendo vídeos de Trump con mujeres desde el año 87. Tienen una tonelada de cosas de esas. Y no son buenas.

La llamada de Cody fue un mes antes de que estallara el escándalo del «Pussygate»,[9] pero ni siquiera en aquel momento estaba yo seguro de que a nadie le importara la vida sexual de Trump. Había tenido tres mujeres, múltiples novias y la reputación de perseguir a todo lo que se moviese. Con Trump, todo el mundo sabía lo que había.

—¿Y qué? —pregunté a Cody.

9. El 7 de octubre de 2016 se hizo pública una cinta en la que aparecía Donald Trump diciendo, entre otras cosas: «Cuando eres una estrella, pues te dejan hacer. Puedes hacer lo que quieras. Cogerlas por el coño (*pussy*). Puedes hacer lo que te dé la gana». Todo el mundo pensó que sería el final de su campaña presidencial. Pero no fue así.

—No lo entiendes… En las cintas no hay solo sexo. Aparecen algunas cosas realmente pervertidas.

—¿Las has visto? —le pregunté.

—No —reconoció.

—Entonces ¿cómo sabes siquiera que existen? El FSB está difundiendo desinformación constantemente.

—Todo lo que me ha dicho mi fuente en el pasado era bueno.

Yo apenas conocía a Cody. Y lo que estaba diciendo era escandaloso. Además, estaba asociado con los Clinton…, tenía todos los motivos para ir propagando una historia como esa. Yo no quería tomar parte de aquello.

—Lo siento —dije—. No he oído nada.

A pesar de mi escepticismo, a medida que se acercaba el día de las elecciones, yo no podía quitarme de la cabeza el rumor de Cody. Si Trump conseguía ganar y existía una posibilidad remota de que esa historia fuese cierta, aun en parte, entonces Putin teóricamente podía chantajear al presidente de Estados Unidos. Eso convertiría a Trump en un «candidato de Manchuria» de la vida real.[10] Lo que eso significaba para los enemigos de Putin en Occidente se podía imaginar fácilmente.

No pensaba en otra cosa mientras iba en el Eurostar a París el 8 de noviembre. El *New York Times* había dado a Trump solo un 15 por ciento de posibilidades de ganar, pero eso no me impedía comprobar Twitter compulsivamente, buscando noticias para saber por dónde soplaba el viento.

Como muchas personas que viven en Gran Bretaña, tenía un mal presentimiento. Cinco meses antes había tenido lugar la votación del Brexit, y yo me había equivocado. Todo el mundo a quien conocía, así como las encuestas, daban por cierto que los votantes británicos decidirían que el Reino Unido permaneciera en la Unión Europea. Pero nadie había conseguido entender lo mucho que odiaba Bruselas la gente del centro del país, y lo mucho que odiaban la idea de perder sus trabajos ante los emigrantes.

10. Se refiere a la película de 1962 de John Frankenheimer *El mensajero del miedo,* en la que se cuenta cómo los rusos someten a un lavado de cerebro a un joven para presentarlo como candidato a la presidencia de Estados Unidos.

Sentí que algo similar podía ocurrir en Estados Unidos. Quizá Trump fuera el equivalente norteamericano del Brexit.

Vadim y yo llegamos a la Gare du Nord en París a las seis de la tarde, nos registramos en el hotel y salimos a cenar. Yo estaba tan agobiado que no podía concentrarme en la preparación de nuestra reunión. Después de cenar, volví a mi habitación y comprobé las noticias. Nada. A causa de la diferencia horaria, no habría actualización alguna de las encuestas hasta la medianoche. Me esforcé por dormir, pero a las cinco de la mañana no podía soportarlo más.

Cogí el teléfono y vi que Trump acababa de ganar en Florida. Mierda. Unos minutos más tarde, era Carolina del Norte.

Encendí el televisor. Lleno de temor, vi a Trump ganar en más estados cada vez. A las 7.35 de la mañana ganó en Pensilvania, y una hora más tarde en Wisconsin. Y ya estaba. Trump era el presidente electo de los Estados Unidos de América.

Lo impensable había ocurrido.

Al cabo de unos momentos recibí un mensaje de correo de mi hermano Tom. «No vengas a Estados Unidos —me advertía—. Aquí no estarás seguro.» Mensajes similares llegaron a lo largo de toda la mañana, mientras yo hacía un esfuerzo para centrarme en nuestra reunión con el juez francés.

Cuando Vadim y yo entramos en el despacho del juez, al lado de la Opéra, estaba muy preocupado. Dejé que Vadim llevase la voz cantante en nuestra reunión. Cuando esta terminó, salimos y cogimos un taxi. De camino hacia la Gare du Nord, hice algunas llamadas a amigos en Estados Unidos. Todo el mundo tenía el mismo mensaje: «Estás jodido».

Temía que tuvieran razón, pero quizá mis amigos y yo nos estuviéramos dejando llevar demasiado por las emociones. Decidí hablar con algunas personas con la cabeza más fría en el *establishment* republicano. Primero llamé a mi amigo Ken Hersh, compañero de clase en la Facultad de Empresariales de Stanford y antiguo colega de póquer que ahora dirigía el Centro Presidencial George W. Bush en Dallas.

—Trump no es un auténtico republicano. No lo ha sido nunca —me dijo—. Ojalá pudiera consolarte un poco, Bill, pero no puedo. No tengo ni idea de lo que va a hacer ese tipo cuando esté en el cargo.

271

Entonces llamé al fiscal general John Ashcroft, que antes era el jefe de Juleanna y que había sido consejero de Trump durante su campaña. Quizá supiera algo más que Ken. Desgraciadamente, tenía las mismas dudas sobre las intenciones de Trump.

Intenté calmarme en el tren de vuelta a casa. Estados Unidos era todavía un país bajo el imperio de la ley, donde no secuestraban sin más a la gente por la calle. Pero todo eso podía cambiar con Trump. Cuanto más lo pensaba, más me daba cuenta de que la única opción real que tenía era esperar y ver si las cosas se ponían mal. Si las instituciones norteamericanas no se iban a respetar, simplemente podía adoptar la medida de no poner los pies en Estados Unidos mientras Trump fuera presidente.

La Ley Magnitski, sin embargo, era otro asunto muy distinto. La ley que me había costado tanto que se aprobara quedaba en peligro, de repente. A Trump le costaría mucho derogarla, porque se requería un acta del Congreso, pero podía negarse fácilmente a añadir nuevos nombres a la lista Magnitski. O peor aún, quitar a algunos de los que ya estaban.

La Administración saliente de Obama tenía unos temores similares. Después de la victoria de Trump, pero antes de su investidura, añadieron cinco nombres más a la Lista Magnitski, incluyendo a Andréi Pavlov. Este había sido uno de nuestros objetivos más valiosos, ya desde el principio. Había representado un papel fundamental en casi todo lo ocurrido, desde orquestar los juicios en colusión de los tribunales que se habían usado en el fraude de 230 millones y aparecer en Mónaco al lado de Dmitri Klyuev, hasta amenazar a Alexander Perepilichni. Pero como no era funcionario del gobierno ruso ni tampoco un pintoresco exconvicto, había conseguido pasar por debajo del radar. Pero ya no sería así.

La Administración saliente también pasó la Ley Global Magnitski por la línea de meta, y el presidente Obama la firmó y la convirtió en ley el 23 de diciembre. Con esto se frustraban los esfuerzos de Putin para hacerla fracasar o para eliminar el nombre de Serguéi de ella.

Más ampliamente, el Gobierno de Estados Unidos anunció un nuevo montón de sanciones y expulsó a varias docenas de diplomáticos rusos como respuesta a las interferencias de Rusia en las elecciones de Estados Unidos. Cuando Washington hace algo así, Moscú responde. ¿Tú sancionas a algunos de los nuestros? Pues nosotros sancionamos a los tuyos. ¿Expulsas a nuestros diplomáticos? Pues enviamos a un número equivalente de los vuestros de vuelta a casa.

Pero no ocurrió nada de eso. Los rusos parece que sabían algo que los demás desconocíamos. Entonces fue cuando realmente empecé a preocuparme de que Cody tuviera razón. Quizá Putin sí que tenía algo sobre Trump y, cuando llegase el 20 de enero de 2017, el presidente norteamericano podía estar efectivamente bajo el control de Putin.

A medida que se acercaba la investidura, esa idea casi inimaginable se volvió menos disparatada. Se hablaba constantemente en Washington de la existencia de un expediente dañino que explicaba cómo estaba conectado Trump con los rusos. A principios de enero, ese expediente llegó de forma efectiva a las manos del FBI, de ciertos miembros del Congreso y casi todas las agencias de noticias importantes de Estados Unidos. La prensa había informado de su existencia, pero ningún medio dio el paso de publicarlo, ya que no pudieron verificarlo. Aun así, la gente se lo tomó en serio. El FBI incluso informó tanto al presidente Obama como al presidente electo Trump de su existencia.

Luego, a última hora de la noche del 10 de enero, mientras yo estaba en cama comprobando las noticias, BuzzFeed rompió filas con el resto de los medios y publicó el expediente completo. Yo hice clic en el vínculo de PDF y empecé a leer. Era un documento de treinta y cinco páginas recopilado por un antiguo funcionario de inteligencia británico, que aseguraba que los servicios de seguridad rusos poseían vídeos *kompromat* de Trump mirando a las prostitutas realizar «lluvias doradas» en la suite presidencial del Ritz-Carlton de Moscú. También afirmaba que Trump y sus asociados recibirían una participación de un 19 por ciento en la empresa petrolera más grande de Rusia, Rosneft (una participación que valía unos trece mil millones de dólares en aquel momento) a cambio de levantar las sanciones de Estados Unidos. Se sugería que el Kremlin había estado cultivando a Trump como activo desde hacía décadas. Y eso no era más que lo subrayado. Era para quedarse boquiabierto.

El expediente lo tenía todo: sexo, dinero, espías, conspiración. Y lo más sorprendente es que parecía corroborar la improbable historia de Cody.

Decir que el expediente me puso de buen humor sería quedarse muy corto. Aunque solo el 10 por ciento de ello fuese cierto, parecía que tenía el poder de evitar que Trump prestase juramento para el cargo.

Pero al día siguiente, después de dejar a mi hija en una fiesta de cumpleaños en Hampstead, recibí una llamada del periodista británico que me había hablado por primera vez de Glenn Simpson.

Yo sonreí.

—El expediente es muy bueno, ¿verdad?

—Es interesante, si es cierto —dijo.

—¿Crees que no es cierto? —le pregunté.

—Tengo mis dudas. Sabes quién está detrás, ¿no?

—Chris Steele —dije, refiriéndome al antiguo oficial del MI6 británico que había sido identificado como autor.

—No. Me refiero a quién está detrás de «él». Glenn Simpson.

—¡Glenn Simpson! —Me quedé de piedra—. ¿Estás de broma?

—No.

Sentí como si me hubiesen pegado un puñetazo en el estómago. Si estaba implicado Simpson, tenía que suponer que el expediente no era fiable. Simpson había propagado el cuento que le había ordenado el Gobierno ruso sobre mí y sobre Serguéi a cambio de dinero, en la campaña anti Magnitski. ¿Por qué no iba a hacer algo similar con respecto a Trump a cambio de un montón de dinero?

Nada.

Pero lo que empeoraba más aún todo el asunto era que Simpson había estado manipulando el expediente al mismo tiempo que trabajaba para Veselnitskaya y los rusos.

Eso era enormemente significativo. Sabíamos con toda seguridad que Putin quería que el presidente fuese Trump y no Hillary Clinton. También sabíamos que las afirmaciones que contenía el expediente tenían el potencial de costarle a Trump la presidencia, ya fueran verdad o no. También era enormemente probable que los rusos conocieran ese expediente, según se había ido preparando.

La forma más fácil que tenían los rusos de disminuir la potencia de su expediente era insertar en él deliberadamente información falsa. Como resultado, unos pocos de esos «hechos» quedarían recogidos en el expediente que, con el tiempo, podría ser desestimado. Y eso permitiría a los rusos y, no casualmente, al propio Trump, asegurar que todo lo que contenía el expediente era falso, aunque una parte de ello resultase ser cierta. Entonces él y todos sus portavoces podían señalar el expediente y gritar: «¡Noticias falsas!». Y no andarían equivocados.

(Eso fue exactamente lo que hizo Trump el 10 de enero de 2017, cuando tuiteó: «NOTICIAS FALSAS – ¡CAZA DE BRUJAS POLÍTICA ABSOLUTA!».)

Esto creaba una situación muy peligrosa para aquellos que se oponían a Trump. La resistencia a Trump quería creer desesperadamente en ese expediente, como había hecho yo, brevemente y de una forma bastante estúpida, pero si una de las patas de esa resistencia descansaba en ese expediente poco fiable, entonces la resistencia flaquearía y acabaría por derrumbarse.

Igual que ocurrió con todo lo demás que habían reprochado a Trump, él capeó el temporal y fue investido nueve días más tarde. Mientras lo veía pronunciar su discurso desde el edificio del Capitolio, me parecía que los detractores más fanáticos de Trump habían sido clarividentes: Putin ya tenía a su hombre en la Casa Blanca.

Iban a ser cuatro años largos y potencialmente peligrosos.

275

33

El archivo Jlébnikov

Invierno-primavera de 2017

El peligro asociado con Trump venía de dos fuentes. La primera era que podía hacer un trato directo con Putin para entregarme a mí o a alguno de mis colegas a los rusos. Pero, aparte de eso, tener a Trump en la Casa Blanca envalentonaría a Putin y a los dictadores como él para hacer lo que les diera la gana sin temor a las consecuencias o a la condena.

Una de las primeras personas de nuestra órbita en enfrentarse a ese escenario nuevo y peligroso fue el abogado de la familia Magnitski, Nikolái Gorojov.

Nikolái había trabajado para los Magnitski en Rusia desde 2011. Era antiguo fiscal, plenamente consciente del peligro que eso suponía para él, pero Nikolái estaba cortado con el mismo patrón que Serguéi. Sentía que era su deber hacer pagar a los asesinos de Serguéi.

Para apreciar plenamente lo peligroso que se había vuelto el mundo, tenemos que remontarnos a 2015, cuando Nikolái se convirtió en testigo clave para el Gobierno de Estados Unidos en el caso contra Prevezon.

En esos tiempos, el SDNY tenía un obstáculo significativo en el caso. Si ganaban, necesitaban una prueba consistente que demostrase que el dinero robado se había trasladado desde Rusia, a través de una red de bancos internacionales, a Nueva York. Le habíamos suministrado montones de extractos bancarios de nuestra base de datos de blanqueo de dinero, pero Paul Monteleoni y su equipo consideraron que todo eso era información, no pruebas, y que no sería admisible ante los tribunales.

Normalmente, los fiscales de Estados Unidos usan peticiones de asistencia legal mutua (MLA por sus siglas en inglés) para obtener ese tipo de pruebas por parte de sus colegas en otros países. Y eso fue exactamente lo que ocurrió en este caso. El SDNY había pedido formalmente a media docena de países, incluidos Estonia, Letonia y Chipre, que compartieran su información bancaria, y todos cooperaron. Con una sola excepción: Rusia.

Sin las pruebas rusas, Estados Unidos no podría completar el rastro del dinero, y el caso se derrumbaría. Precisamente por eso los rusos no lo habían entregado.

Pero entonces apareció Nikolái. Se dio cuenta de que las autoridades rusas a cargo del encubrimiento habían cometido un error crucial al acusar formalmente a Serguéi de ser una de las personas que habían robado los 230 millones de dólares. Recordarán que después de intentar culpar del delito a una serie de hombres muertos, las autoridades rusas decidieron añadir a un exconvicto vivo, Vyacheslav Jlébnikov, que se declararía culpable, para hacer que el caso pareciera más legítimo. Pero lo que parecían olvidar era que en el momento en que Jlébnikov nombró a Serguéi como su «coconspirador», Nikolái, como abogado de la familia Magnitski, adquiría automáticamente el derecho a ver los archivos del caso.

Nikolái pidió acceso, que le fue denegado. Volvió a pedirlo. También se lo denegaron. Lo solicitó una vez más. Denegado. Nikolái sabía que la corrupción en el sistema legal ruso era endémica, pero no siempre perfectamente ejecutada. De modo que siguió solicitándolo. Finalmente, cuando lo pidió por duodécima vez, dio con un juez que mecánicamente aplicó la ley y le concedió el permiso.

Nikolái, que normalmente es un hombre reservado, no traicionó la emoción que sentía. Dio las gracias al juez discretamente y luego fue al administrativo a retirar el expediente. Cuando lo recibió, se encontró con uno de los archivos de caso más enormes que había visto jamás: 94 volúmenes de casi 300 páginas cada uno.

Mientras iba hojeando todo aquello, se dio cuenta de que

277

las autoridades rusas habían cometido un error crucial. En su intento de hacer que el caso pareciera creíble, incluían datos que mostraban las transferencias bancarias reales que habían tenido lugar dentro de Rusia. Si esa información se hacía pública, exoneraría a Serguéi y expondría a los auténticos perpetradores del delito (por no mencionar que revelaría la mecánica interna del sistema de blanqueo de dinero ruso).

Nikolái tenía que hacer una copia de todas y cada una de las páginas.

Enfrentándose a una tarea de semejante magnitud, pidió una cámara digital Pentax a Estados Unidos y compró un trípode especial que le permitiría apuntar la lente justo hacia el tablero de la mesa. La cámara no tenía mando a distancia, de modo que Nikolái, que era bastante manitas, diseñó uno él mismo. Después de probar todo el artilugio en casa, volvió al tribunal, día tras día, y pasó ocho horas cada jornada tomando fotos en alta resolución de cada una de las páginas. Esperaba que llegase alguien en cualquier momento y le dijera que parase, de modo que trabajó con toda la rapidez que pudo. Al cabo de tres semanas había copiado el archivo entero. El botín total eran unas veintisiete mil imágenes en siete tarjetas de memoria.

Estas contenían la información bancaria exacta que el Gobierno ruso tenía que haber proporcionado al SDNY cuando los norteamericanos hicieron su petición de asistencia legal mutua. Cuando Paul Monteleoni se enteró de lo del archivo de Nikolái, le preguntó si estaría dispuesto a compartirlo.

Nikolái había luchado por Serguéi y su familia durante años, sin conseguir gran cosa. Se daba cuenta de que el caso del SDNY sería una de las pocas oportunidades que tendría la familia Magnitski de ver algo de justicia real, de modo que accedió a ayudar.

Pero Nikolái no podía enviar simplemente los archivos por correo electrónico a Paul y acabar con el asunto. Para establecer la cadena de custodia, tenía que pasar por un riguroso proceso legal. Paul trajo a Nikolái a Londres, donde se reunió con unos agentes del Departamento de Seguridad Nacional (DHS) en la Embajada de Estados Unidos. Esos agentes le interrogaron, realizaron copias oficiales de las tarjetas SD y le hicieron firmar una declaración verificando el origen de los archivos.

Entonces Paul le dijo a Nikolái que tendría que ir a Nueva York para hacer una declaración. Eso significaba que se tendría que someter él mismo al escrutinio del equipo de defensa de Prevezon, que en aquel tiempo todavía estaba constituido por John Moscow, Mark Cymrot y BakerHostetler.

Si a un ruso cualquiera se le hubiese pedido que testificara a favor del Gobierno de Estados Unidos contra unos supuestos blanqueadores de dinero rusos, se habría alejado todo lo rápido que pudiera. Pero Nikolái no era un ruso cualquiera.

Accedió.

Para proteger a Nikolái, el SDNY eliminó su nombre de todos los registros del tribunal, selló todos los listados que le mencionaban y se refirió a él solamente como «testigo 1». También exigieron que BakerHostetler, Denis Katsiv y Natalia Veselnitskaya firmasen un acuerdo estricto de confidencialidad. Todo esto puede que sonase bien sobre el papel, pero dada la conducta anterior de nuestros adversarios, parecía extremadamente improbable que se atuvieran al trato. Las posibles consecuencias que había si no lo hacían eran impensables.

Reconociendo ese riesgo, Paul propuso llevar a Nikolái y a su familia a Nueva York, donde estarían bajo la protección del Gobierno de Estados Unidos hasta que completasen la declaración. Aunque la declaración real solo duraría siete horas, las discusiones legales que conducirían a ella podían durar semanas o incluso meses (como había ocurrido conmigo), y durante ese tiempo, Paul no quería que Nikolái o su familia estuviesen en Moscú, donde podían recibir algún daño.

La esposa de Nikolái, Julia, y su hija de trece años, Diana, vinieron antes que él; llegaron en agosto de 2015. Las recibió Svetlana Angert, una agente del Departamento de Seguridad Interna que hablaba ruso, y las instalaron en un apartamento que daba al río Hudson, en Hoboken, Nueva Jersey. Cuando llegó Nikolái, dos semanas más tarde, la familia entera fue trasladada a una casa segura del gobierno en el Upper West Side de Manhattan.

Una vez juntos en Nueva York, los Gorojov se sintieron seguros. Mientras Nikolái pasaba los días en el SDNY, Diana asistía al instituto local, MS 256, donde absorbía el inglés como una esponja. Uno de los agentes que cuidaba de ellos, Alexan-

279

der Schwartzman, era cinturón negro de aikido e introdujo a Diana en un dojo local. Mientras tanto, Julia, que no había estado nunca en Estados Unidos, paseaba por la ciudad con los ojos muy abiertos, tomando fotos y tratando su estancia allí como unas largas vacaciones.

Nikolái y Julia Gorojov, Nueva York, 2015.
(© NIKOLÁI GOROKHOV)

Pero su felicidad se vio interrumpida en septiembre tras una llamada de la madre de Julia. Mientras hacía una comprobación de rutina en el apartamento vacío de los Gorojov en Moscú, descubrió que alguien había entrado en él. No parecía que faltase nada, pero alguien había estado allí, ciertamente. Todo estaba cubierto por una fina capa de polvo excepto la pantalla y el teclado del ordenador de Nikolái, que estaban perfectamente limpios. Quienquiera que hubiera estado allí también se había preparado un té y había dejado dos tazas medio llenas en la mesa del comedor. Era la tarjeta de visita habitual del FSB.

Era imposible que Nikolái y Julia no se preocupasen después de eso, pero Nikolái decidió seguir ateniéndose al plan.

El 1 de octubre, dos meses después de su llegada a Nueva

York, Nikolái declaró. Tuvo que armarse de valor contra John Moscow. Veselnitskaya lo veía todo en vivo desde Rusia. En cuanto empezó, John Moscow exigió saber dónde se alojaban él y su familia en Nueva York.

Nikolái se negó a responder.

John Moscow entonces preguntó quién vivía con él y si tenía un equipo de seguridad a tiempo completo. De nuevo Nikolái se negó a contestar.

Entonces John Moscow le preguntó si planeaba volver a Rusia.

Nikolái no respondió tampoco.

Siguieron así durante cuatro horas, Nikolái constantemente negando las preguntas de John Moscow. Ese matonismo podría haber funcionado con una persona menos dura, pero Nikolái, que se enfrentaba a personas que daban mucho más miedo en Rusia cada día, ni se inmutó.

Las preguntas de John Moscow ocuparon la mayor parte del día, y al Gobierno de Estados Unidos le llegó su turno con Nikolái a la mañana siguiente. Paul hizo las preguntas que pudieran satisfacer al tribunal sobre la cadena de custodia para las pruebas de Nikolái. Cuando terminó, Paul tenía lo que necesitaba, y BakerHostetler tenía la oportunidad de enfrentarse a Nikolái.

En ese momento, si le ocurría algo a Nikolái, ya no impediría que sus pruebas fuesen presentadas ante los tribunales. Él comprendía que, aun así, alguien podía castigarle por ayudar al Gobierno de Estados Unidos, pero eso no alteraría el resultado del juicio.

Estados Unidos era una tierra extranjera para los Gorojov, y querían volver a casa. A finales de octubre, y con la gratitud del Gobierno de Estados Unidos, volaron de vuelta a Moscú.

Una vez allí, Nikolái volvió a su trabajo, Julia al suyo, y Diana volvió al colegio. Poco a poco sus vidas volvieron a la normalidad. Llegó un momento en que el viaje a Nueva York parecía un sueño.

Fuera cual fuese el riesgo al que se enfrentaba Nikolái, se agravó a principios de 2017, cuando hizo otro importante descubrimiento en el caso. Eso fue cuando entró en posesión de una serie de mensajes de correo que demostraban que Andréi Pavlov había actuado en connivencia con el Ministerio del Interior ruso para encubrir la implicación de las autoridades en el delito de los 230 millones. Nikolái creía que, si esos mensajes salían a la luz, socavarían uno de los pilares fundamentales de la narración falsa del Gobierno ruso: que la policía no estaba implicada de ninguna forma.

Se dispuso que Nikolái entregase esos correos a un juez ruso el 22 de marzo de 2017.

Pero no llegó a los tribunales aquel día.

La tarde del 21 de marzo, Julia recibió una llamada de su hija llena de pánico.

—Mamá —decía Diana, con voz temblorosa—, ¡papá se ha caído del tejado!

Los Gorojov vivían en el piso superior de un edificio de cinco pisos en Moscú, y eso significaba que Nikolái habría caído al suelo desde quince metros de altura.

Julia sabía que Nikolái estaba trabajando en el tejado aquel día, subiendo un jacuzzi y algunos materiales de construcción para renovar el baño. Nikolái tenía previsto operar con un cabrestante que normalmente usaba para subir cosas. Siempre había sido seguro.

Julia intentó sacar más información de Diana, pero su hija estaba tan alterada que apenas podía hablar. Julia colgó y llamó al 112, el equivalente ruso del 911, y les preguntó si sabían algo de un hombre que se había caído de un edificio. Aunque Moscú es una metrópolis enorme, más o menos con la misma población que Nueva York, el empleado le dijo:

—Sí, tenemos una persona que encaja con esa descripción. Lo han llevado en helicóptero al hospital Botkin.

Cuando Julia llamó al hospital, le confirmaron que Nikolái estaba allí. Pero no le querían decir nada más.

Julia salió a toda prisa de su despacho y cogió el metro hasta el hospital. Cuando llegó, corrió hasta el mostrador de recepción sin aliento y preguntó por su marido.

Como Evgenia Kara-Murza antes que ella, a Julia Gorojov la bloquearon. Lo único que le decían era que Nikolái estaba en la UCI. Le indicaron que se sentara en la sala de espera, fuera de la recepción. Desde allí, ella no veía el pasillo que conectaba la UCI con los ascensores que subían hacia el hospital general, y no se enteraría si trasladaban a Nikolái, así que decidió sentarse en el suelo del vestíbulo y esperar.

Cuatro horas más tarde, unos camilleros sacaron a Nikolái de la UCI en una camilla. Julia se puso de pie de un salto. Nikolái tenía los ojos abiertos…, bueno, al menos el ojo derecho. El izquierdo estaba muy hinchado y cubierto de vendajes, y todo el lado izquierdo de su cabeza estaba muy magullado y lacerado.

Ella lo llamó por su nombre, pero lo único que hacía él era quejarse. Julia imploró a los camilleros que parasen y le dejasen hablar con él, pero la ignoraron y lo llevaron al ascensor, levantando el brazo para indicarle que no podía seguirles.

Sin saber muy bien qué hacer, Julia se quedó en el hospital dos horas más, rogando más información a enfermeras y recepcionistas. Lo único que pudieron decirle es que habían llevado a Nikolái a la UCI y que para verlo tenía que volver al día siguiente, durante las horas de visita. En torno a las diez de la noche, un amigo de la familia fue a recogerla y la llevó de vuelta al apartamento de los Gorojov. Una vez en casa, apenas pudo dormir.

283

Hacia el amanecer, cuando finalmente se estaba durmiendo, la despertó de golpe una llamada telefónica. Era un hombre al que apenas conocía llamado Ilya. Le costó un momento situarlo. Era un conocido de Nikolái de la universidad, a quien había visto de vez en cuando a lo largo de los años.

Después de recordarle quién era, él le dijo:

—Probablemente esperabas algo como esto, ¿verdad? —Su tono era duro, nada amable.

—¿Como qué? —preguntó Julia.

—No esta llamada, sino lo que le ha ocurrido a Nikolái… ¿Cómo está él, por cierto? —preguntó, como si se le acabara de ocurrir.

—No está bien. Está en cuidados intensivos.

—¿Estás pensando en presentar una querella?

Eso era probablemente lo último que tenía en mente Julia, en aquel momento.

—No… no sé —dijo.

—Te aconsejo que no lo hagas. Puede ocurrirle algo mientras está en el hospital.

Parecía una amenaza. Lo único que se le ocurrió decir a ella fue:

—Gracias. Tengo que irme. —Colgó.

Luchando por apartar a Ilya de su mente, salió de la cama, se preparó un té y ayudó a Diana a prepararse para ir al colegio. Unas pocas horas más tarde, Julia volvió al hospital.

Cuando llegó a la recepción, de nuevo le dijeron:

—No puede ver al paciente.

—¿Por qué no? —preguntó.

—Está inconsciente.

—¿Y qué?

—Lo siento, pero no puede verle —repitió la recepcionista.

Julia pensó: «¿Qué clase de hospital es este, donde no permiten a una esposa que vea a su marido herido?». Fue andando por la zona, esperando o bien que Nikolái recuperase la conciencia, o bien que los doctores cambiasen de opinión. No ocurrió ninguna de las dos cosas. Se fue, muy preocupada, justo después de que acabase la hora de visita, a las tres de la tarde.

Aquella noche recibió una llamada de un colega de Nikolái llamado Alexander, preguntando cómo estaba su marido y si ella necesitaba algo. Después de ponerle al día, ella le habló de la preocupante llamada de Ilya y su insistencia en que no presentara ninguna denuncia.

—Está equivocado —dijo Alexander, con énfasis—. Para proteger a Nikolái, debemos presentar una queja.

A la mañana siguiente, Alexander fue a su apartamento y la ayudó a redactar una queja describiendo el incidente. Julia acabó escribiendo que creía que la caída de Nikolái era un atentado deliberado contra su vida, como represalia por su trabajo en el caso Magnitski.

Ella y Alexander entonces entregaron personalmente la queja a la rama local del Ministerio del Interior. Ella se la entregó al funcionario que estaba de guardia, que le echó una mirada somera y se echó a reír.

—No hablará en serio —dijo—. Su marido no es importante. ¿Quién iba a querer matarlo?

Pasaron quince minutos intentando explicarle lo que pasaba, pero el funcionario no tenía el menor interés. Julia le dejó la queja, de todos modos.

Cuando llegó al hospital aquella tarde por fin le permitieron ver a Nikolái. La UCI era una sala grande, en un piso superior, llena de pacientes, algunos gritando, otros separados entre sí solo por una fina cortina y su propio sufrimiento. Cuando Julia se acercó a la cabecera de Nikolái, él estaba consciente. Pero lo que decía no tenía sentido. Repetía una y otra vez: «¿Por qué estás aquí?», sin reconocer quién era, y «¿Cómo están los otros?». Ella no tenía ni idea de a qué «otros» se refería.

Se sentía muy aliviada de verlo vivo, pero le aterrorizaba que las heridas en la cabeza le hubiesen causado un daño permanente. Todavía no había visto su informe médico, y los doctores no le habían dicho nada, pero era difícil imaginar que su marido, de cincuenta y tres años, pudiera salir de una caída de quince metros con todas sus facultades intactas. Se sentó a su cabecera todo el tiempo que le permitieron las horas de visita y se fue a casa bajo una nube de incertidumbre.

Aquella nube se oscureció más aún en cuanto volvió al edificio de su apartamento, donde se le acercaron dos policías de uniforme, uno de ellos filmándola con una cámara de vídeo que llevaba en la mano. Rápidamente quedó claro que no estaban allí para investigar la caída de Nikolái, en absoluto. Por el contrario, preguntaron: «¿Cuándo retirará su queja?».

Ella miró al suelo y sin pronunciar una sola palabra, subió las escaleras.

A la mañana siguiente se despertó y vio un coche de policía aparcado junto a su edificio. Llamó a su madre y le pidió que acompañara a Diana, que tenía quince años, al colegio. Quería que un adulto estuviera presente, por si los policías se acercaban a su hija.

El mismo coche de policía todavía estaba allí cuando Julia se fue al hospital, aquella tarde. De nuevo se le acercaron dos policías, uno con su cámara de vídeo, y le gritaron: «¿Va a seguir con su historia?». Ella siguió ignorándoles.

Afortunadamente, no había policía esperando en el hospital, y cuando ella llegó a la UCI, encontró a Nikolái consciente. Había mejorado notablemente a lo largo de la noche. Ahora ya era plenamente consciente de quién era ella, pero todavía tenía que esforzarse por entender por qué estaba allí. Eufórica, Julia le cogió la mano. Él intentó sonreír, pero sus heridas lo hacían demasiado doloroso. Le preguntó si Diana estaba bien, y también cómo nos iba a nosotros en Londres. Julia estaba feliz de informar de que Diana estaba algo afectada, pero bien, y que nosotros estábamos muy agradecidos de que hubiera sobrevivido.

Aquel día por fin Julia recibió su informe médico. Nikolái se había destrozado la mandíbula inferior, tenía once costillas rotas, hemorragia interna, el cráneo fracturado, una contusión severa y el ojo izquierdo y la órbita gravemente dañados. Pero tenía los brazos y las piernas bien, y su corazón, pulmones y demás órganos vitales estaban intactos. La recuperación requeriría meses de dolorosa convalecencia y cirugía maxilofacial y su visión quedaría afectada permanentemente, pero comparado con la alternativa, su estado solo se podía describir como un milagro.

Julia y él hablaron hasta que terminó la hora de visita. Aunque Nikolái no tenía recuerdos del momento de su caída, sí recordaba gran parte de lo que había pasado antes. El jacuzzi, que había comprado *online* de segunda mano, se lo entregaron tres hombres que trabajaban para una empresa de mudanzas con la que había contactado aquella misma semana. También había dispuesto que ellos recogieran y le entregaran varios paquetes de pladur. Como los Gorojov vivían en el piso superior, era más fácil subirlo todo al tejado con el cabrestante que subirlo por las escaleras. Nikolái estaba en el tejado con uno de los hombres que hacían funcionar el cabrestante, mientras los otros dos se quedaron abajo. Primero subieron el pladur, luego ataron el jacuzzi. Hasta ahí llegaban sus recuerdos.

Lo siguiente que supo Nikolái era que estaba en la UCI, tres días después. De alguna manera, el jacuzzi, Nikolái y el cabrestante habían caído al suelo. Nikolái aterrizó en la bañera del lado izquierdo, y su cabeza rebotó violentamente contra el pavimento, dejando un enorme charco de sangre.

A pesar de sus heridas, la recuperación de Nikolái progresó rápidamente. Diez días después de su caída ya pudo salir andando del hospital. Cuando Julia y él llegaron a su casa, se enfrentaron a los dos mismos oficiales de policía que habían estado acosándola cada día desde el incidente. Nikolái se enfureció, pero estaba demasiado débil para enfrentarse a ellos, de modo que Julia y él ignoraron a los policías y pasaron.

Nikolái estuvo convaleciente en casa durante los días siguientes. En ese tiempo, la policía siguió acosándolos a él y a su familia. Les entregaron citaciones a los tres, incluyendo a Diana, amenazaron a Julia con una acusación criminal por presentar una queja falsa, y querían que Nikolái firmase una declaración jurando que todo había sido un accidente. Dieron la lata a Nikolái y Julia llamando constantemente a sus móviles, unos números sin registrar que nunca habían proporcionado a la policía. Incluso rastrearon a Diana en VKontakte (la versión rusa de Facebook) y le mandaron mensajes de que contactara de inmediato con la policía.

Nada de todo eso tuvo el efecto deseado. Julia no retiró su queja, Nikolái no firmó ninguna declaración falsa, y Diana no habló con nadie.

Los Gorojov no pensaban hacer caso a la policía, pero eso no impidió que esta pronunciara oficialmente que el incidente no había sido más que un desafortunado accidente que implicaba a un jacuzzi demasiado pesado y un cabrestante que había fallado.

Basándose en las pruebas, Nikolái estaba seguro de que no había sido ese el caso. El jacuzzi no pesaba demasiado. El cabrestante tenía una capacidad de más de cuatrocientos kilos, y la bañera pesaba unos ciento treinta kilos. El mismo cabrestante lo habían usado aquel mismo día para subir tres cargamentos mucho más pesados de pladur. Además, las fotos del cabrestante demostraban que sus contrapesos habían sido manipulados, haciéndolo inestable.

Quizá la reacción más flagrante fue el informe que redactaron los funcionarios responsables. Solo interrogaron a dos de los tres transportistas. Era como si el tercer hombre no existiera (y hasta el día de hoy, nadie conoce su identidad). Los dos hombres a los que interrogaron mintieron. Dijeron que nadie había subido al tejado con Nikolái, cosa que no era cierta. También aseguraban que habían subido el pladur por las escaleras, y que solo habían usado el cabrestante para el jacuzzi. Tampoco era cierto.

Y luego estaba la llamada amenazadora de Ilya.

Nada de todo aquello cuadraba. El 7 de abril, solo un par de semanas después del incidente, Nikolái puso una queja criminal por su cuenta, mucho más exhaustiva y extensa. Pero previsiblemente, las autoridades se negaron a investigar y se reafirmaron en su historia.

Si alguien había sido responsable de empujar a Nikolái y tirarlo del tejado, como todos sospechamos, nunca íbamos a averiguar quién era.

Pero al menos Nikolái, a diferencia de Serguéi, estaba vivo todavía.

34

Senador Grassley

Verano de 2017

Más o menos un mes más tarde, cuando Nikolái todavía estaba recuperándose, yo me dirigía a Estados Unidos para una cita muy importante.

El caso Prevezon había llegado a juicio por fin. Después de cuatro años y una inversión gigantesca de tiempo y energía, los rusos iban a tener que defenderse ante los tribunales.

Yo sería el testigo principal del Gobierno. Al inicio del juicio tendría que establecer los hechos del fraude de 230 millones y contar al tribunal lo que había ocurrido con Serguéi. El Gobierno necesitaba esa información para dar contexto, de modo que los argumentos subsiguientes sobre el blanqueo de dinero resultaran más comprensibles para el jurado. Después de declarar para el Gobierno, luego quedaría sujeto a lo que seguramente sería un interrogatorio extenuante de varios días por los nuevos abogados norteamericanos de Prevezon. En conjunto se esperaba que el juicio durase un mes, y Paul Monteleoni me dijo que estuviera preparado para tener que permanecer en el estrado de los testigos durante una semana entera.

Seis días antes del juicio, el SDNY consiguió una victoria significativa. El juez que había reemplazado al juez Griesa dictaminó que la prueba de Nikolái era admisible.

Este era un hecho crucial. Si esa prueba no se hubiera permitido, el Gobierno no habría sido capaz de trazar una línea ininterrumpida desde el delito de los 230 millones en Rusia hasta los activos de Nueva York, y habrían perdido el caso casi con total seguridad.

Prevezon había hecho todo lo que había podido para evitar que se aceptase esa prueba. Pero ahora que ya lo había sido, no les quedaba demasiado que hacer. La única estrategia de defensa que les quedaba era, probablemente, un ataque a la desesperada contra mí. Me calumniarían irresponsablemente, acusándome de cometer el delito del que se había beneficiado Prevezon, y en general me harían quedar como una mente criminal guiada por el interés propio. Como no existe la difamación en los tribunales, podían hacerlo sin temor alguno a las consecuencias. Si lo conseguían, quizá fueran capaces de confundir financieramente a unos jurados poco preparados, que se encogerían de hombros y dirían: «No sabemos quién hizo todo eso y, por lo tanto, no podemos encontrar culpable a Prevezon».

Antes de dirigirme a Nueva York hice una parada en Washington. El mes anterior habíamos tenido un avance inesperado en nuestra queja sobre la FARA. Un miembro del personal del senador Charles Grassley había leído el pequeño artículo del *Politico* sobre nuestra queja y se lo había comentado a su jefe. Desde entonces el senador Grassley, presidente del Comité Judicial del Senado, uno de los comités del Congreso más poderosos de Washington, se había interesado por el asunto.

Durante muchos años, el senador Grassley se había preocupado por el tema del incumplimiento de la FARA. Nuestra queja no solo era muy oportuna y específica, sino que planteaba perfectamente ese problema. Yo ya había tenido varias charlas telefónicas con su abogado legislativo, Patrick Davis, describiendo a todas las personas implicadas en la campaña de desinformación anti-Magnitski, así como nuestra experiencia decepcionante con la división de la FARA en el Departamento de Justicia.

El senador Grassley decidió abrazar la causa y escribió al Departamento de Justicia, exigiendo saber qué pensaban hacer con nuestra queja. Les había dado dos semanas para responder, y a principios de mayo, casi un mes más tarde, todavía no sabía nada.

290

Ya estaba acostumbrado a que me ignorase el sistema legal, pero dudaba de que a alguien como el senador Grassley le pasara lo mismo. Estuvo de acuerdo en reunirse conmigo el jueves 11 de mayo para ver cómo podíamos presionar al Departamento de Justicia para que actuase.

Aterricé en Washington la tarde del 10 de mayo, sintiéndome inusualmente cansado. Los problemas se me acumulaban. Cuando el juicio de Prevezon acabase, necesitaría dormir al menos una semana entera. Pero por el momento tenía que correr a toda prisa y mantenerme firme.

Cuando llegué al hotel Willard InterContinental, aquella noche, empecé a notar los síntomas de un fuerte resfriado.

Me desperté a la mañana siguiente mucho peor. Tenía que ir a ver al senador Grassley por la tarde, algo que no podía eludir, de modo que tomé un anticongestivo, seguí al pie de la letra mis planes y me dirigí a su oficina a las tres de la tarde. Patrick Davis me dio la bienvenida. Después de analizar cómo iban las cosas con el DOJ, el senador Grassley se reunió con nosotros en la sala de conferencias. Era un republicano de Iowa de ochenta y cuatro años que llevaba treinta y seis en el Senado. Le conocí entonces y lo encontré muy agradable y simpático.

Discutimos lo que se podía hacer cuando le soltaran la respuesta inevitable en el DOJ: «No podemos confirmarlo ni negarlo», algo que los dos sabíamos que pasaría. Él juró que, cuando tuviera esa carta, los llevaría ante el Comité Judicial para obligarlos a que dieran una respuesta. En ese caso, me preguntó si yo estaría también dispuesto a testificar.

Le dije: «Por supuesto».

Cuando volví al Willard aquella noche el resfriado ya estaba en plena potencia. Me dejé caer en la cama sin cenar siquiera, y me dormí a las siete y media de la tarde.

A la mañana siguiente me desperté con escalofríos y la camiseta empapada. No era un resfriado sin más. Llamé a recepción e hice que me trajeran un termómetro. Efectivamente, tenía fiebre. El hotel me mandó un médico a la habitación, y este me hizo una prueba de la gripe. Dio positivo. Me dijo que tomara un poco de Tylenol, bebiera muchos líquidos y me quedara en la cama. Cancelé todas mis reuniones y dormí el día entero.

Por la noche me había subido la fiebre a 39,7. Apenas podía ir desde la habitación al baño. ¿Cómo conseguiría llegar hasta Nueva York? Y aunque pudiera llegar a Nueva York, ¿cómo me iba a sentar en un estrado de testigos durante una semana entera? Por desgracia, no podía llamar y decir que estaba enfermo. Era un juicio importantísimo, en un tribunal federal de Estados Unidos. Habría docenas de abogados, múltiples testigos, un jurado, el juez…, todo había sido programado y coreografiado de antemano, y yo tenía que desempeñar un papel muy importante en todo ello.

La idea de decepcionar a la familia Magnitski, a Nikolái, a mi equipo y al Gobierno después de cuatro años era impensable. Aquella noche me tomé un antigripal, me acurruqué en la cama y recé para que por la mañana me hubiera bajado la fiebre.

Pero no fue así.

Me desperté temprano, cuando todavía no había salido el sol, y me encontraba fatal. Tenía un dolor de cabeza espantoso y otra vez había dejado la camiseta empapada. En mi delirio previo al amanecer, me había resignado a comunicar a Paul que no podía acudir de ninguna manera el lunes. Me sería físicamente imposible aparecer ante el tribunal.

Cogí el teléfono para escribir un mensaje de correo, pero antes de que pudiera hacerlo, vi un mensaje de Paul que había llegado a las 2.35 de la mañana.

Lo abrí. Mientras dormía, Denis Katsiv había accedido a pagar 5,9 millones de dólares al Gobierno norteamericano para cerrar el caso. Estaba tan enfermo que no sabía ni qué pensar. Pero en aquel momento me invadió un absoluto alivio físico. Dejé mi teléfono desconectado y volví a dormir unas cuantas horas.

Cuanto me desperté, me tomé un té y llamé a Ivan y Vadim. Estuvimos de acuerdo en que era decepcionante que Prevezon no fuera declarado culpable ante un tribunal de Estados Unidos, pero aun así el resultado era bueno. La investigación del Gobierno había desenterrado un millón de dólares más que fluyó a Prevezon del fraude de los 230 millones, y que, si se añadía a nuestro descubrimiento original de los 857 764 dólares, significaba que ellos habían recibido casi 1,9 millones. El acuerdo era de tres veces esa cantidad.

Pensé que personas inocentes no pagan 5,9 millones de dólares para que desaparezcan sus problemas, y además todo aquello se añadía a los 15 millones más o menos que estimaba que había pagado ya Prevezon en gastos legales. Era un precio muy elevado para evitar explicar la procedencia de 1,9 millones de dinero supuestamente negro.

Finalmente, el martes me bajó la fiebre. Me sentí lo bastante fuerte para trabajar un poco y contacté con Patrick, en la oficina del senador Grassley, para informarle del acuerdo Prevezon. Ya lo sabía. Le había cogido por sorpresa también, pero no estaba relacionado con el tema de la FARA, y ellos seguían adelante a toda máquina. También me informó de que acababan de tener noticias del DOJ. Y, efectivamente, el senador había recibido la respuesta exacta que esperábamos: «No podemos confirmarlo ni negarlo».

Patrick me preguntó si estaría dispuesto a testificar ante una vista del Comité Judicial del Senado el 16 de julio. Tenía previsto estar con mi familia en Colorado, pero le dije que iría con toda seguridad.

Volví a Londres de mucho mejor humor. Ya no estaba enfermo y no tendría que enfrentarme a los abogados de Prevezon, nuestra queja de la FARA estaba dando frutos inesperados, e incluso había algo de impulso en un frente enteramente distinto…Cada vez parecía más probable que Canadá aprobase una versión propia de la Ley Magnitski al cabo de los meses siguientes.

Y para rematarlo todo, la NBC estaba a punto de emitir un largo y, esperaba, implacable documental sobre todo lo que rodeaba el caso Magnitski. Yo no sabía cuándo se emitiría, pero esperaba que al menos saliera antes de la vista del Comité Judicial.

Un mes más tarde, más o menos, el 7 de julio, mientras Elena y yo hacíamos el equipaje para ir a Colorado, salió la crónica en la MSNBC. El reportero, Richard Engel, no solo explicó la historia de Serguéi y del fraude de los 230 millones de dólares, sino que también habló del envenenamiento de Vladímir Kara-Murza, del asesinato de Boris Nemtsov, y del «accidente» de Nikolái Gorojov al caerse del tejado. Era fantástico.

293

Elena y yo nos levantamos al amanecer al día siguiente, metimos a los niños en la furgoneta, fuimos a Heathrow y al final nos acomodamos en nuestro vuelo de Londres a Chicago, donde conectaríamos con otro vuelo a Aspen. Aunque viajaba con niños pequeños, pude relajarme por primera vez desde hacía mucho tiempo.

Elena me dejó dormir casi todo el vuelo.

35

La Torre Trump

Verano de 2017

Aterrizamos en O'Hare, en Chicago, a primera hora de la tarde, después de un vuelo de ocho horas. Yo estaba descansado, pero los niños estaban agotados, hambrientos y malhumorados. Elena y yo sabíamos que si no les dábamos algo de comer, nuestros cuatro hijos se amotinarían y se irían derrumbando por turno antes de nuestro siguiente vuelo. Elena entretuvo a los niños lo mejor que pudo mientras yo examinaba la terminal en busca de un restaurante que le conviniera a todo el mundo. Encontré un sitio de sushi llamado Wicker Park Seafood, en el extremo más alejado de la terminal 1. Volví, los recogí, los llevé al restaurante, nos sentamos a una mesa y pedimos.

La comida llegó enseguida. En cuanto los niños empezaron a comer sus rollitos California y la tempura de gambas, su humor mejoró mucho. Crisis resuelta.

Mientras comíamos, sonó mi teléfono. Era una reportera del *New York Times* llamada Jo Becker, que había ganado dos veces el Premio Pulitzer y a quien había conocido en Londres.

Desde la investidura, el escándalo Trump-Rusia no había hecho más que aumentar y volverse más increíble. Justo la noche antes, Trump había mantenido una reunión improvisada con Putin en la cumbre del G20 en Hamburgo, Alemania. Supuse que Jo llamaba por eso, pero inmediatamente fue en una dirección completamente distinta.

—¿Sabes algo de una abogada llamada Natalia Veselnitskaya? —me preguntó.

No podía creerlo.

—¡Claro que sí! —le dije.

Me alejé de la mesa y encontré una hilera de asientos libres junto a un gran ventanal que daba a las pistas. Jo sabía ya muchísimo de Veselnitskaya y tenía muchas preguntas de calado. Para hacer más fáciles las cosas, le entregué nuestra presentación sobre la campaña de desinformación de Veselnitskaya, la misma presentación que había entregado sin éxito a una docena de periodistas el otoño anterior, y se lo expliqué todo, página por página.

Cuando terminé, le pregunté:

—¿Qué vas a hacer con todo esto?

—Ya lo verás —dijo ella, críptica—. Saldrá hoy mismo, más tarde.

Volví a comer, en plena expectación. Era la primera periodista con la que había hablado que había mostrado algún interés por Veselnitskaya, y se trataba de una reportera muy importante del *New York Times*, nada menos. Mientras acababa de comer, continuamente renovaba la app del *Times* en mi teléfono, pero no salía nada. Cuando embarcamos en nuestro siguiente vuelo, un pequeño avión de United Express con el wifi estropeado, todavía no sabía exactamente lo que aparecería en el *Times*.

En cuanto el avión tocó tierra, unas pocas horas más tarde, encendí el teléfono y lo comprobé. Ahí estaba. «El equipo de Trump se reúne con abogada vinculada al Kremlin durante la campaña».

Aquel artículo era una bomba. Revelaba que Natalia Veselnitskaya se había reunido con el hijo de Trump, Donald Trump Jr., con su yerno, Jared Kushner, y con su director de campaña, Paul Manafort, el 9 de junio de 2016 en la Torre Trump, para discutir la Ley Magnitski. Desde que estalló el escándalo Trump-Rusia, aquel era el primer contacto verificado entre una persona rusa y el círculo íntimo de Trump, en el periodo previo a las elecciones.

Iba andando por el aeropuerto aturdido, «ayudando» a Elena a controlar a los niños, pero ausente. El hecho de que la Ley Magnitski estuviese en el centro de uno de los mayores escándalos políticos de la historia de Estados Unidos resultaba desorientador. Y también resultaba increíble que el Gobierno ruso, a través de Veselnitskaya, hubiera sido capaz de conseguir una audiencia con el hijo del próximo presidente de Estados Unidos.

Mientras esperábamos a que apareciera nuestro equipaje en la cinta, mi hija menor, Hannah, me tiró del brazo y preguntó:

—Papá, ¿podremos ir a nadar mañana?

Yo murmuré algo evasivo, sin poder parar de consultar el artículo una y otra vez. Seguía mirando aquella fecha: 9 de junio de 2016.

¿Por qué me resultaba tan familiar?

Comprobé mi agenda.

¡Era el mismo día de la vista de descalificación final contra BakerHostetler en el Segundo Distrito! Aquella a la que había asistido Veselnitskaya. Glenn Simpson estuvo allí también. Veselnitskaya debió de ir directa del tribunal a la Torre Trump. No podía creerlo.

Cuando llegamos a casa, intenté ayudar a Elena a instalar a los niños, pero mi teléfono echaba humo. Llegaban correos, textos y llamadas telefónicas desde todos los rincones del mundo. Docenas de periodistas me habían tomado como objetivo: me habían citado en el artículo de Jo, y era una de las pocas personas en Occidente que tenía conocimientos de primera mano de aquella misteriosa abogada rusa.

Parecía que la natación con Hannah tendría que esperar.

Me fui a un rincón discreto de casa para responder mensajes y programar entrevistas televisivas durante el día siguiente. Entre el desfase horario y la adrenalina, solo conseguí dormir unas horas aquella noche. A la mañana siguiente temprano fui en coche hasta el Instituto Aspen. Afortunadamente, Aspen es uno de los pocos lugares entre Salt Lake City y Denver con un estudio de televisión que funciona. Normalmente se usa para grabar entrevistas para el instituto, y es un lugar muy básico. Tienen un solo cámara llamado Jason, que trabaja en un sótano atestado de cosas y forrado con espuma aislante. Probablemente trabajaba allí solo para ganar lo suficiente para poder vivir junto a las montañas y esquiar en invierno. Aquella semana, sin embargo, en sesión continua, Jason y yo pasamos todos los momentos del día juntos.

Desde aquella pequeña sala, presenté al mundo a Natalia Veselnitskaya, abogada rusa y agente del Kremlin. Expliqué la Ley Magnitski y por qué derogarla era un objetivo fundamental de la política exterior de Putin. También dije que en cuanto Trump se convirtió en el presunto candidato republicano, Putin vio una posibilidad y envió a Veselnitskaya a Estados Unidos para que ayudara a conseguir sus objetivos.

Todos los periodistas querían saber lo que yo pensaba que había ocurrido en realidad en la reunión de la Torre Trump. Aunque no estuve allí físicamente, estaba seguro al cien por cien de que mi nombre había aparecido, y que Veselnitskaya pidió que se derogase la Ley Magnitski, en el caso de que ganase Trump. No tenía ni idea de lo que podía haber ofrecido a cambio. Pero lo que sí sabía con certeza era que ella formaba parte de una sofisticada operación de inteligencia rusa, y que, pidiendo tanto, no la habrían enviado a la Torre Trump con las manos vacías.

Las únicas personas que podían responder a aquellas preguntas definitivamente eran las que habían estado allí. Después del artículo del *New York Times*, Veselnitskaya se escondió, pero Donald Trump Jr. no se hizo tanto de rogar.

Inicialmente Trump Jr. intentó quitar importancia a todo el asunto, asegurando que solo fue una «breve reunión introductoria», sobre todo acerca de «adopciones». No se extendió por ahí, pero, como todos sabemos, «adopciones» significaba la Ley Magnitski, y nada más.

Después de la implacable presión de los medios de comunicación para que dijera algo más, Trump Jr. hizo pública una cadena de mensajes de correo que mostraba cómo se había convocado la reunión, en un intento de acallar la controversia. Pero consiguió justo lo contrario.

Los correos eran entre Trump Jr. y un promotor musical británico llamado Rob Goldstone, que trabajaba para el hijo de un poderoso oligarca ruso muy cercano a los Katsiv. Goldstone le decía a Trump Jr. que el «fiscal de la Corona de Rusia» (una descripción muy poco adecuada del fiscal general Yuri Chaika) se había ofrecido para enviar a un «fiscal ruso del Gobierno» para «proporcionar a la campaña de Trump ciertos documentos oficiales e información que incriminaría a Hillary y revelaría sus tratos con Rusia, y sería muy útil para su padre».

Trump Jr. respondió: «Si es eso lo que dice, me encanta».

Ahora ya sabemos lo que se le ofreció a cambio.

Ya era un escándalo, y explosivo. Dejando a un lado sus importantes implicaciones políticas, era el telón de fondo perfecto para la vista del Comité Judicial del Senado que se avecinaba, el 16 de julio. Aunque la vista era nominalmente sobre la FARA, como mi testimonio se centraría en las actividades de Veselnitskaya en Washington, estaba seguro de que sería un bombazo.

La vista recibió un impulso mucho mayor todavía cuando el Comité Judicial del Senado invitó a testificar también a Donald Trump Jr., Glenn Simpson y Paul Manafort. Añadirlos a la mezcla podría llevar a todo el mundo a la sala de audiencias.

Antes de que saliera a la luz la reunión en la Torre Trump, yo había planeado llevar a mi hija mediana Veronica a un campamento en Nueva Jersey donde se quedaría unos días, y luego regresaría a Washington. Pero ahora que Trump Jr., Simpson y Manafort se habían añadido a la lista de testigos, la vista se había pospuesto al 26 de julio, lo que significaba que tendría que hacer dos viajes al este.

El 14 de julio, el día que Veronica y yo teníamos que volar a Newark, me desperté temprano, recuperándome todavía del desfase horario y unos tiempos de sueño muy confusos la semana anterior. Intentando no molestar a Elena, busqué mi teléfono y fui viendo mis mensajes de correo y las noticias. No había ocurrido nada explosivo durante la noche.

Pero entonces, un poco después de las siete de la mañana, la NBC emitió una noticia con el titular: «Antiguo funcionario de la contrainteligencia soviética, en una reunión con Donald Trump Jr. y una abogada rusa».

Resulta que Veselnitskaya no había ido sola.

No sé por qué motivo, el reportero, Ken Dilanian, había evitado con mucho cuidado nombrar a ese «antiguo funcionario de la contrainteligencia soviética»,[11] pero para mí resultaba obvio quién era. Retuiteé el artículo y puse: «Es curioso que la NBC no nombre al "antiguo funcionario de inteligencia". El único asociado conocido de Veselnitskaya que encaja en ese perfil es Ajmetshin».

11. En el punto culminante de la campaña de desinformación de Veselnitskaya del año anterior, Dilanian había intentado escribir un artículo para NBC que al parecer le dieron la propia Veselnitskaya y Ajmetshin repitiendo las falsas historias rusas sobre mí y sobre Serguéi. Afortunadamente, después de que suministrásemos a los jefes de Dilanian en NBC los hechos del caso, vetaron el artículo.

Una hora más tarde, la Associated Press confirmaba que sí, efectivamente, Rinat Ajmetshin había estado también en la reunión de la Torre Trump. Mi teléfono empezó a echar humo otra vez. Mientras Veronica y yo repasábamos su lista de equipaje para el campamento una vez más, me interrumpían constantemente los reporteros, que querían saber más de Ajmetshin.

Teníamos programado el vuelo a Newark vía Denver aquella tarde. Después de comprobar las bolsas de Veronica y pasar por seguridad, un periodista que trabajaba en el artículo me llamó y preguntó:

—¿Conoce usted a Ajmetshin? Ese tipo es un auténtico misterio. No encuentro fotos suyas por ninguna parte.

—No, no lo conozco —respondí—. Pero se sentó a un par de asientos de distancia de mí en una vista del Congreso, el año pasado. Un colega mío le hizo unas fotos.

—¡Increíble! Si me las pudiera pasar, me haría muy feliz.

Llamé a Vadim. Envió las imágenes directamente al periodista, que rápidamente publicó su artículo junto con las fotos. El crédito de las fotos, en una letra muy pequeña debajo, decía: «Hermitage Capital».

Rinat Ajmetshin, Washington, junio de 2016.

(© HERMITAGE)

Cuando Veronica y yo aterrizamos en Denver cuarenta y cinco minutos más tarde, ya tenía mensajes de más de una docena de editores de fotos, todos ellos rogando mi permiso para publicar las mismas fotos. Accedí y esperé a que apareciesen las noticias de los días siguientes.

Nos registramos en un hotel de Nueva York aquella noche, cenamos comida china y nos fuimos a dormir temprano. A la mañana siguiente bajamos a la cafetería del hotel a desayunar. Había una mesita pequeña con la prensa del día a la entrada, y lo primero que vi fue el tabloide *New York Post*. La parte superior de la portada la ocupaba la foto de Vadim de Ajmetshin, junto con el titular: «Trump asustado – Antiguo "espía" ruso asistió también a la reunión con Jr.».

La misma foto había llegado a una docena de publicaciones más de todo Estados Unidos, aquel día.

Me pidieron que diera una entrevista aquella mañana con Fareed Zakaria, en la CNN, y cuando terminamos, Veronica y yo nos pusimos en camino. Mientras íbamos en el coche, entramos en una zona con poca recepción de wifi, y eso nos dio a Veronica y a mí la oportunidad de hablar tranquilamente sin interrupciones. Esto duró hasta las puertas del campamento, junto al río Delaware, donde llegamos justo antes de la hora límite de recepción.

Mientras estaba en la carretera con Veronica, la prensa norteamericana finalmente se había despertado con nuestra queja de la FARA. Cuando volví a Aspen, al día siguiente, múltiples periodistas investigaban a Chris Cooper, Andréi Nekrasov, Dana Rohrabacher e incluso a su mano derecha, Paul Behrends. Los artículos que salieron sobre Behrends eran tan negativos que inmediatamente fue despedido de su puesto en el personal del Comité de Asuntos Exteriores del Congreso.

Entonces, el 19 de julio, solo una semana antes de la vista, el presidente Trump se puso a sí mismo en el centro de todo con una extensa entrevista grabada con el *New York Times*. Con el típico estilo de Trump, todo era absurdo y disperso, pero hacia el final de la entrevista dijo algo muy revelador.

Durante la cena de gala de la última noche de la cumbre del G20 en Alemania, Trump abandonó el asiento que tenía asignado junto a la esposa del primer ministro japonés y se unió a su propia esposa, Melania, que estaba sentada junto a Vladímir Putin. Trump, que no iba acompañado por ningún miembro del personal ni intérprete, habló con Putin casi una hora. Cuando el *Times* preguntó de qué hablaban, Trump les dijo: «En realidad ha sido muy interesante, hemos hablado de adopciones».

Trump Jr. aseguraría exactamente lo mismo de su reunión con Veselnitskaya, al día siguiente. Nada era una coincidencia. A finales de julio se informó de que el presidente Trump había dictado la declaración inicial de Trump Jr. a la prensa, mientras el presidente volaba a casa desde Alemania, en el Air Force One.

La mayoría de la gente apenas se dio cuenta del reconocimiento de ese hecho, pero era extraordinario. El presidente Trump y su hijo sabían perfectamente que «adopción» era un código que sonaba inocuo para la Ley Magnitski, y ambos hombres estaban intentando con gran esfuerzo hacer que la reunión de la Torre Trump pareciese mucho menos siniestra de lo que había sido en realidad.

Mi inminente testimonio ante el Comité Judicial del Senado sería mi oportunidad para ligarlo todo. Demostraría que la Ley Magnitski no solo era la fuerza que se encontraba detrás de la política oficial de Putin hacia Occidente, sino también detrás de sus audaces intervenciones en el proceso político de Estados Unidos.

Realmente, sería la oportunidad de mi vida.

36

Comité Judicial del Senado

Verano de 2017

Pasé la semana previa a la vista del Senado escribiendo y reescribiendo mi testimonio. Era el documento más importante que había preparado en mi vida, y tenía que ser perfecto.

Normalmente, los testigos leen observaciones ya preparadas de un papel, pero yo no tenía intención alguna de hacerlo. Cuando testificase, miraría a los legisladores a los ojos y les contaría mi historia desde el corazón.

Pronunciar esa declaración inicial no me costaría más de siete minutos. Después de leerla en voz alta un gran número de veces, la recité de memoria, recorriendo el despacho mientras controlaba el tiempo con el móvil. Volví al ordenador para cortar algunas partes y hacer cambios, y lo volví a recitar todo. Repetir, repetir, repetir. Durante aquella semana entera, viví y respiré solo para mi testimonio.

La noche antes de abandonar Colorado, envié el texto a Patrick Davis, en el Comité Judicial del Senado. Mejorarlo habría sido imposible.

Llegué a Washington la tarde del día siguiente y me registré en el Willard. En cuanto me hube instalado, recité mi discurso una última vez. Justo algo menos de siete minutos. Pedí una cena ligera en el servicio de habitaciones, llamé a Elena y me preparé para irme a la cama. Me metí bajo las mantas muy temprano. Por la mañana testificaría junto a Donald Trump Jr., Glenn Simpson y Paul Manafort. Tenía que estar descansado y completamente alerta.

Antes de apagar el móvil para dormir, comprobé mi correo. Acababa de llegar un mensaje de Patrick. «Bill, debido al enorme interés de la prensa, la ubicación de la vista se ha trasladado a Hart, 216, que es una sala de audiencias mucho mayor.»

Aquello iba a ser grande.

Me puse el traje y la corbata a la mañana siguiente a las siete. Comprobé las noticias mientras bajaba por el ascensor. Trump acababa de tuitear un enorme cambio de política: iba a prohibir a los norteamericanos transgénero que sirvieran en el ejército. Todavía estábamos al principio de la presidencia de Trump, y estábamos aprendiendo que cuando a Trump no le gustaban las noticias de aquel día, tuiteaba algo escandaloso, sabiendo que los medios de comunicación lo dejarían todo y correrían hacia ese nuevo cebo brillante. Yo esperaba que la prensa no hiciera eso mismo aquel día.

Me encontré con Juleanna, que me acompañaría a la vista, en el restaurante del hotel. Si la situación se ponía difícil, especialmente con Glenn Simpson, entonces ella estaría allí y me susurraría algún consejo de utilidad.

Después de un desayuno rápido, nos dirigimos al vestíbulo para encontrarnos con mi equipo de seguridad. Normalmente no llevo seguridad en Washington, pero estaba a punto de airear un montón de ropa sucia rusa en la televisión nacional, así que podía pasar cualquier cosa. Los dos hombres que me habían sido asignados acababan de volver de trabajar en contratas militares en Irak. Eran como caricaturas hollywoodienses de guardaespaldas: ambos medían casi dos metros de alto, pesaban más de ciento veinte kilos, calvos, con perilla y con unos trajes que les sentaban mal, y con zapatos cómodos para poder correr... o dar patadas. Como íbamos a un edificio del Gobierno ninguno iba armado, pero su presencia sola ya resultaba intimidatoria.

Los cuatro salimos del hotel, subimos a un monovolumen con cristales tintados y recorrimos el corto trayecto hasta el edificio del Senado Hart.

Al salir del ascensor, en el segundo piso, encontramos a unos cuantos centenares de personas circulando por el pasillo hacia Hart, 216. No tenía ni idea de lo grande que era la sala de audiencias, pero dentro no podía caber ni la mitad de toda aquella gente.

Si Trump había esperado llamar la atención con su prohibición para los transgénero, no le había funcionado.

Como yo era testigo no tuvimos que hacer cola. Fuimos hacia la parte delantera. Al pasar por la doble puerta de la sala de audiencias, una avalancha de cámaras de televisión y fotógrafos de prensa descendió sobre nosotros. Justo entonces apareció Patrick Davis, me cogió del brazo y nos condujo fuera de la conmoción a una antesala que había detrás del estrado. Patrick señaló un par de asientos vacíos en una esquina y se excusó para ir a hablar con el senador Grassley.

La habitación estaba llena de miembros del personal que hacían llamadas de último minuto y enviaban correos. Pasaban muchas cosas por allí. Parecía que estaba ocurriendo algo inesperado.

Patrick volvió unos minutos más tarde.

—Trump Jr., Manafort y Simpson no aparecerán —dijo—. Trump Jr. y Simpson han negociado testimonios a puerta cerrada, y parece que vamos a tener que enviar una citación a Manafort. Estarás tú solo, después del grupo de los tipos del Departamento de Justicia.

Aquello suponía un cierto alivio para mí. Trump Jr. y Manafort habían atraído la atención del mundo hacia aquella vista, pero si realmente hubiesen aparecido, habrían extraído todo el oxígeno de la sala. Ahora, los senadores podrían concentrarse en mi historia sin distracciones sensacionalistas. (Y tampoco quería preocuparme de que Glenn Simpson fuese soltando más desinformación rusa.)

Unos minutos antes de las diez de la mañana, volvimos a entrar en la sala de audiencias. No se veían más que flashes, y no se oía otra cosa que el repiqueteo constante de los obturadores de las cámaras abriéndose y cerrándose. De repente me sentí muy acomplejado. No quería hacer muecas extrañas que pudieran ser capturadas para la posteridad.

Todos los asientos de la sala estaban ocupados. Los reporteros estaban apelotonados, hombro con hombro, en torno a la mesa de prensa, con los portátiles abiertos y preparados. Una docena de fotógrafos estaban sentados en el suelo entre la mesa de los testigos y el estrado donde se encontraban sentados los senadores.

305

Los funcionarios de Justicia estaban presentes en la mesa de los testigos. A mis guardias de seguridad les dijeron que se quedaran de pie junto a la pared, mientras a Juleanna y a mí nos indicaban un par de asientos reservados en la segunda fila. Las cámaras seguían chasqueando por todas partes. Por pura costumbre fui a buscar mi móvil, pero decidí no mirarlo. No quería que algún fotógrafo pudiera captar un mensaje.

El senador Grassley dio unos golpecitos con su mazo. Empezaba la vista. El senador explicó que Trump Jr., Simpson y Manafort no estarían presentes aquel día. La decepción colectiva fue palpable.

Vista del Comité Judicial del Senado, 26 de julio de 2017.
(© C-SPAN)

Tras veinte minutos de formalidades, se tomó juramento a los funcionarios de Justicia. Cada uno leyó su declaración, sin apenas levantar la vista de las páginas que tenía delante. Ninguno de ellos quería hablar de sus fallos a la hora de hacer cumplir la FARA, de modo que recurrieron a la jerga y la tediosa charla laboral, sabiendo que nadie recordaría una sola palabra de lo que dijeran. Y al parecer les funcionó. Mientras hablaban los senadores, se fueron dedicando a consultar sus móviles y susurrar a sus ayudantes.

Quince minutos después empezó el turno de preguntas de los senadores. Las respuestas de los funcionarios no fueron más inspiradas que sus declaraciones preparadas. Todo el mundo había aparecido allí esperando fuegos artificiales, pero aquello empezaba a resultar un enorme chasco.

La monotonía pasó de aburrida sin más a algo más dañino, cuando el senador Grassley interrumpió la vista para anunciar que los demócratas acababan de invocar algo llamado «la norma de las dos horas». Juleanna se inclinó hacia delante y me explicó en voz baja que era un procedimiento que limitaba la vista a dos horas exactamente, y ni un minuto más.

—Pero ¿por qué quieren hacer eso? —susurré yo.

Ella se encogió de hombros.

—Probablemente no tiene nada que ver contigo. Lo más seguro es que se trate de alguna represalia política que no tiene relación con esto.

Fuera cual fuese el motivo, cada minuto que aquellos tipos de Justicia iban gastando con su monótono soniquete era un minuto menos que me dejaban a mí para hablar.

A medida que progresaba la vista, parecía cada vez más claro que no me iban a dejar testificar.

Miré a Juleanna.

—¿Podría ocurrir, realmente?

—No te preocupes. Grassley encontrará una manera de hacerlo.

Tenía razón. Unos minutos más tarde, el senador Grassley anunció que volvía a convocar la vista a las nueve de la mañana del día siguiente. Mi testimonio sería el único punto de la agenda.

Normalmente me costaba algunos meses programar diez minutos con un solo senador, pero ahora iba a tener dos horas enteras con un grupo de los legisladores más importantes de Estados Unidos.

A la mañana siguiente me desperté muy temprano y me preparé para salir.

La noche anterior me habían invitado a una entrevista en la CNN, y llegué a su estudio, detrás de la Union Station, a

307

las seis y media de la mañana. Antes de mi intervención en el programa estaría Anthony Scaramucci, el reciente director de Comunicaciones del presidente Trump, que de repente había lanzado una diatriba en una entrevista con el *New Yorker*. Había dicho que el entonces jefe de Personal de Trump, Reince Priebus, era un «puto paranoico esquizofrénico», y cuando el reportero dijo que Anthony estaba obsesionado con los medios, replicó: «Yo no soy Steve Bannon, no trato de chuparme la polla a mí mismo».

Conocía a Anthony Scaramucci, un neoyorquino ingenioso y voluble, desde hacía mucho tiempo. Y me gustaba. Después de publicar *Notificación roja*, cada vez que me encontraba con él, se ponía las manos huecas en torno al paquete, como si estuviera sujetando algo muy pesado, y decía: «¡Tío, tienes unas pelotas de hierro, tratando así a Putin!». Las palabrotas formaban parte de su encanto, pero es posible que sus comentarios al *New Yorker* hubieran ido demasiado lejos, incluso para la era Trump.

Aquella mañana, mientras estaba sentado en la antesala de la CNN, Anthony aparecía en antena. Intentaba defenderse como podía, pero el presentador, Chris Cuomo, no aceptaba sus excusas. La entrevista fue acalorada y duró casi treinta minutos. Esos programas matinales están programados al segundo, y no suelen excederse en el tiempo prácticamente nunca.

Cuando finalmente acabó Anthony, yo me preparé para aparecer en el plató. Aún tenía mucho tiempo antes de la vista. Pero, durante el corte publicitario, una productora muy nerviosa apareció corriendo en la antesala y dijo:

—Lo siento, señor Browder, pero no tenemos tiempo para usted. El invitado anterior ha consumido demasiado.

—¿Me va a echar el Mooch?* —pregunté, riendo.

Ella asintió.

—Lo siento de verdad.

Como disponía de dos horas libres antes de la vista, mis guardaespaldas y yo fuimos a un café que hay junto al Capitolio, donde les invité a desayunar. Mientras nos comíamos unos huevos y tostadas, me contaron historias de la guerra

---

* The Mooch es el apodo de Anthony Scaramucci; significa «vividor», «gorrón». *(N. del Editor)*

sobre artefactos explosivos e insurgentes que luchaban en Irak. Fue una buena distracción.

Después del desayuno, fuimos andando al edificio de oficinas del Senado Hart. Sabía que sin Trump Jr. o Manafort la audiencia habría disminuido mucho, pero no me imaginaba lo que encontré. Cuando salimos del ascensor, el vestíbulo estaba completamente vacío. No había ni colas ni grupos de reporteros, ni personal extra. En la sala de audiencias había un solo fotógrafo sentado con las piernas cruzadas en el suelo frente a la mesa de los testigos, y las únicas cámaras de televisión eran de C-SPAN, cuya misión es filmar todos los procedimientos del comité, por muy rutinarios que sean. El único reportero que había en la mesa de prensa era un hombre a quien no había visto nunca. Llevaba una camisa hawaiana roja y azul debajo de una chaqueta deportiva azul.

Me sentí muy decepcionado, pero ¿qué podía hacer? Intentaría concentrarme en los senadores y actuar como si la sala estuviera llena.

Me senté en la única silla que había en la mesa de los testigos, con mis dos guardaespaldas flanqueándome en la primera fila.

Justo a las nueve de la mañana, el senador Grassley bajó del estrado a saludarme y darme las gracias por acceder a quedarme un día más. Hice un gesto hacia la sala medio vacía.

—Como no hay nadie hablando, ¿tengo que ajustarme a los siete minutos? —pregunté.

El senador Grassley me puso una mano en el hombro y en tono amistoso me dijo:

—No, tómese todo el tiempo que quiera, Bill.

Me tomaron juramento. No llevaba papeles, ni blocs, ni bolígrafos, y no había allí nadie para ayudarme (Juleanna iba en un avión a California para un compromiso previo). Pero no estaba nervioso. Sin la restricción de tiempo, me tomé once minutos y conté la historia en su totalidad.

Vista del Comité Judicial del Senado, 27 de julio de 2017.
(© DREW ANGERER/GETTY IMAGES NEWS/GETTY IMAGES)

La mayoría de las vistas en el Senado son espectáculos teatrales. Los senadores sueltan discursos y luego hacen preguntas que promueven su agenda particular, y allí poco había de eso. Los republicanos deseaban que desacreditara a Glenn Simpson y dijera que el expediente Trump era una absoluta ficción. Y los demócratas querían que dijera que la reunión de la Torre Trump era prueba de una conspiración entre los rusos y la campaña de Trump.

No hice ninguna de esas dos cosas. Me concentré totalmente en mantener la neutralidad. No podía permitirme que aquella vista se convirtiera en algo partidista. Necesitaba que republicanos y demócratas continuaran trabajando juntos para luchar contra Putin, mientras él intentaba hacer descarrilar la Ley Magnitski.

Afortunadamente, a medida que progresaba la vista el partidismo desapareció. Había un deseo genuino entre todos los senadores de comprender cómo funcionaba Rusia, y por qué Putin se comportaba como lo hacía.

Durante una hora y cuarenta y cinco minutos, fui desarrollando las motivaciones de Putin. Tracé una línea entre el fraude de 230 millones de dólares y el representante de Putin, el chelista Serguéi Roldugin, expliqué que no se trataba de un caso aislado, sino de uno de los miles de delitos de los que Putin se había beneficiado, lo que le había permitido amasar una fortuna que se estimaba en 200 000 millones de dólares. Señalé que casi toda esa riqueza se hallaba en instituciones financieras occidentales y con riesgo de ser embargada bajo la Ley Magnitski. Por ese motivo, la ley era una amenaza existencial para él y sus funcionarios de mayor rango.

Cuatro de los nueve senadores asistentes eran antiguos fiscales, e hicieron uso de todas sus habilidades fiscalizadoras para plantear sus preguntas. Cuando acabé de responder, los legisladores de la sala habían llegado a una epifanía. Por primera vez todo cuadraba: una de las principales razones por las cuales Putin había interferido en las elecciones estadounidenses era por la Ley Magnitski.

Cuando terminó la vista, me quedé frente a la mesa de los testigos charlando con Patrick Davis. Mientras hablábamos, un empleado importante de la senadora por California, Dianne Feinstein, el miembro de mayor rango del Comité Judicial del Senado, se acercó a mí y me preguntó si podía ir a hablar con la senadora Feinstein en la antesala. Seguí al empleado y me reuní con ella. Feinstein me dio las gracias por quedarme un día más y dijo que aquel testimonio era uno de los más potentes que había oído en sus veinticinco años como senadora de Estados Unidos.

Resultó que, aunque la sala de audiencias estaba vacía, decenas de miles de personas habían seguido el acto, y de ello salieron muchas cosas: una montaña de nuevos seguidores en Twitter para mí, un vídeo viral de C-SPAN (sí, tales cosas existen), una tremenda cobertura en prensa, *Notificación roja* de nuevo en la lista de más vendidos del *New York Times* y, algo crucial, apoyo blindado para la Ley Magnitski.

Durante la sesión de preguntas y respuestas, el senador Cornyn, un republicano de Texas, y la senadora Feinstein habían establecido rotundamente que no se podía consentir que la Ley Magnitski fuera abolida jamás. El senador Whitehouse, un demócrata de Rhode Island, había ido más allá todavía, sugiriendo una enmienda de la ley para hacer imposible que algún presidente eliminara personas de la lista Magnitski sin contar con el consentimiento expreso del Congreso (una enmienda que no se ha realizado aún mientras escribo esto, pero que apoyo plenamente).

Pero más importante que todo esto fue la visibilidad. Si solo la décima parte del uno por ciento de norteamericanos había oído hablar de Serguéi y la Ley Magnitski antes de la vista del Comité Judicial del Senado, cuando todos los medios se calmaron por fin, el número había crecido exponencialmente. Una buena parte del público estadounidense, y desde luego el propio Vladímir Putin, habían recibido el mensaje.

La Ley Magnitski había venido para quedarse.

37

Entrada Global

Otoño de 2017

Los rusos reaccionaron a mi testimonio de una manera típica. Unos cuantos días después de la vista, el ayudante del fiscal general, Viktor Grin, el mismo funcionario sancionado que se había reunido con el diputado Dana Rohrabacher en Moscú en la primavera de 2016, anunció que me iban a juzgar otra vez *in absentia*. Las acusaciones eran fraude, bancarrota falsa y ese comodín clásico que usa el régimen de Putin regularmente contra sus enemigos: evasión de impuestos. Mi codemandado esta vez era mi colega Ivan. Ninguno de nosotros tomaría en consideración ese juicio enviando siquiera un abogado que nos representara, pero los rusos todavía estaban decididos a salirse con la suya.

Si estos actos estaban destinados a intimidarme de alguna manera, no lo consiguieron. Continué con mi trabajo en la campaña Magnitski, y unos meses más tarde, el 4 de octubre, el Congreso de los Diputados canadiense votó por 277-0 promulgar su propia versión de la Ley Magnitski. Pasó unánimemente por el Senado el 17 de octubre y se convirtió en ley al día siguiente.

La Ley Magnitski canadiense era un gran hito. No es que los rusos comprasen muchas villas en Toronto o mantuvieran su dinero en bancos de Montreal, pero era posible que otros países siguieran el ejemplo canadiense. Muchas naciones o bien eran demasiado orgullosas o bien demasiado antiamericanas para seguir a Estados Unidos, pero no se puede ser anticanadiense. Sabía que ese movimiento abriría las compuertas de par en par y que una cascada de países más adoptarían pronto leyes Magnitski propias.

Al parecer, Putin también lo sabía.

La tarde del 19 de octubre, mientras planeaba un viaje de celebración a Ottawa para mí y la familia Magnitski, recibí un mensaje automático de la Aduana y Patrulla Aduanera de Estados Unidos (CBP por sus siglas en inglés). Decía: «Ha habido un cambio reciente en el estatus de su petición. Por favor, regístrese en la web Trusted Traveler para más información».

Era muy extraño. Yo no volaba a Canadá a través de Estados Unidos, ni había pedido nada a la CBP. Pensé que era spam, y algún intento raro de *phising*. Aunque la dirección de correo, no-reply@cpb.dhs.gov parecía legítima, eso no quería decir nada. Varios años antes, el día de los inocentes en abril, recibí un mensaje de events@whitehouse.gv, invitándome a un fin de semana de retiro con el presidente Obama. Al principio me sentí muy emocionado y halagado, hasta que vi varios errores en el mensaje y me di cuenta de que era una broma. Cuando me enfrenté a mi hijo David, de quince años, sonrió travieso y me explicó que era muy fácil fingir que un mensaje venía de la Casa Blanca o de cualquier otro sitio.

Ignoré ese mensaje de la CBP durante media hora, pero me intrigaba mucho, así que quise comprobar de qué iba.

Nunca hago clic en vínculos de mensajes que no he pedido, de modo que tecleé la dirección. Apareció una web auténtica del Gobierno. Después de pasar por su proceso de verificación, recibí un mensaje sorprendente: «Su estado de Entrada Global ha sido revocado». Entrada Global es un programa del Gobierno de Estados Unidos que permite a los miembros saltarse las colas de inmigración en la mayoría de los aeropuertos de Estados Unidos.

Como todo el mundo, yo prefería no hacer cola, desde luego, pero no era eso lo importante. Quizá estuviese pasando algo mucho más siniestro. Parecía improbable, pero la gente se estaba centrando mucho en Trump, Putin y una posible conspiración entre ellos, y no pude evitar preguntarme si habrían hecho algún trato sucio subrepticiamente que me afectara a mí.

314

Pero ¿cómo averiguarlo? No podía llamar a la embajada estadounidense en Londres sin más ni más y preguntar si estaba en alguna nueva lista Trump-Putin que me impidiera volar. Lo más probable era que no lo supieran, y que si lo sabían, no me lo dijeran.

El primer paso y el más lógico era ver si me habían revocado el visado de Estados Unidos también, o si era solo un problema con Entrada Global. Los ciudadanos británicos y europeos viajan a Estados Unidos bajo un régimen que se llama ESTA: es como una especie de «visado *light*». Se puede pedir *online*, se pagan doce dólares y, a menos que seas un terrorista o algún otro tipo de chico malo, se aprueba al momento y dura dos años. Entré en la web del ESTA para comprobar el estado de mi visado, pero no me dijo nada.

La forma más fácil de ver si funcionaba era comprar un billete que pudiera devolver y facturar en línea. Si la compañía aérea me daba una tarjeta de embarque, mi ESTA funcionaba perfectamente. Pero cuando lo intenté recibí un mensaje grabado de United Airlines diciéndome que no podían emitir una tarjeta de embarque para mí, y que tenía que resolver el problema en persona en el aeropuerto.

Cogí el metro hasta la estación de Paddington y subí en el Heathrow Express. Todo el viaje duraba menos de una hora. Fui al mostrador de facturación más cercano y esperé en una cola corta. Cuando me llegó el turno, saludé al empleado y le tendí mi pasaporte. Él tecleó mi información en su ordenador. Nada. Volvió a teclear la información. Nada todavía. Le pregunté si pasaba algo. No lo sabía. Entonces llamó a una supervisora. El ordenador tampoco la dejó entrar.

Entonces llamó a alguien que supuse que sería un funcionario de la CBP en Heathrow. La supervisora me dijo que fuera a su puesto de trabajo y me quedara allí a un lado. Me diría cuándo se había resuelto mi problema.

Un poco más tarde miró en mi dirección. La expresión agria de su cara me lo dijo todo.

—Lo siento, señor Browder —me dijo—, pero su ESTA ya no es válida.

—¿Por qué? ¿Qué ha ocurrido?

—No me lo han dicho.

315

—¿Y qué puedo hacer yo?

—Supongo que tiene que contactar con la embajada estadounidense. Lo siento, pero nosotros no podemos hacer nada por usted aquí.

Me aparté del mostrador. Sabía que los rusos, de alguna manera, estaban detrás de aquello. Pero ¿cómo habrían conseguido que Estados Unidos hiciera lo que ellos quisieran? Si realmente había una conspiración entre Trump y Putin, yo tendría graves problemas.

En el tren de vuelta a Londres busqué alguna explicación razonable que no implicara a Trump y Putin. Lo único que me venía a la mente una y otra vez es que quizá, solo quizá, tuviera algo que ver con la Interpol, y no con alguna conspiración insondable.

De vuelta en la oficina, entré en la web de la Interpol para ver si estaba en su lista de Personas Buscadas. No estaba, pero eso no me consoló demasiado. La lista pública de Personas Buscadas de la Interpol solo cubre una fracción de su base de datos. La mayoría de la gente que está en ella no tiene ni idea hasta que los detienen en una frontera y se los llevan esposados.

Yo podría haber resuelto el misterio en un segundo si hubiera visto la lista completa de la Interpol, pero para un civil eso era imposible. Solo los agentes de la ley tenían acceso a ella.

Sin embargo, a causa de las muchas investigaciones de blanqueo que había iniciado, conocía a muchos policías y fiscales. Hablé con varios de ellos, pero todos me dieron una versión similar de la misma respuesta: «Bill, sabes que eso no puedo decírtelo». Unos cuantos se enfadaron incluso por habérselo preguntado.

Continué trabajando en mi lista de contactos. Esperaba no estar quemando demasiados puentes, pero es que realmente tenía que saberlo. Al final me puse en contacto con alguien a quien solo había visto una vez. Esperaba que me rechazara, como los demás, pero, por el contrario, me dijo, muy animado: «Claro, déjame que lo compruebe», como si no fuera nada. Oí teclear de fondo. Al cabo de medio minuto me dijo:

—Sí. Parece que hay algo en el sistema.

—¿De dónde? —Aunque yo ya sabía la respuesta.

—Rusia.

—¿Y cuándo se emitió? —pregunté yo.

—El martes pasado.

Fue el 17 de octubre, el mismo día que el Senado canadiense aprobaba la Ley Magnitski. Esta última orden de la Interpol era una represalia directa.

Con esta nueva información, llamé a Patrick Davis del despacho del senador Grassley, para ver si podía averiguar si mi problema con la ESTA se hallaba vinculado de algún modo con ese aviso de la Interpol. Él contactó con Seguridad Nacional y me informó enseguida de que sí, efectivamente, el sistema ESTA se sincroniza con la Interpol. Alguien buscado por la Interpol automáticamente pierde su ESTA.

No había ningún ser humano detrás de mi pérdida de la ESTA. Nadie en Estados Unidos me había tomado como objetivo intencionadamente. Me sentí un poco idiota por pensar que había una conspiración. Por supuesto, el presidente de Estados Unidos, fuera quien fuese, no se coordinaba con Putin.

Sin embargo, todo aquel laberinto era profundamente irónico. Desde el asesinato de Serguéi, uno de mis principales objetivos en la vida era que a los funcionarios rusos corruptos se les prohibiera viajar a países como Estados Unidos… y por el contrario, Putin usaba con efectividad a la Interpol para prohibirme a mí viajar a Norteamérica.

Afortunadamente, esa prohibición sería breve. La noticia apareció públicamente el domingo por la tarde en el blog de mi amigo Jay Nordlinger, en *National Review*, bajo el título: «¿Por qué se le prohíbe la entrada a Estados Unidos a Bill Browder?». La respuesta fue llamativa y rápida. Gente de todas partes tuvo la misma reacción incrédula que yo había tenido, y pensaron en las mismas negras consecuencias. ¿Vivíamos en un mundo en el cual a los enemigos de Putin se les podía prohibir entrar a Estados Unidos porque Trump era presidente?

A la mañana siguiente, los senadores McCain y Cardin emitieron un comunicado de prensa conjunto pidiendo que se me restableciera el visado. «El trabajo del señor Browder ha ayudado a eliminar a actores corruptos de nuestro sistema financiero… Sería muy desafortunado que Estados Unidos decidiera prohibirle la entrada basándose en una decisión de esos mismos funcionarios rusos que han sido objetivo [de la Ley Magnitski].»

317

Al cabo de dos horas, el Departamento de Seguridad Nacional me había restablecido la ESTA.

Dos días más tarde, la Interpol borró la petición de arresto de su sistema y ordenó a los 192 Estados miembros que eliminaran cualquier mención de mi nombre en sus bases de datos nacionales.

Esta derrota fue humillante para Putin, pero una cosa que sí podía controlar era el sistema judicial de su propio país. El 29 de diciembre de 2017, el Tribunal del distrito de Tverskoy de Moscú nos encontró a Ivan y a mí culpables de nuestros últimos «delitos». Ivan fue sentenciado a ocho años, y a mí me echaron otros nueve, ambos *in absentia*.

Me enfrentaba a dieciocho años en un campo de prisioneros ruso, si alguna vez me extraditaban a Moscú.

38

Danske Bank

Invierno-verano de 2018

$\mathcal{A}$ mediados de febrero llevé a mi familia de vacaciones a esquiar en Suiza, a un centro turístico llamado Crans Montana, a dos horas de Ginebra. Pasamos una semana maravillosa juntos, pero al final tuvimos que separarnos. Elena y los niños tenían que estar en casa el domingo por la noche para volver al colegio… y yo tenía asuntos en Ginebra.

El domingo por la tarde acompañé a mi familia al aeropuerto, les abracé a todos y les dije que nos veríamos a la noche siguiente.

Al día siguiente di un discurso sobre la Ley Magnitski en la Cumbre de Derechos Humanos de Ginebra, que tuvo lugar en el local de las Naciones Unidas.

La campaña de justicia Magnitski estaba en su punto álgido. Solo un mes después de la aprobación de la Ley Magnitski canadiense, el octavo aniversario del asesinato de Serguéi, el Parlamento lituano había aprobado su propia Ley Magnitski. Y a principios de 2018, los letones hicieron lo mismo. Yo confiaba en que muy pronto más países adoptarían leyes Magnitski por su parte.

Después de hablar, me quedé un rato para conversar con diversos activistas políticos y de derechos humanos, y luego me dirigí al aeropuerto en torno a las cinco de la tarde para volar aquella misma noche a Londres.

Después de facturar, compré chocolate suizo para mi familia y procedí a pasar el control de fronteras. Mi último conflicto con la Interpol se había resuelto plenamente, así que no esperaba que hubiese ningún problema.

Pero cuando enseñé mi pasaporte, el funcionario lo introdujo en su máquina, se inclinó sobre la pantalla y guiñó los ojos. No me devolvió el pasaporte, sino que cogió el teléfono. Como estaba detrás de una pantalla, no oí lo que estaba diciendo.

Me quedé allí de pie, incómodo. La gente empezó a cambiarse a la otra cola. Luego el hombre se volvió hacia su micrófono y empezó a hacerme preguntas en inglés.

—¿Cuánto tiempo ha estado en Suiza?

—Siete días —respondí.

—¿Y qué estaba haciendo aquí?

—Esquiar con mi familia, y luego asistir a un acto en las Naciones Unidas.

Miró por encima de mi hombro.

—¿Dónde está su familia?

—Volvieron a casa ayer.

—¿Casa es Gran Bretaña?

—Sí.

Me pasó un trozo de papel en blanco y un bolígrafo.

—Por favor, ponga la dirección de su casa en Gran Bretaña.

—¿Para qué necesita esto?

—Yo hago las preguntas, señor Browder.

Había estado en Suiza docenas de veces y nunca me habían hecho ni una sola pregunta cuando abandonaba el país. No me gustaba nada adónde iba todo aquello. Dónde vivía yo en el Reino Unido no era de la incumbencia de los suizos.

Sin embargo, aquel hombre me obligaba a responder. Escribí mi dirección y le di el papel.

—¿Qué planes tiene para el futuro?

Aquello estaba completamente fuera de lugar. Le di una respuesta vaga diciendo que no tenía planes inmediatos, cosa que era cierta, no tenía reservado ningún acto, pero no era enteramente cierto tampoco, ya que tenía varios compromisos en Europa en las semanas siguientes.

Él apagó el micrófono y cogió el teléfono. Una vez más no oí lo que decía. Era un funcionario de la ley que estaba detrás de una pantalla de cristal moviendo la boca y hablando de mí.

Mandé un mensaje a Elena.

«Creo que hay problemas. No me dejan pasar por la frontera en Ginebra.»

«¿Interpol?»

«No lo sé.»

«Sigue informándome.»

Entonces esperé.

Me quedé allí viendo cómo pasaban otros pasajeros por el control de fronteras como si no fuera nada. Enseñar el pasaporte, escanearlo, seguir adelante.

Diez minutos más tarde, Elena me preguntó:

«¿Alguna novedad?».

«No. Sigo aquí.»

Finalmente, al cabo de veinte minutos, el funcionario me devolvió mi pasaporte sin darme ninguna explicación. Ni siquiera me dijo: «Que tenga un buen vuelo».

Llamé a Elena para decirle que me habían dejado pasar, pero hasta que estuvimos en el aire no me sentí a salvo. No tenía ni idea de por qué había pasado aquello, pero estaba claro que tenía algo que ver con los rusos.[12]

A partir de aquel momento empezó a darme un poco de miedo viajar por Europa.

Y ese miedo no carecía de fundamentos. Como saben, algo más de tres meses más tarde, la mañana del 30 de mayo de 2018, fui arrestado en Madrid en el Gran Hotel Inglés con una orden de detención rusa de la Interpol.

Nunca he sabido exactamente por qué ocurrió eso, pero, inmediatamente después, la Interpol aseguró que los españoles actuaban siguiendo una orden rusa antigua (la que fue emitida después de que los canadienses aprobaran la Ley Magnitski) y que España había ignorado la directiva de la Interpol de borrar mi nombre de su sistema.

---

12. Y tenía toda la razón. Al final nos enteramos de que, más o menos por aquella época, al oficial de la policía federal suizo de mayor rango, que investigaba blanqueo de dinero conectado con el caso Magnitski, un hombre llamado Vinzenz Schnell, lo cogieron viajando en secreto y sin autorización a Moscú para reunirse nada menos que con Natalia Veselnitskaya. Más tarde se descubrió que, mientras intentaba activamente sabotear la investigación suiza Magnitski, Schnell hizo un viaje de caza muy lujoso a Rusia, pagado por un oligarca ruso. Schnell fue despedido al final y condenado en un tribunal suizo.

Los españoles negaron tal cosa, asegurando que actuaron siguiendo una orden nueva. Como mi arresto en Madrid llegó justo después de lo de Ginebra, yo me inclinaba a creer a España, y no a la Interpol. Esto se vio reforzado por un extraño tuit de @Interpol_HQ, emitido poco después de mi liberación, que decía: «No hay ni ha habido nunca ninguna notificación roja para Bill Browder. Al señor Browder no se le busca por los canales de Interpol». Estaban siendo totalmente falsos. Por aquel entonces habían circulado múltiples notificicaciones de Rusia a través de los canales de la Interpol.

Los rusos no se habían recuperado aún de la humillación de Madrid. Poco después de que los españoles me soltaran, el fiscal general Yuri Chaika hizo una declaración pública: «Redoblaremos nuestros esfuerzos para atrapar a Bill Browder... No debería dormir tranquilamente por la noche».

Aunque esto sonaba alarmante, no iba a dejar que las amenazas de Chaika alterasen mis planes. Una semana después de mi arresto en Madrid, Vadim y yo viajamos a Copenhague, Dinamarca, para reunirnos con un par de periodistas de investigación, Eva Jung y Michael Lund, en uno de los periódicos más importantes de Dinamarca, *Berlingske*.

Eva y Michael habían usado una enorme filtración de datos llamada el Laundromat Ruso para descubrir que el Danske Bank, el banco de mayor tamaño de Dinamarca, estuvo implicado en graves blanqueos de dinero durante al menos una década (como otras filtraciones de esta historia, esta la había obtenido la OCCRP, la ONG que originalmente nos había proporcionado el archivo moldavo). A lo largo del año anterior, Eva y Michael habían escrito más de setenta artículos sobre el Danske Bank. Estos cubrían una serie de pagos sospechosos en múltiples operaciones incluyendo a personajes muy distintos, como antiguos líderes importantes de Azerbaiyán, políticos europeos corruptos, un traficante de armas ruso, empresas iraníes sancionadas e incluso un primo de Putin, entre otros.

Su información obligó a actuar al Danske Bank. En el otoño de 2017, el CEO del banco, Thomas Borgen, anunció una auditoría integral que llevarían a cabo abogados y contables externos. El resultado de esa auditoría aún no se había hecho público cuando nos reunimos con Eva y Michael.

Nosotros queríamos verlos porque habíamos hecho algunos descubrimientos llamativos, en lo que respecta al Danske Bank. Usando datos de la investigación francesa, el archivo moldavo y otras fuentes, Vadim había identificado 43 112 transacciones que demostraban que doscientos millones de dólares conectados con los 230 habían sido blanqueados a través de veinte empresas fantasma con cuentas en una sola filial del Danske Bank en Estonia, en Tallin.

No tuvimos suerte intentando implicar a la policía danesa, y esperábamos que conectar con esos reporteros pudiera ayudar a espolear a las autoridades.

El 5 de junio, Vadim y yo volamos a Copenhague para reunirnos con Eva y Michael en la bulliciosa oficina del *Berlingske*, un edificio moderno en el City Centre. (El *Berlingske* era uno de los periódicos escandinavos más antiguos, publicado por primera vez el 3 de enero de 1749; también resultaba que era uno de los periódicos más antiguos que había seguido publicándose sin interrupción en todo el mundo.)

Eva, una mujer rubia de unos treinta y tantos años, nos saludó en el vestíbulo. Nos acompañó escaleras arriba y nos instalamos en una espartana sala de conferencias con muebles de IKEA. Nos presentó a Michael, alto, con el pelo castaño, una amplia sonrisa, que apartó la silla para que se sentara Eva.

A partir de ahí, se encargó Vadim. Desenrolló un enorme papel y lo extendió encima de la mesa. Representaba una red muy compleja de empresas fantasma que demostraban cómo se había sacado el dinero del Tesoro ruso, había pasado por una serie de países y acabado en el Danske Bank de Estonia. Vadim fue siguiendo el camino expertamente por encima de aquella red, discutió todos los detalles con ellos durante cuarenta y cinco minutos y respondió a todas sus preguntas.

Al volver a recoger el gráfico, al final de nuestra reunión, Eva preguntó:

—¿Querrían compartir su información con nosotros?

—Nos gustaría comprobar las referencias con nuestro propio material —añadió Michael.

—Claro, estaremos encantados de que la utilicen —dije yo.

Cuando volvimos a Londres, Vadim reunió las 43 112 transferencias de las veinte empresas, firmas con nombres como

323

Diamonds Forever International, Everfront Sales y Castlefront (nombres muy inspirados para empresas fantasma dedicadas al blanqueo de dinero), lo puso todo en un archivo encriptado y se lo envió al *Berlingske*.

No sabíamos cuándo volveríamos a saber de ellos algún día, pero cinco días más tarde Michael mandó un mensaje a Vadim para informarle de que su análisis confirmaba los 200 millones que nosotros habíamos identificado, pero que además ellos también habían encontrado 8300 millones «más» de dinero sospechoso que fluyó desde Rusia y otros estados exsoviéticos a través de esas veinte empresas, durante 2007 y 2015. Era mucho, mucho más de lo que ninguno de nosotros había esperado. En sí mismo, representaba el tercer escándalo más importante de blanqueo en Europa «de toda la historia».

El artículo del *Berlingske* salió el 3 de julio de 2018. Fue un bombazo en Dinamarca, pero donde tuvo más impacto fue internacionalmente. Hasta aquel momento, el interés por el escándalo del Danske Bank se había limitado a Escandinavia. Pero ahora el interés era mundial, realmente.

Estos hechos presionaban aún más al Danske Bank en la auditoría que se avecinaba. Ya no se trataba de un simple asunto empresarial, sino que era un asunto «nacional», con todo tipo de implicaciones de largo alcance. Dinamarca tenía una reputación acendrada de honradez: sistemáticamente aparece la segunda (después de Nueva Zelanda) en el Índice de Percepción de Corrupción anual de Transparencia Internacional. Si el país quería mantener esa reputación, el Danske Bank tendría que quedar bien limpio.

Pero no solo estaban preocupados los daneses. El informe de Eva y Michael había revelado la arquitectura de una de las tuberías principales que facilitaba el flujo de dinero negro fuera de Rusia. Esta revelación, a su debido tiempo, pondría al descubierto muchos delitos cometidos por el régimen de Putin, nosotros estábamos seguros de ello.

Habría represalias. Lo único que no sabía era cuándo, ni qué forma adoptarían.

39

Una «oferta increíble»

Verano de 2018

$\mathcal{T}$res días después del artículo del *Berlingske,* recibí un correo en un inglés un poco defectuoso. «Escribo a usted para advertirle de conspiración de asesinato contra usted por servicios seguridad rusos en el futuro próximo para ocurrir. Recibí nueva información directamente identificando usted como objetivo.»

Era difícil deducir qué credibilidad tenía aquel mensaje, pero la persona que lo había escrito (un antiguo funcionario de inteligencia ruso que vivía en Gran Bretaña) tenía la reputación de hacer afirmaciones muy melodramáticas sobre conspiraciones para asesinar a gente y otros complots rusos. Sin embargo, su afirmación era muy concisa: «Es consejo profesional mío —escribía— que por supuesto usted puede ignorar o no hacer caso. Por favor, tenga cuidado y aumente medidas de seguridad».

No me lo tomé en serio, en general. Recibo muchos mensajes de ese tipo, y aquel en particular no parecía demasiado creíble. Sin embargo, unos acontecimientos recientes me habían puesto algo nervioso. El 4 de marzo de 2018, el Kremlin había enviado a dos asesinos a Salisbury, Inglaterra, a matar a Serguéi Skripal, otro antiguo funcionario de inteligencia ruso, que resultaba que también era agente doble trabajando para los británicos. Los asesinos usaron un agente nervioso prohibido, de tipo militar, llamado Novichok, y aunque no consiguieron matar a Skripal, le envenenaron, junto con su hija adulta, Yulia, que también sobrevivió. Trágicamente, un oficial de policía de Salisbury y dos residentes locales más quedaron expuestos accidentalmente a ese tóxico Novichok. Una de esas personas, Dawn Sturgess, falleció más tarde. Solo tenía cuarenta y cuatro años.

Este último intento de asesinato dirigido por el Kremlin en suelo británico demostraba, una vez más, lo atrevido y carente de temor que se mostraba Putin en lo que respectaba a operar en Occidente.

Sobre todo a causa de Skripal, no pensaba tomarme a la ligera esta última amenaza. Pasé el mensaje al SO15, el Comando de contraterrorismo de Londres, que empezó a realizar sus propias investigaciones y evaluaciones de riesgos. En el pasado no me habían ayudado demasiado, pero el envenenamiento de Skripal y sus consecuencias habían puesto ante la mirada de todo el mundo la cruda realidad de esas amenazas rusas. Yo confiaba en que el SO15 se tomaría esta muy en serio.

El día después de recibir este mensaje, Elena, los niños y yo volvimos a Aspen a nuestras vacaciones de verano ya programadas.

Aunque hubiese habido alguna verdad en esta última amenaza, los acontecimientos mundiales trabajaban a mi favor. Llegamos a Estados Unidos una semana antes de la primera cumbre entre Trump y Putin, que tendría lugar en Helsinki, Finlandia, el 16 de julio. Era inconcebible que los rusos intentaran llevar a cabo un asesinato político de gran magnitud en suelo norteamericano, justo la semana antes de una gran reunión entre esos dos jefes de Estado.

Todo el mundo estaría hablando de la cumbre. Y, aunque parecía un poco absurdo, no podía evitar pensar que yo sería un tema de conversación entre Trump y Putin.

Sabía que aquello sonaba muy egocéntrico, pero mientras me encontraba echado en la cama, la noche que llegamos a Colorado, pensaba: «A lo mejor no lo es tanto». Trump y Putin ya habían hablado de la Ley Magnitski en su reunión improvisada en la cumbre del G20 en Hamburgo, un año antes, y documentos confiscados a Paul Manafort por parte del FBI confirmaban que yo había sido tema principal de la famosa reunión de la Torre Trump. (Lo primero que escribió Manafort fue: «Bill Browder». En otros lugares decía: «*Offshore* – Chipre» y «Browder contrató a Joanna Glover», obviamente, una transcripción errónea de Juleanna. «Adopción de rusos por familias norteamericanas» fue lo último que escribió Manafort).

A oscuras y dándole vueltas a todo esto en la cabeza, cogí el teléfono y redacté un tuit: «Me pregunto si Putin quiere hablar de mí en Helsinki».

Mi dedo pulgar estaba encima del botón de tuitear. Twitter se había convertido en una de las principales plataformas para hacer una crónica de mis conflictos con los rusos. Pero no quería mostrarme demasiado emotivo en aquel momento. Elena estaba dormida a mi lado, pero me había reñido muchas veces por tuitear primero y preguntarle después. Así que decidí dormir y pensarlo.

Cuando me desperté, un poco antes de las siete de la mañana, borré el tuit. Por supuesto que no iban a hablar de mí. Tenían que ocuparse de cosas más importantes, como el desarme nuclear, la guerra de Siria, el contraterrorismo. Además, si hubiese tuiteado eso, los troles me habrían puesto en la picota.

327

También era bueno que lo hubiese borrado. Aquella misma mañana, Robert Mueller, el abogado especial a cargo de investigar la implicación rusa en las elecciones presidenciales de 2016, así como los posibles vínculos con la campaña de Trump, hizo un anuncio inesperado. Su oficina estaba acusando a doce oficiales rusos del GRU (el ala militar de la inteligencia rusa) de hackear al Comité Nacional Demócrata e interferir en las elecciones para ayudar a ganar a Trump.

La acusación era devastadora. Mueller había conseguido acceso a mensajes de correo secretos entre funcionarios de inteligencia rusos. También había encontrado pagos en bitcoins, que se supone que son imposibles de rastrear por su naturaleza, que los rusos habían usado para financiar sus operaciones en Estados Unidos. Parecía que el Gobierno de Estados Unidos conseguiría unas condenas blindadas… si alguna vez se conseguía llevar a esos doce funcionarios rusos ante los tribunales del país.

Fuera lo que fuese que hubiese antes en la agenda de Trump y Putin, la acusación de Mueller sería ahora central y fundamental, por muy extraño que pudiera parecer para ambas partes.

Aunque me gustase ver los fuegos artificiales de Helsinki, ahora estaba seguro de que la cumbre no tenía nada que ver conmigo, y en cualquier caso, yo tenía algo mucho más importante que hacer: empezar este libro. Lo había estado posponiendo durante meses, especialmente con todo lo que había ocurrido aquella primavera, mi detención en Ginebra, el arresto en Madrid, el Danske Bank, etcétera, pero no pensaba posponerlo más.

A las ocho de la mañana del lunes 16 de julio, mientras Trump y Putin se encaminaban a su reunión privada, coloqué mi portátil en la mesa del comedor, con una vista de las montañas hacia el oeste por encima de mi hombro, y me puse a trabajar.

Normalmente, mis niños arman bastante jaleo en casa, pero aquel día les dije que no podían pasar al comedor. También me puse restricciones a mí mismo y dejé el móvil silenciado y boca abajo, jurándome no darle la vuelta para comprobar Twitter ni el correo.

Al cabo de dos horas de laborioso trabajo y menos de una página de resultado (escribir era mucho más difícil de lo que recordaba), mi fuerza de voluntad se vino abajo. Le di la vuelta a mi teléfono. La pantalla estaba llena de notificaciones. Tenía docenas de mensajes, textos, correos, mensajes de WhatsApp, mensajes de voz, de todo.

Abrí el primer correo.

«Bill, ¿estás viendo lo de Helsinki?»

Comprobé mi bandeja de entrada.

«Ha sido lo más aterrador y jodido que he visto en mi vida», decía un amigo. Otro escribía: «Si necesitas un lugar donde esconderte, ¡te ofrecemos nuestra casa de las montañas!».

Pero ¿qué demonios estaba pasando? Busqué el primer mensaje sobre Helsinki, del corresponsal Ali Velshi, de MSNBC. El tema era sucinto: «Putin está hablando de ti ahora mismo».

Joder.

Dejé el móvil y entré en internet. No me costó nada encontrar la conferencia de prensa posterior a la cumbre. Los dos líderes estaban en el estrado con unos atriles gemelos, y su lenguaje corporal no podía ser más distinto. Putin parecía que era el amo de todo aquello, mientras que Trump fruncía el ceño, con los hombros caídos, y parecía cualquier cosa menos presidencial.

El presidente Trump y el presidente Putin, Helsinki, julio de 2018.
(© CHRIS MCGRATH/GETTY IMAGES NEWS/GETTY IMAGES)

Lo vi todo. El momento más impactante fue cuando un reportero de Reuters le preguntó:

—Presidente Putin, ¿considerará usted extraditar a los doce funcionarios rusos que fueron acusados la semana pasada por un jurado de acusación en Estados Unidos?

Putin sonrió y asintió confiadamente, con el aspecto de haber pasado todo el fin de semana preparándose para ese momento.

—Podemos reunirnos a mitad de camino… Podemos dejar entrar realmente a representantes de Estados Unidos, incluyendo esta misma comisión encabezada por el señor Mueller. Podemos dejarles entrar en el país. Pueden estar presentes en un interrogatorio. En este caso existe otra condición. Ese tipo de esfuerzo debería ser mutuo. Esperaríamos, por tanto, que los norteamericanos nos correspondieran… Por ejemplo, podríamos mencionar al señor Browder, en este caso en particular.

Tuve que verlo varias veces para asegurarme de que había oído correctamente. No sé cómo, Putin, de pie junto al presidente de Estados Unidos, estaba sugiriendo intercambiar a doce funcionarios rusos de la GRU… ¡por mí!

Esperé la reacción de Trump. Rechazaría aquello de plano, seguro.

Pero no lo hizo.

—Creo que es una oferta increíble —dijo, sugiriendo que realmente estaba dispuesto a intercambiarme.

Racionalmente comprendía la gravedad de la situación, pero emocionalmente estaba demasiado alterado para asumirla. Era como si estuviera involucrado en un accidente de coche grave. Sabía que había acabado herido, pero no tenía ni idea de hasta qué punto.

Mientras intentaba analizar los daños, lo más importante que seguía pensando era si sería seguro para mí permanecer en Estados Unidos. Mi preocupación original y vaga de que algún asesino ruso pudiera intentar matarme se veía ahora sobrepasada por el miedo auténtico de que el presidente de Estados Unidos me entregara a los rusos.

Corrí al jardín a buscar a Elena, que estaba viendo cómo saltaban nuestros hijos en la cama elástica. Le di unos toquecitos en el hombro y le hice señas de que viniera dentro. Elena le dijo a nuestra hija mayor, Jessica, que se quedara a cargo de todo. En cuanto estuvimos lejos de los niños, exclamé:

—¡Putin acaba de pedirle a Trump que me entregue a ellos… y Trump ha dicho que sí!

Ella me puso la mano en el brazo para calmarme y me llevó al comedor, para ver la conferencia de prensa juntos. Yo daba golpecitos con los pies en el suelo, esperando que ella me dijese algo. Cuando terminó, le dije:

—Creo que deberíamos irnos del país. Ahora mismo.

Elena dijo, pensativa:

—No lo creo. Trump quizá sea capaz de hacer lo que dice, pero no ocurrirá de la noche a la mañana. En este momento, el mundo entero quiere saber quién es Bill Browder. Creo que deberías explicárselo.

Tenía razón. Tres cuartas partes de los mensajes de mi teléfono eran de medios informativos pidiéndome que apareciera en antena. El interés de los medios era más intenso aún que después de las revelaciones de la Torre Trump. Empecé a devolver las llamadas, y al cabo de una hora había acordado aparecer en más de una docena de programas de noticias.

Me puse la chaqueta y la corbata y me dirigí al pequeño estudio de televisión de Aspen. Sabía que me quedaría metido en aquella sala forrada de espuma negra, en el sótano del Centro Doerr-Hosier, todo el día y hasta muy tarde por la noche.

De camino hacia allí, volvió a sonar mi teléfono. Era un amigo de Washington con conexiones al más alto nivel.

Respondí:

—¿Diga?

El hombre se lanzó de inmediato:

—No sé dónde estás, Bill, pero tienes que alejarte todo lo que puedas de Estados Unidos. Acabo de hablar por teléfono con alguien de Justicia. Ha dicho que están empezando a moverse los engranajes, y nadie sabe qué coño va a pasar a partir de ahora. Cree que, en efecto, Trump te va a entregar.

No le dije que ya estaba en Estados Unidos, pero de todos modos le di las gracias.

Llegué al Instituto y entré en el Centro Doerr-Hosier. Saludé al cámara, Jason, a quien había llegado a conocer bien el verano anterior, después de la historia de la Torre Trump.

Mientras él me ponía el micrófono noté que la imagen de la pantalla que tenía detrás era un vídeo de las montañas de Aspen, con la cabina dirigiéndose lentamente hacia la cumbre. Era una imagen que verían todos los espectadores de televisión, y revelaría por tanto mi ubicación. Le pedí a Jason que la cambiara, y encontró una foto de una sala de noticias nocturna genérica, que podría ser de cualquier lugar del mundo.

La CNN fue la primera que apareció. Pedí a Jason que comprobara tres veces con su productor que habían eliminado cualquier información de ubicación. Él me confirmó que lo habían hecho, y que lo único que aparecería, en ese segmento y en los siguientes que vendrían, sería «Bill Browder».

Me senté en aquel taburete varias veces durante el resto del día y aparecí en la CNN, Fox, MSNBC, BBC, Al-Jazeera, CBC,

331

France-24, la Corporación de Radiodifusión Australiana, Sky News, Deutsche Welle, y así sucesivamente.

Expliqué que Putin me odiaba mucho porque la Ley Magnitski ponía en peligro su poder y su fortuna. También expliqué que, si finalmente me echaba el guante, me metería en una prisión rusa donde sería torturado y quizá al final asesinado, igual que Serguéi. Eso era algo que sabía a ciencia cierta. Lo que no sabía era si Trump seguiría con su «increíble oferta» y, si intentaba hacerlo, si las instituciones legales norteamericanas serían lo suficientemente fuertes como para resistirse a él.

Lo único que podía hacer era poner buena cara al mal tiempo y decir: «Norteamérica se rige por el imperio de la ley, y no creo que puedan entregarme». Pero, desde luego, no tenía la sensación de que fuera así.

En aquel momento, yo mismo (y todos los demás) estábamos asombrados, dándonos cuenta de que todo había cambiado de repente, y que cualquier cosa era posible. En la era de Trump, era cada vez más difícil saber qué pensar.

40

98-0

Verano de 2018

Estaba completamente exhausto cuando volví tarde a casa aquella noche. No solo había pasado las doce horas anteriores repitiendo mi historia ante millones de espectadores de todo el mundo, sino que también había tenido que mantener la compostura y no dejar ver lo aterrorizado que estaba de que el presidente Trump pudiera colaborar con Putin y enviarme a Rusia.

Elena había dejado un plato con sobras para mí en la encimera de la cocina. Quité el film transparente, me senté en un taburete y me lo comí todo. Luego me fui a la cama y caí en un sueño profundo.

A la mañana siguiente a las seis y media. Elena me despertó de repente, agitando un periódico delante de mi cara.

—¡Tienes que ver esto, cariño!

Ella se había levantado antes del amanecer para leer las noticias rusas. Aquella mañana la oficina del fiscal general ruso había hecho pública una lista de once personas más que los rusos querían que Estados Unidos les entregase a cambio de los doce oficiales de la GRU. A los rusos les encanta la simetría en estos asuntos. Estados Unidos quería doce, de modo que los rusos también querían doce.

Me incorporé y cogí el periódico. Los rusos querían a Mike McFaul, antiguo embajador de Rusia, a mi amigo Kyle Parker, el hombre que había redactado la Ley Magnitski, al agente especial Todd Hyman, de Seguridad Nacional, que había investi-

gado el caso Prevezon; a los agentes especiales Svetlana Angert
y Alexander Schwartzman, que eran responsables de la protección de Gorojov en Nueva York,[13] a Jonathan Winer, el abogado de Washington y antiguo funcionario del Departamento de
Estado que había tenido la idea inicial de la Ley Magnitski, y a
David Kramer, otro exfuncionario del Departamento de Estado
y antiguo jefe de derechos humanos de la ONG Freedom House, que defendía la Ley Magnitski junto con Boris Nemtsov y
conmigo. Había cuatro nombres más en la lista, pero el común
denominador era la implicación de todos en la Ley Magnitski o
su participación en el caso Prevezon.

¿De qué nos acusaban los rusos? El día antes, Putin afirmaba que mis «socios de negocios» y yo habíamos «ganado
más de 1500 millones de dólares en Rusia», que «no habíamos
pagado nunca impuestos», y luego, para llamar la atención de
Trump, que habíamos «donado 400 millones como contribu-
ción a la campaña de Hillary Clinton».[14]

Putin seguía diciendo: «Tenemos sólidas razones para creer
que algunos funcionarios de inteligencia guiaron esas transacciones». Putin acusaba al embajador McFaul, Kyle Parker, el
agente especial Hyman y todos los demás de la lista de formar
parte de mi «empresa criminal».

Era una clásica proyección rusa. Nosotros no éramos las
víctimas, lo eran ellos. Ellos no eran los delincuentes, lo éramos nosotros. En lugar del Grupo de Crimen Organizado de
Klyuev, trabajando con funcionarios rusos corruptos para blanquear enormes sumas de dinero, estaba el «Grupo de Crimen
Organizado de Browder», trabajando con funcionarios norteamericanos corruptos para blanquear grandes sumas de dinero.

Elena y yo nos miramos el uno al otro y sonreímos. Una
vez más, Putin se había excedido.

Una cosa era ir a por una persona privada como yo, que ni

---

13. Quizá queriendo hacer que estos agentes parecieran más bien espías, los
rusos aseguraban erróneamente en sus declaraciones oficiales que los agentes
especiales Angert, Schwartzman y Hyman trabajaban para la Agencia Nacional de
Seguridad, y no para el Departamento de Seguridad Interior.

14. Esto era absurdo, y hasta el Kremlin parecía darse cuenta de ello. Al día
siguiente los rusos discretamente rebajaron la cifra de 400 millones a 400 000
dólares. También era falso. La cantidad real era cero.

siquiera era ciudadano estadounidense. Eso podía haber resultado desagradable, pero analizándolo a fin de cuentas, ¿cuántas personas se habrían preocupado por mí? Otra cosa enteramente distinta era reclamar a un antiguo embajador de Estados Unidos, un miembro del personal del Congreso y dos agentes de base del Departamento de Seguridad Interior. Si Trump cumplía con el deseo de Putin, habría sentado un precedente desastroso. No solo sería una capitulación total ante los rusos, sino que sería imposible para Estados Unidos atraer a nadie al servicio público. ¿Quién iba a ocupar un cargo en el Gobierno, si sabían que podían ser entregados a una potencia extranjera hostil en cualquier momento simplemente por hacer su trabajo?

Trump tenía que haber rechazado la propuesta de Putin en Helsinki, de inmediato. Aun concediéndole el beneficio de la duda de que no entendiese lo que estaba pasando (cosa que seguramente no era el caso, ya que un año antes había redactado él mismo una declaración de su hijo hablando de las «adopciones» como motivo para la reunión de la Torre Trump), sus consejeros tendrían que habérselo dicho de inmediato después. Pero allí estábamos, casi veinticuatro horas más tarde, y desde la Casa Blanca solo había un silencio total.

Salí de la cama, me fui a la cocina y me puse un cuenco de cereales. Después de comer llamé a Mike McFaul. Conocí a Mike casi el mismo día que puse los pies en Rusia, en 1992, y lo consideraba un amigo. Antes de su servicio como embajador de Estados Unidos en Moscú había servido como consejero nacional de seguridad de Obama sobre Rusia, y fue un aliado importante dentro de la Administración de Estados Unidos para conseguir que se aprobase la Ley Magnitski.

Mike acababa de aterrizar en San Francisco procedente de Helsinki, donde había estado trabajando para la NBC como comentarista de la cumbre. De forma similar a mí, se había enterado de que estaba en la lista de más buscados de Putin al encender el teléfono y encontrar docenas de mensajes atrasados.

—¿Crees que existe algún riesgo de que eso pueda pasar realmente? —le pregunté.

—No, pero mi abogado no cree que haya que dejarlo al azar. Estoy hablando con gente en la Administración para asegurarme.

335

—Siento mucho haberte arrastrado a este lío, Mike.

—No es culpa tuya, es de Putin. —Hizo una pausa—. Siempre he sabido que él te odiaba, Bill, pero no tenía ni idea de hasta qué punto.

Después de acabar de hablar con Mike, cogí mis cosas y me volví al Centro Doerr-Hosier para realizar otra serie de entrevistas.

Aquel día, mi hijo mayor, David, vino conmigo. Estaba visitándonos desde California y se mostró extraordinariamente preocupado por estos acontecimientos. Él no podía hacer gran cosa si las autoridades venían a por mí, pero si lo hacían, al menos podía asegurarse de que se enterasen enseguida las personas adecuadas. La última vez que David y yo nos encontramos con problemas, en el Instituto de Aspen, él era solo un adolescente, pero entonces ya era un adulto, un hombre de veintidós años. Tenerlo al lado me hizo sentir un poco mejor.

También obtuve algo de consuelo en el hecho de que el Instituto Aspen estaba iniciando ya el Foro de Seguridad de Aspen aquel mismo día. Era una conferencia internacional que había atraído a celebridades del sistema de seguridad nacional, así como a incontables periodistas. Si ocurría algo, lo cubrirían en televisión en vivo y lo presenciarían algunas de las personas más importantes del Gobierno y de los medios de comunicación.

El Instituto bullía de excitación aquella mañana. Durante la noche habían colocado una gigantesca carpa para fiestas en el terreno del césped principal. Se habían instalado mesas y sofás debajo de ella, con un pequeño bar y unos mostradores donde los asistentes podían recoger sus credenciales. Un cochinillo ya se estaba asando en un espetón para la barbacoa de aquella noche.

David y yo bajamos al pequeño estudio en el sótano. Yo le presenté a Jason. Me preparé para las entrevistas, y David se sentó en un sofá justo a la salida, siguiendo mis intervenciones en su iPhone.

Después de completar un segmento para la MSNBC, David asomó la cabeza dentro con una expresión de preocupación.

—¿Puedo entrar? —dijo sin voz.

—Claro —le respondí yo—. ¿Qué pasa?

Nos enseñó a Jason y a mí una captura de pantalla de su iPhone. Era yo en televisión. Allí estaba, ante un fondo neutro, congelado a mitad de una frase. Pero debajo ponía: «Bill Browder, Aspen, Colorado».

Con la precipitación de preparar un segundo día de entrevistas, Jason y yo nos habíamos olvidado por completo de decirle al productor de MSNBC que no revelase mi ubicación.

Como vivía en Gran Bretaña, se suponía que había estado haciendo todas aquellas entrevistas desde Londres. Si ese hubiera sido el caso, el «trato» de Trump con Putin no se habría considerado siquiera, ya que el Gobierno de Estados Unidos no tiene jurisdicción en el Reino Unido.

Pero ahora todo el mundo sabía que yo estaba en Estados Unidos y su Gobierno «sí» que tenía jurisdicción.

Mi primera reacción fue arrancarme el micrófono, ir en coche al aeropuerto y salir del país como el rayo. Pero al cabo de unos minutos me fui calmando. Arrestarme requeriría que Trump emitiera una orden al fiscal general Jeff Sessions, que tendría que ordenárselo al fiscal de Estados Unidos para el estado de Colorado, que a su vez tendría que tramar una justificación legal plausible para mi arresto en ausencia de un tratado de extradición entre Estados Unidos y Rusia. Esto costaría algo de tiempo. Decidí quedarme donde estaba y seguir haciendo lo que estaba haciendo.

Después de otra entrevista paramos para almorzar. David y yo salimos fuera y cogimos dos bocadillos de carne de cerdo y nos sentamos a la sombra, bajo la tienda. Mientras comíamos se me acercaron una sucesión de invitados a la conferencia. Aquellos que me conocían expresaron preocupación por mi seguridad. Los que no me conocían me miraban boquiabiertos, como si estuviera en una colisión múltiple de veinte coches, todos ardiendo.

Di más entrevistas aquella tarde. Esta vez, Mike McFaul se metió en la lucha con sus propias apariciones en televisión. Estaba más indignado todavía que yo. Cuando fue embajador en Moscú, él y su familia fueron espiados, acosados y vigilados, pero nunca fueron el objetivo de falaces acusaciones criminales hechas por el Gobierno ruso. Ahora que estaba sucediendo,

337

esperaba una condena inmediata y contundente por parte de Washington. Para él, ese silencio continuado era verdaderamente escandaloso.

Antes de volver al Instituto Aspen, a la mañana siguiente, llamé a Mike una vez más para ver cómo iban las cosas en Washington.

—He hablado con funcionarios del Consejo de Seguridad Nacional, de Estado y de Justicia. Todos me han apoyado mucho (y se han mostrado horrorizados), pero ninguno me ha dicho categóricamente que esto no podría ocurrir. El mensaje no pronunciado es que hay un loco de atar en la Casa Blanca.

Volví al Instituto para un tercer día de entrevistas. El nivel de interés no había bajado. La «increíble oferta» de Putin continuaba estando en el punto álgido de todas las noticias. Pero la Casa Blanca seguía en silencio.

A primera hora de la tarde, me preparaba ya para dar paso a Fox News por quinta vez en tres días. Fox era notoriamente pro-Trump, pero en este caso estaban tan confusos e indignados como todos los demás. No había diferencias entre ellos y la CNN o incluso la MSNBC.

Justo antes de mi conexión, el productor me habló por el micrófono.

—Bill, tenemos que conectar con Washington para una reunión informativa en vivo en la Casa Blanca. ¿Quieres quedarte y así podemos hablar contigo después?

—Claro —le dije.

Entonces la Fox conectó con la reunión informativa, que ya estaba en marcha. Aunque yo no podía ver las imágenes, sí que podía oír lo que decían. Sarah Huckabeee Sanders, la secretaria de Prensa de Trump, acababa de empezar a responder preguntas de la prensa.

Al cabo de unos minutos, Maggie Haberman del *New York Times* dijo:

—Las autoridades rusas nombraron ayer a varios norteamericanos a los que querían interrogar, y que aseguran que están implicados en los supuestos «delitos» entre comillas de Bill Browder, incluido el antiguo embajador de Rusia, Mike McFaul. ¿Apoya esta idea el presidente Trump? ¿Está abierto a dejar que Rusia interrogue a funcionarios de Estados Unidos?

Ese era justamente el momento que todos habíamos esperado.

Huckabee Sanders no se alteró.

—El presidente se va a reunir con su equipo y se lo haremos saber si tenemos que anunciar algo a ese respecto. —Añadió—: Trump dijo que era una idea interesante…, quiere trabajar con su equipo y determinar si existe alguna validez que ayudara en ese proceso.

Pero ¿qué coño…? ¿¿¿Todavía se lo estaban pensando???

Sentí como si el suelo se hubiera hundido debajo de mis pies, una vez más. Todas las personas razonables en la órbita de Trump debían de estar diciéndole que aquello era una locura, y sin embargo todavía se lo estaba pensando.

Cuando acabó la conferencia de prensa, la Fox volvió a conectar conmigo y me preguntó qué pensaba de estos últimos hechos. Intenté no insultar a Trump (no quería darle más motivos para enviarme a Rusia), pero me resultó bastante difícil no mostrarme completamente indignado, y así lo dije.

Afortunadamente, todo el mundo en Washington parecía pensar lo mismo. Al cabo de unos momentos, el Departamento de Estado dio su propia conferencia de prensa. Cuando su portavoz, Heather Nauert, se enfrentó a un reportero que le preguntaba por qué se estaba pensando todavía en aquella idea, ella dijo: «No puedo responder en nombre de la Casa Blanca», algo absurdo, viniendo de una funcionaria del Departamento de Estado, ya que este forma parte de la Administración, «pero le aseguro que las afirmaciones generales que proceden del Gobierno ruso son completamente absurdas».

Aquella misma tarde, el congresista Adam Schiff, miembro de mayor rango del Comité de Inteligencia del Congreso, intervino en Twitter. «No hay que "consultar" nada para dejar bien claro que Estados Unidos jamás cooperará con la cruzada de Putin contra Bill Browder o contra antiguos funcionarios de Estados Unidos como el embajador Mike McFaul.»

Entonces el senador Roger Wicker, republicano de Misisipi y uno de los patrocinadores originales de la Ley Magnitski, escribió en una declaración: «La Casa Blanca necesita dejar bien claro que bajo ninguna circunstancia el Gobierno de Estados Unidos entregará al antiguo embajador de Estados Unidos en

Rusia, Michael McFaul, al jefe de la Comisión de Helsinki Kyle Parker[15] ni a ningún otro funcionario para su interrogatorio a una potencia extranjera hostil. El presidente Trump debe oponerse también enérgicamente a la propuesta de Putin de interrogar al ciudadano británico Bill Browder, que valientemente ha desenmascarado el asesinato de Serguéi Magnitski y lo ha sacado a la luz internacionalmente. Estados Unidos no traicionará jamás a aquellos que han luchado contra las agresiones y los delitos del régimen de Putin».

Similares condenas llegaron de todos los rincones de Washington. La oleada de indignación iba en aumento, y el Senado rápidamente organizó el voto para una resolución requiriendo a Trump que no hiciera caso jamás de la «increíble oferta» de Putin.

La Administración tenía la sensación de que aquella ola estaba a punto de estrellarse contra ellos. Una hora antes de la votación, la Casa Blanca finalmente se echó atrás. Huckabee Sanders anunció: «Es una propuesta que fue hecha de manera sincera por el presidente Putin, pero el presidente Trump está en desacuerdo con ella».

No era el rechazo vigoroso que esperaba Washington. Parecía que Trump se estaba disculpando con Putin, encogiéndose de hombros y diciendo: «Eh, colega, lo he intentado, pero no me dejan».

A las 14.42 de aquella tarde, el Senado votó sobre la resolución.

Se aprobó por 98-0.

Nadie sería entregado a los rusos.

---

15. Desde el drama con Rohrabacher en el Comité de Asuntos Exteriores del Congreso, Kyle trabajaba para la Comisión de Estados Unidos en Helsinki.

41

234000 millones de dólares

*D*oce años antes, la tarde del 13 de septiembre de 2006 a última hora, un hombre de cuarenta y un años llamado Andréi Kozlov, presidente del Central Bank de Rusia y uno de los pocos funcionarios honrados rusos, acababa de terminar un partido de fútbol amistoso con otros reguladores en el estadio Spartak de Moscú. Cuando iba hacia su coche, que estaba en el aparcamiento, dos hombres armados se acercaron a él y a su chófer y abrieron fuego. Tanto Kozlov como su chófer fueron alcanzados múltiples veces. El conductor murió al instante, pero Kozlov, que tenía heridas en la cabeza, pecho y estómago, al principio sobrevivió. Lo llevaron a la sala de urgencias del hospital n.º 33 de Moscú, donde murió en la mesa de operaciones. Dejaba esposa y tres hijos pequeños.

Tres meses antes, Kozlov había viajado a Tallin, capital de Estonia, para reunirse con el regulador financiero en jefe de ese país. Kozlov había identificado un importante plan de blanqueo de dinero que tenía su origen en Rusia y fluía a través del Sampo Bank, en Tallin, y quería ayuda para ponerle fin. Los estonios le escucharon pero no hicieron nada. El blanqueo de dinero continuó incólume.

Cinco meses después del asesinato de Kozlov, el Sampo Bank fue adquirido por un banco más importante de otro país.

El Danske Bank.

Era la misma rama del mismo banco que acabaría blanqueando los 200 millones de dólares conectados con el caso Magnitski, así como los 8300 millones que Eva y Michael acabarían desenmascarando en su reportaje.

No mucho después de la cumbre de Helsinki, en septiembre de 2018, el Danske Bank publicó por fin el resultado de su auditoría. Cuantificaba el volumen real de dinero negro que había fluido fuera de Rusia y la antigua Unión Soviética, a través de la filial estonia, durante un periodo de más de diez años.

¡La cantidad era de 234000 millones de dólares!

Así es. 234000 millones. Veintiocho veces más que la cifra del *Berlingske*, y más de mil veces más que los doscientos millones que nosotros habíamos identificado.

Todo esto sacudió al Danske Bank hasta sus cimientos. Entre 2017, cuando Eva y Michael empezaron a informar sobre todo esto, y 2019, un año después de la auditoría, el Danske Bank perdió el 65 por ciento de su valor de mercado, su CEO, Thomas Borgen, junto con gran parte del equipo directivo de mayor rango, fue obligado a dimitir;[16] y finalmente se abrió una investigación criminal importante en Dinamarca.

Trágicamente, el antiguo jefe de la filial estonia del Danske Bank, Aivar Rehe, se suicidió en su hogar de Tallin mientras estaba siendo investigado.

En los meses que siguieron, los periodistas de investigación sacaron a la luz a dos bancos escandinavos más implicados en el blanqueo de dinero ruso. Ambos eran suecos. Uno era el SEB, que supuestamente había blanqueado 28000 millones, y el otro era el Swedbank, que supuestamente estaba implicado en transacciones sospechosas por valor de 42000 millones de dólares. Cuando todas estas noticias salieron a la luz, Vadim confirmó que 18 millones estaban conectados con los 230 millones que el caso Magnitski había movido a través del Swedbank. Su CEO también se vio obligado a dimitir.

Aunque esa suma de 234000 millones era enorme, era solo la cantidad de dinero que había pasado por una filial, en un solo país y en un banco europeo de tamaño mediano.

Si podíamos descubrir el pastel en todos los bancos occidentales, estimo que averiguaríamos que la cantidad de dinero ne-

---

16. Cualquier protesta de ignorancia por parte de la dirección se podía desestimar tranquilamente. Los reporteros revelaron que el Danske Bank Estonia tenía un 402 por ciento de rentabilidad de los recursos propios. Esto se podía comparar con una rentabilidad del 6,9 por ciento del banco en su conjunto.

gro que se ha movido desde Rusia, desde que Putin tomó el poder, sería de un millón de millones, y posiblemente mucho más.

Llevo muchos años hablando del blanqueo de dinero en Rusia. Pero que una firma legal independiente, contratada por el Danske Bank, empezara a analizar cuánto dinero estaba implicado, tuvo unos efectos muy profundos en los corpus legislativos de todo el mundo.

Lo más significativo es que se deshacía el estancamiento de Europa. Al cabo de dos meses de la publicación de la auditoría del Danske Bank, el Gobierno holandés reunió a todos los Estados miembros de la Unión Europea en La Haya para discutir una Ley Magnitski europea. Yo me había sentido muy frustrado con el primer ministro holandés Mark Rutte, el político que había bloqueado una Ley Magnitski holandesa en 2011, pero ahora finalmente él se estaba moviendo.

Una Ley Magnitski europea era un escenario de pesadilla para Putin. De todas las cosas en las que yo había estado trabajando, esta era la que más intentaba evitar él. Estoy seguro de que el Gobierno ruso presionó intensamente contra ella, pero para «reforzar» su caso, hicieron algo que yo no había visto venir.

El 19 de noviembre, justo un día antes de la reunión europea en La Haya, la oficina del fiscal general de Rusia celebró una conferencia de prensa en Moscú. Un subalterno de Yuri Chaika ocupó el estrado frente a un gran grupo de periodistas occidentales y rusos. Detrás de él se hallaba una pantalla que relucía con proyecciones de documentos imposibles de leer.

Anunció entonces que los rusos estaban presentando nuevas querellas contra mí. Según él, yo había formado un «grupo criminal transnacional» que había asesinado a Serguéi Magnitski usando «una sustancia química que contenía compuestos de aluminio, que condujeron a un infarto agudo y a la apariencia de una muerte natural». Dijo que «mi grupo criminal» había matado a tres individuos más, entre ellos Alexander Perepilichni, usando la misma técnica. Según su relato, ellos habían recogido «las pruebas suficientes» para condenarme por esos «crímenes gravísimos». Si me hallaban culpable, me enfrentaba a una sentencia de veinte años. Además, claro está, de los dieciocho años a los que ya estaba sentenciado *in absen-*

343

tia. El subordinado de Chaika prometió emitir más órdenes de arresto para mí y apoderarse de cualquier activo que yo pudiera tener en Rusia.

Habíamos dado la vuelta completa al círculo. Durante nueve años, el Gobierno ruso y Vladímir Putin personalmente habían insistido en que Serguéi murió por causas naturales, y en que no había señal alguna de otra cosa. Putin y su gobierno repitieron eso una y otra y otra vez, frente a todos los tribunales, todos los periodistas y todos los gobiernos occidentales. Ahora, a punto de tener una Ley Magnitski europea, y después de desenmascarar una de las principales tuberías de su vasta red de blanqueo de dinero, el Gobierno ruso aseguraba que Serguéi de hecho había sido asesinado, ¡y que su asesino era yo!

Cuando empezamos a investigar el fraude de los 230 millones de devolución de impuestos, no teníamos ni idea de que todo aquello conduciría a estos acontecimientos mundiales, ni a esas impensables reacciones rusas. ¿Por qué Putin no había arrojado a unos pocos de sus funcionarios de bajo estatus a los leones por matar a Serguéi? ¿Por qué sometió a juicio a un hombre muerto, por primera vez en la historia de Rusia? ¿Por qué arruinar su relación con Occidente por la Ley Magnitski? ¿Por qué hackeaba elecciones en Occidente? ¿Por qué está tan decidido a fomentar el caos?

Ya lo sabíamos. No es que estuvieran en juego millones de dólares, ni siquiera miles de millones. Era, literalmente, más de un millón de millones lo que estaba en juego. Y Putin pensaba hacer lo que fuera necesario para proteger ese dinero.

Esa cantidad de dinero también explicaba por qué habían asesinado a tanta gente. Personas como Serguéi Magnitski, Boris Nemtsov, Alexander Perepilichni y Andréi Kozlov. También explicaba por qué el Kremlin había intentado matar a Vladímir Kara-Murza y Nikolái Gorojov.

Pero, por muy despreciable que sea la conducta de Putin y su régimen, nada de todo esto había podido pasar sin la cooperación de sus aliados occidentales. Abogados como John Moscow y Mark Cymrot, asesores como Glenn Simpson, políticos como Dana Rohrabacher y ejecutivos como los del Danske Bank. Todas esas personas, y muchas más, lubrican la máquina que permite a Putin y a sus compinches salirse con la suya con sus delitos.

344

Tampoco habrían sido posibles todos esos delitos sin la aquiescencia de Gobiernos tímidos e poco efectivos que se niegan a seguir sus propias leyes y sus valores establecidos. Tomemos Gran Bretaña, por ejemplo. La cantidad más elevada de dinero asociado con el delito de los 230 millones no acabó en Nueva York, ni en España, Francia o Suiza, sino precisamente en mi ciudad adoptiva: Londres. Ese dinero se ha usado para comprar propiedades y artículos de lujo, y, a pesar de todas las pruebas que he presentado ante el sistema legal británico, el Parlamento y la prensa británica, hasta el día de hoy no se ha iniciado ningún caso de investigación de blanqueo de dinero conectado con el caso Magnitski en todo el Reino Unido.

Mientras me han seguido ustedes a lo largo de esta historia, quizá se hayan preguntado: «Las posibilidades son muy remotas, y existen muchísimos riesgos… ¿Por qué ha hecho este hombre todas esas cosas?».

Al principio las hice porque creía que se lo debía a Serguéi. Había sido asesinado porque trabajaba para mí, y yo no podía dejar que sus asesinos se salieran con la suya. Igual que con el robo de mi flauta, cuando era niño, pero a una escala infinitamente mayor y más significativa, me sentía obligado a hacer justicia. Como demostró el robo de mi flauta, esa inclinación a la justicia forma parte de quien soy. Está en mi naturaleza. Rechazarlo me habría envenenado por dentro.

Luego, cuando las cosas se fueron desmadrando, también se convirtió en una lucha por la supervivencia. No solo para mí mismo y mi familia, sino también para mis amigos y colegas, y todas las personas que ayudaban a la causa de Serguéi en el interior de Rusia.

Pero al final he hecho todas estas cosas porque es lo correcto. Para bien o para mal, llevo obsesionado con esta causa desde el momento de la muerte de Serguéi. Esa obsesión ha afectado todas las facetas de mi vida y todas mis relaciones, incluso las que tengo con mis propios hijos. Esos efectos no siempre han sido buenos.

Pero esta obsesión también me ha puesto en contacto con gente muy notable, que no solo ha cambiado mi vida, sino el curso de la historia. Algunas de esas personas aparecen en estas páginas. Boris Nemtsov, Vladímir Kara-Murza, Nikolái Gorojov, Kyle Parker, Paul Monteleoni, Juleanna Glover. A otros solo los he mencionado de pasada: senador John McCain, senador Ben Cardin, senador Roger Wicker, senador Joe Lieberman, diputado Jim McGovern. A otros no los he mencionado en absoluto: diputado canadiense Irwin Cotler; vice primera ministra canadiense Chrystia Freeland; secretario británico de Exteriores Dominic Raab; diputados holandeses Sjoerd Sjoerdsma y Pieter Omtzigt; diputado lituano Petras Auštrevičius; senadora australiana Kimberley Kitching.

Esto no pretende ser una página de agradecimientos. Solo quería demostrar que este movimiento ha crecido mucho más allá de mi obsesión. Es algo que tiene entidad propia, y eso es bueno.

Y lo más importante, mi obsesión ha creado un legado de Serguéi, de modo que su asesinato no sea en vano, a diferencia de tantos otros.

Mientras escribo esto, hay leyes Magnitski en treinta y cuatro países distintos: Estados Unidos, Canadá, Gran Bretaña, Australia, los veintisiete países de la Unión Europea, Noruega, Montenegro y Kosovo. Y sin tener en cuenta los territorios británicos de ultramar y los protectorados británicos de Gibraltar, Jersey, Guernsey, las Islas Vírgenes Británicas, y las Islas Caimán. Nueva Zelanda y Japón están manos a la obra.

Se ha sancionado a más de quinientos individuos y entidades usando estas leyes. En Rusia estas incluyen a Dmitri Klyuev, Andréi Pavlov, Pavel Karpov, Artem Kuznetsov y Olga Stepanova y su marido, junto con otros treinta y cinco rusos implicados en el falso arresto, tortura y asesinato de Serguéi, así como el fraude de 230 millones de devolución fiscal.[17]

Pero no solo a rusos. Las sanciones Magnitski se han aplicado también a los asesinos saudíes responsables del asesinato y desmembramiento del periodista Jamal Khashoggi; a los funcionarios chinos que establecieron los campos de concentración uigures en Xinjiang, a los generales de Birmania responsables del genocidio rohinyá, a los hermanos Gupta,

---

17. Véase el apéndice para la lista completa de rusos sancionados bajo la Ley Magnitski por su implicación en ese caso.

que desvalijaron al Gobierno sudafricano, y a cientos de otros actos criminales similares.

Por cada persona u organización que ha sido sancionada, hay miles de violadores de los derechos humanos y cleptócratas que esperan aterrorizados a ver si serán los próximos sancionados. No existe duda alguna de que la Ley Magnitski ha alterado la conducta de posibles asesinos y ladrones y ha servido para disuadirlos.

No puedo devolver a la vida a Serguéi, y por eso llevo una pesada carga que nunca desaparecerá. Pero su sacrificio no ha sido en vano. Ha salvado y continuará salvando muchas, muchas vidas.

Si Rusia llega a ser alguna vez realmente democrática, los futuros rusos se basarán en esos monumentos legales para construir monumentos físicos a un auténtico héroe: Serguéi Magnitski.

Por ahora, sin embargo, la lucha continúa.

347

Epílogo

¿*Q*ué ocurrió a algunas de las personas de esta historia?

Aunque muchos de los malos de Rusia han sido sancionados bajo la Ley Magnitski, una persona clave no lo ha sido: Natalia Veselnitskaya.

Pero no creo que aparezca por Estados Unidos próximamente.

El 8 de enero de 2019 fue acusada por el Gobierno de Estados Unidos de obstrucción a la justicia. Unos correos filtrados entre ella y un funcionario importante del Gobierno ruso demostraban que había mentido al Gobierno de Estados Unidos en el caso Prevezon. Se había presentado a sí misma como abogada que trabajaba para un ciudadano ruso privado, pero en realidad trabajaba para el Gobierno todo el tiempo. De hecho, los correos demostraban que había redactado en gran medida la respuesta oficial del Gobierno ruso al SDNY, en el caso Prevezon. Ese era el documento que nos acusaba a Serguéi y a mí de robar los 230 millones, y que también se negaba a proporcionar la información bancaria crucial rusa que le había requerido el Gobierno de Estados Unidos.

Después de ser incriminada, el Departamento de Justicia emitió una orden para el arresto de Veselnitskaya y ordenó el embargo de cualquier activo en Estados Unidos relacionado con su trabajo en el caso Prevezon.

Vale la pena también mencionar a otras personas aquí.

En Rusia, Andréi Pavlov había dado un giro a su carrera. A finales de 2019 abandonó la práctica privada del derecho para convertirse en funcionario del Gobierno ruso, encabezando el departamento legal de la Agencia de Seguro de Depósitos (la versión rusa de la FDIC). A diferencia de Occidente, un puesto en el Gobierno como ese puede ser incalculablemente lucrativo.

En Estados Unidos, Mark Cymrot y BakerHostetler también quedaron desenmascarados por los correos de Veselnitskaya. Estos demostraban que Cymrot y BakerHostetler, a pesar de su categórica descalificación en el caso Prevezon, continuaron suministrando consejo legal a esa empresa hasta el mismo día en que Prevezon accedió a pagar 5,9 millones de dólares para cerrar el caso. Ni Cymrot ni BakerHostetler se han enfrentado a consecuencia alguna por desafiar a los tribunales. Mark Cymrot aún trabaja para BakerHostetler, donde continúa aconsejando a clientes rusos, incluyendo Sberbank, el banco nacional más grande de Rusia.

John Moscow dejó BakerHostetler en noviembre de 2018, para unirse a la firma legal Lewis Baach Kaufmann Middlemiss como abogado de alto rango. Irónicamente, el Kaufmann del nombre es Adam Kaufmann, el antiguo fiscal de Nueva York a quien yo había entregado la demanda original de Prevezon. John Moscow continúa dando conferencias sobre blanqueo de dinero y crimen organizado en la Conferencia Criminalística de Cambridge.

Después de servir quince mandatos en la Cámara de Representantes de Estados Unidos, Dana Rohrbacher de Orange County, California, fue derrotado en 2018 por Harley Rouda, un demócrata. Después de su derrota, Rohrabacher se trasladó a York, Maine, donde estableció una firma lobista llamada R&B Strategies con Paul Behrends, su antiguo subordinado. Behrends murió el 13 de diciembre de 2020, a los sesenta y dos años. La causa de la muerte fue un grave trauma en la cabeza después de una caída junto a su casa, en Virginia. Un portavoz de Rohrabacher insistía en que no había razón alguna para creer que la muerte de Behrends fuese sospechosa o tuviera nada que ver con su asociación con Rusia.

En cuanto a mis amigos en esta historia, a la mayoría nos va bien. A la mayoría...

Nikolái Gorojov todavía vive en Moscú con Julia. Su hija, Diana, ya es una mujer adulta. A Nikolái le va razonablemente bien, pero ha pagado un precio muy alto por las heridas en la cabeza que se produjo durante su caída: se está quedando ciego poco a poco.

Vladímir Kara-Murza continúa dando la vuelta al mundo y defendiendo las sanciones Magnitski y la justicia para Boris Nemtsov. A pesar de su envenenamiento, y de lo mucho que intenté convencerle en sentido contrario, sigue residiendo oficialmente y pasando la mayoría del tiempo en Rusia, luchando por la libertad y la democracia. A principios de 2017 fue envenenado por «segunda» vez. De nuevo, lo salvó el doctor Denis Protsenko. Un informe de 2021 de Bellingcat, una organización de investigación colaborativa abierta con base en Londres, identificó a cuatro funcionarios del FSB que estaban detrás de los envenenamientos de Vladímir, incluyendo a dos que le siguieron hasta Kazán en mayo de 2015. Los mismos operativos estuvieron implicados en el envenenamiento de otros disidentes rusos y figuras de la oposición, incluyendo a Alexéi Navalni.

351

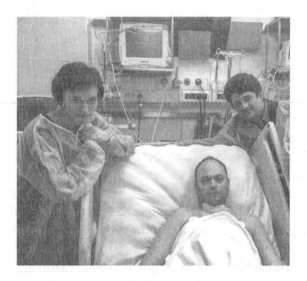

De izquierda a derecha: Evgenia Kara-Murza,
Vladímir Kara-Murza y Vadim Projorov.
(© VADIM PROKHOROV)

Dos personas sobre las que no he escrito demasiado en este libro son la viuda de Serguéi Magnitski, Natasha, y su hijo Nikita, aunque nunca están lejos de mi pensamiento.

Desde el momento en que Serguéi fue asesinado, me comprometí a hacer justicia, pero por encima de todo, me prometí a mí mismo que cuidaría a esa familia.

Lo primero que quise hacer, después de la muerte de Serguéi, fue trasladar a Natasha y Nikita, que entonces tenía ocho años, fuera de Rusia. No pensaba que fuera seguro para ellos quedarse allí. También sentí que podía ocuparme mucho mejor de ellos si estaban cerca.

Pero Natasha estaba decidida a quedarse. Sentía que Nikita estaría mucho mejor en Rusia. Inmediatamente después de la muerte de Serguéi, contactó con más de una docena de médicos y psicólogos, buscando consejo sobre lo que podía hacer con Nikita después de una experiencia tan traumática. El consenso fue que necesitaba un entorno estable. Para ella, sacarlo de allí y llevarlo a Londres, donde no tenían familia, donde no conocían la lengua ni la cultura, donde no tenían hogar ni colegio, era exactamente lo contrario de proporcionarle un entorno estable.

A medida que pasó el tiempo, esa decisión fue volviéndose cada vez más insostenible. Cuanto más denunciábamos a las personas que habían matado a Serguéi y los que estaban detrás del fraude de los 230 millones, más buscaban las autoridades rusas a alguien contra quien tomar represalias en Rusia…, y cogieron a Natasha como objetivo.

El 17 de agosto de 2011, sonó el timbre de la puerta de Natasha. Estaba en la cocina, limpiando después de tomar el desayuno. Nikita ya se había ido al colegio. Ella abrió la puerta de su apartamento y se encontró con un empleado postal uniformado que le llevaba un telegrama. Firmó y lo abrió. Era una «invitación» del Ministerio del Interior ruso exigiendo que acudiera para su interrogatorio. Al final de la «invitación» decía: «Si no aparece, nos la llevaremos por la fuerza».

Natasha se derrumbó en una silla cercana, temblando. Querían interrogarla sobre el caso póstumo que se había abierto contra Serguéi.

Cuando me enteré de esto, intenté convencerla una vez más de que se fuera, pero ella no quiso. Su propio trauma le impedía ver las cosas con claridad y yo tenía que respetarla. No podía obligarla a irse.

A pesar de mis recelos, el 26 de agosto de 2011 Natasha fue al Ministerio del Interior, en la esquina de Bolshaya Nikitskaya y Gazetny Pereulok, en el centro de Moscú. Al aproximarse al edificio se dio cuenta de que ella y Serguéi habían pasado innumerables veces por allí, de camino a unos conciertos de música clásica que se celebraban en el Conservatorio Estatal de Moscú, solo a unas manzanas de distancia. El edificio, una bonita estructura del siglo XIX, no tenía ningún letrero externo. Estaba pintado de un invitador amarillo pálido.

Se reunió con su abogado y entraron. Un funcionario los escoltó a través de una serie de pasillos y estrechas escaleras, pasando junto a oscuras oficinas y salas de almacenaje. Cuando llegaron al despacho donde tendría lugar el interrogatorio, encontraron un par de mesas pequeñas, una frente a la otra. Apenas había espacio suficiente para dos personas, y mucho menos para Natasha, el abogado, el interrogador y un técnico de vídeo. Unos armarios se alineaban en la pared opuesta de una ventana sucia, y había expedientes por todas partes. En la pared se veía un calendario viejo, del año anterior, bajo una foto enmarcada de Vladímir Putin.

353

La interrogadora era una mujer con el cuerpo en forma de pera, de mediana edad y con el pelo teñido de rojo, que parecía tan nerviosa como Natasha. Después de leerle sus derechos a Natasha, le enseñó un documento extraño. Ella y su abogado lo leyeron. A Natasha se le había otorgado el estatus de «representante legal del individuo acusado fallecido». Esta era una designación totalmente nueva, que no existía bajo la ley rusa. Los individuos fallecidos no podían ser acusados, y por tanto no requerían ningún representante legal. El Ministerio del Interior, sencillamente, se lo había inventado, solo para ella.

Natasha se sentó en una incómoda silla de metal y, antes de que la funcionaria tuviera la ocasión de hablar, sacó una declaración que ya llevaba preparada. Leyéndola, denunciaba el caso póstumo y acababa diciendo: «Continuar acusando a una persona difunta es ilegal, inhumano e inmoral, porque no puede defenderse… No proporcionaré ninguna respuesta ni testimonio más».

La interrogadora de pelo rojo la ignoró y empezó a interrogarla. Empezó preguntándole los nombres, direcciones, números de teléfono y detalles laborales de cualquiera que estuviera conectado con Serguéi o Natasha.

Natasha la miró con la cara pétrea y no dijo una sola palabra.

La interrogadora entonces preguntó si reconocía la legitimidad del caso contra su marido muerto.

Una vez más, ella no respondió.

La interrogadora le hizo la misma pregunta usando distintas palabras.

Nada.

Viendo que no iban a ninguna parte, la interrogadora le enseñó una zanahoria. Le dijo a Natasha que, si cooperaba, podría pedir daños y perjuicios al Estado. Natasha sabía que de ninguna manera el Estado reconocería jamás haber hecho algo mal en el caso de la muerte de Serguéi, ni pagaría un solo rublo en concepto de daños.

354

Finalmente, la interrogadora pidió a Natasha directamente que se declarase culpable en nombre de Serguéi.

Esto era lo que querían al final, parece ser. Si podían presionar a Natasha para que denunciara a Serguéi, podían declarar que era un criminal, envolverlo todo con un bonito lazo y nadie en Rusia tendría ningún motivo para perseguir a los culpables reales del fraude de los 230 millones.

Natasha no respondió.

Soportó dos horas y treinta minutos de interrogatorio antes de que la interrogadora decidiera finalizar por el momento.

Cuando ella y su abogado se disponían a irse, la interrogadora se inclinó, abrió un archivador, cogió un papel y lo dejó ante ella en la mesa. El abogado de Natasha lo cogió. Era una nueva convocatoria exigiendo a Natasha que apareciera para someterse a más preguntas el 29 de agosto. En este caso también aseguraba: «Si no aparece, la llevaremos por la fuerza».

Natasha salió del edificio muy alterada. Se juró a sí misma que, a pesar de todas las amenazas que recibiera, jamás volvería a entrar por voluntad propia a ningún edificio del Ministerio del Interior.

Cuando me enteré de lo que había ocurrido, intenté convencerla de que se fuera del país una vez más. No comprendía por qué, pero ella seguía negándose.

El 29 de agosto se quedó sentada en su apartamento, esperando nerviosamente que el Ministerio del Interior viniera y la «llevara por la fuerza». Pero no lo hicieron.

A lo largo del año siguiente, las autoridades rusas continuaron convocándola y ella siguió ignorándolos. En total la llamaron seis veces más, y la última exigía que apareciera para sesiones durante ocho días seguidos de interrogatorios.

Cada vez que se negaba, se arriesgaba a que se la llevaran y no volver a ver nunca más a Nikita. Finalmente se cansó. Por muchos trastornos que causara a Nikita trasladarse a Londres, su arresto sería mucho mucho peor.

El 20 de septiembre de 2012, Natasha y Nikita embarcaron en un avión hacia Heathrow. En cuanto llegaron estuvieron a salvo. Ya podía protegerlos y hacerme cargo de ellos debidamente.

Lo primero que hice fue buscar un buen colegio para Nikita. Lo aceptaron en el Hampton Court House School, en Surrey, un barrio de Londres. Entonces alquilamos un piso para ellos en Teddington, que estaba cerca. En cuanto empezaron las clases, Natasha comenzó a trabajar a tiempo completo con nosotros en la campaña Magnitski, en nuestras oficinas.

Poco a poco, Natasha y Nikita empezaron el largo y difícil proceso de curación, sin que sus heridas se vieran constantemente reabiertas, como en Rusia.

A lo largo de los años siguientes, Nikita fue creciendo y pasó de ser un niño a un joven impresionante. Aprendió a hablar inglés a la perfección, e incluso traducía para su madre y su abuela, cuando se reunían con políticos en Estados Unidos y en todo el mundo. Era un estudiante excelente, con notas muy altas, y por encima de todo era un hombre empático y encantador. Estábamos todos muy orgullosos de él.

Viéndole crecer, pensé que algún día iría a una universidad de la Ivy League. Dada su historia única y sus notas, tenía muchas posibilidades. Pensé en lo orgulloso que se sentiría Serguéi si su hijo llegaba a ser un alumno de Harvard o de Princeton, y convertí en mi misión personal conseguir que ocurriera.

Me dirigí al mejor orientador vocacional de Londres para las universidades norteamericanas, para que nos aconsejara. Nikita, Natasha y yo nos reuníamos regularmente con el orientador para discutir el proceso de selección, qué asignaturas extracurriculares debía cursar, cómo escribir un trabajo excelente, la preparación del examen de ingreso SAT y muchas cosas más.

Aunque yo no era su padre, como muchos padres de jóvenes muy prometedores de diecisiete años, me obsesioné con todo ese proceso. A medida que se aproximaba la fecha límite para la solicitud, acordamos reunirnos en mi despacho para discutir los trabajos de Nikita con Vadim e Ivan. Toda la capacidad pensante de nuestra organización le ayudaría.

Cuando llegó Nikita parecía un poco avergonzado. Antes de que nos pusiéramos a trabajar, me preguntó si podíamos hablar un momento a solas.

Fuimos a una sala de conferencias y me dijo:

—Gracias por todo, Bill, pero... ¿realmente tengo que hacer todo esto?

—¿Qué quieres decir?

Le costó un momento contestar.

—Es que en realidad no quiero ir a Harvard ni a Princeton.

Esto me cogió por sorpresa. Nunca había pensado que quisiera algo distinto.

—Vale... —dije, despacio—. Entonces, ¿qué quieres hacer?

—Quiero estudiar Arte.

—Pero podrías estudiar Arte en Harvard, de eso estoy seguro.

—No. Ya lo he mirado. Quiero ir a una escuela que se especializa en ilustración, animación y diseño. Eso es lo que quiero hacer.

En aquel mismo momento me di cuenta de que todo aquello de Harvard y Princeton era una fantasía mía, no suya. Por supuesto, tenía que seguir a su corazón..., no el de otra persona.

También me di cuenta en aquel momento de que Serguéi habría estado muy orgulloso de Nikita por defender lo suyo y contarle a alguien como yo sus auténticos sentimientos.

Yo también estaba orgulloso de él.

Abandoné mis planes grandilocuentes y dejé que él llevase la voz cantante. Consiguió entrar en la escuela de su elección, y en otoño de 2022, Nikita Magnitski iniciará su primer año en una de las mejores escuelas de Norteamérica de arte y diseño, persiguiendo sus sueños.

Al final, estoy seguro de que es lo que Serguéi habría esperado o deseado.

357

Con Nikita Magnitski y el primer ministro canadiense Justin Trudeau,
justo después de la aprobación de la ley canadiense Magnitski,
noviembre de 2017.

(© HERMITAGE)

Agradecimientos

*E*ste libro retrata una pequeña parte del trabajo que ha llevado a que treinta y cuatro países hayan aprobado leyes Magnitski, así como convencer a dieciséis jurisdicciones para que abrieran investigaciones criminales de blanqueo de dinero conectadas con el fraude de 230 millones de euros que Serguéi expuso, y por el cual lo mataron. (Si tuviera que relatar la historia entera, el libro sería quizás diez veces más largo, y probablemente ilegible).

Conseguir todo esto ha requerido un ejército de legisladores, periodistas, activistas, abogados, ONG, investigadores, fiscales, editores y amigos, entre otros muchos. Voy a hacer lo que pueda para mencionarlos a todos, pero excluiré a unos pocos grupos intencionadamente.

Por motivos obvios, no pienso mencionar a nadie que me haya proporcionado ayuda confidencialmente. Personas como denunciantes, fuentes y determinados amigos. Sabéis quiénes sois, y espero que sepáis que las palabras no pueden expresar toda mi gratitud.

Tampoco voy a hacer una lista de periodistas o miembros de la policía. Estoy eternamente agradecido por el trabajo que han hecho, pero es crucial establecer que lo han hecho porque era su deber, no porque me deban cierta «lealtad» ni a mí ni a nadie.

Algunas de las personas que aquí aparecen son fácilmente reconocibles, pero de la mayoría que han trabajado entre bastidores durante años no habrán oído hablar siquiera.

Me gustaría empezar con el país de mi nacimiento, Estados Unidos, y luego desplazarme al país que actualmente llamo mi hogar, que es Gran Bretaña. En cada parte he hecho lo posible para ordenar los nombres alfabéticamente por su apellido.

En Estados Unidos, me gustaría dar las gracias a Michael Abramowitz, Karl Altau, el fiscal general John Ashcroft, Anders Åslund, Robert Berschinski, Ellen Bork, Ted Bromund, Chris Brose, Cindy Buhl, Dr. Robert Bux, senador Benjamin Cardin, David Crane, Charles Davidson, Patrick Davis, Lars de Gier, Sophie de Selliers, Sarah Drake, Grant Felgenhauer, Thomas Firestone, Enes Kanter Freedom, Jeffrey Gedmin, Juleanna Glover, James Goldston, Maggie Goodlander, Michael Gottlieb, Thor Halvorssen, Hans Hogrefe, Gulchehra Hoja, Nathaniel Hurd, Uri Itkin, Nils Johnson-Shelton, Robert Kagan, Robert Karem, Jonathan Karp, Garry Kasparov, Orly Keiner, Michael Kim, David Kramer, Katrina Lantos Swett, Carolyn Leddy, Duncan Levin, senador Joe Lieberman, Nikita Magnitski, diputado Tom Malinowski, Christopher Mangum, Paul Massaro, Randy Mastro, senador John McCain, Meghan McCain, embajador Michael McFaul, diputado Jim McGovern, Juan Méndez, Katya Migacheva, Mark Milosch, Tanya Nyberg, Spencer Oliver, Priscilla Painton, Hana Park, Kyle Parker, Julia Pettengill, Lisa Rubin, Randy Scheunemann, Stefan Schmitt, Nate Sibley, Neil Simon, Mason Simpson, Susannah Sirkin, diputado Chris Smith, Kimberly Stanton, Bernie Sucher, Jordan Tama, Piero Tozzi, Fred Turner, Ed Verona, Lindsey Weiss Harris, senador Roger Wicker, Jonathan Winer, John Wood y Natasha Zharikova.

En Gran Bretaña me gustaría dar las gracias a la baronesa Rosalind Altmann, lord David Alton, Lisa Amos, lord Donald Anderson, Anne Applebaum, lord Ian Austin, Courtenay Barklem, Robert Barrington, lord Richard Benyon, Olga Bischof, Ian Blackford MP,* Peter Bottomley MP, general sir Adrian Bradshaw, Tom Brake MP, Sabrina Brasey, Daniel Bruce, Malcolm Bruce MP, Chris Bryant MP, Robert Buckland MP, Barbora Bukovská, Ivan Cherkasov, Anna Chernova, Christopher Chope MP, lord Timothy Clement-Jones, lord Ray Collins, Claire Coutinho MP, Peter Dahlin, Luke de Pulford, Jonathan Djanogly MP, Anand Doobay, Anton Drel, Mark Ellis, Ben Emmerson QC, Catrin Evans

* MP: diputado. MEP: eurodiputado. QC: consejero de la reina.

QC, Carla Ferstman, Maya Foa, Andrew Foxall, Jamison Firestone, Jonathan Fisher QC, Edward Fitzgerald QC, Nusrat Ghani MP, Roger Gherson, Helen Goodman MP, Margaret Halton, Stephen Hayes, Henrietta Hill QC, Jonathan Hill, Eliot Higgins, Margaret Hodge MP, George Ireland, Bianca Jagger, Eduard Jayretdinov, Mijaíl Jodorkovsky, Natalia Kaliada, Steven Kay QC, Alicia Kearns MP, Hugo Keith QC, baronesa Helena Kennedy QC, Stephen Kinnock MP, Vadim Kleiner, Maya Lester QC, Davis Lewin, Maria Logan, Edward Lucas, Imogen MacLean, Denis MacShane MP, Arthur Marriott QC, Ian Marshall, Stewart McDonald MP, Edward McMillan-Scott MEP, Andy McSmith, Alan Mendoza, Neil Micklethwaite, Andrew Mitchell MP, Jasvinder Najwal, Jessica Ní Mhainín, James O'Brien, Tim Otty QC, Vladimir Pastujov, Alexandre Prezanti, Watson Pringle, Dominic Raab MP, Daniel Rathwell, Geoffrey Robertson QC, Benedict Rogers, Lord Jeffrey Rooker, Jago Russell, Mark Sabah, Jürgen Schurr, Bob Seely MP, Anisha Shakya, Jason Sharman, Laura Simmonds, Rupert Skilbeck, Iain Duncan Smith MP, Clive Stafford Smith, Joe Smouha QC, Mark Stephens, Dr. Charles Tannock MEP, Peter Tatchell, Sue Thackeray, Flavia Trevisani, Tom Tugendhat MP, Rebecca Vincent, Monique Villa, Patrick Walsh, Antony White QC, Andrea Wong y Martin Woods.

Después de estos dos países, voy a proceder alfabéticamente por país.

En Alemania me gustaría dar las gracias a Henry Alt-Haaker, Marieluise Beck MP, Jaka Bizilj, Bernd Fabritius MP, Rebecca Harms MEP, embajador Christoph Israng, Gyde Jensen MP, Sergey Lagodinsky MEP, Sabine Leutheusser-Schnarrenberger MP, Barbara Lochbihler MEP, Markus Löning, Andreas Nick MP, Norbert Röttgen MP, Manuel Sarrazin MP, Marina Schuster MP, Christoph Strässer MP y Oliver Wallasch.

En Australia, me gustaría dar las gracias a Kevin Andrews MP, Michael Danby MP, Andrew Hastie MP, Chris Hayes MP, Jordan Heng Contaxis, senadora Kimberley Kitching, Francis Leach, senador Nick McKim, senadora Christine Milne, senador James Paterson, senadora Marise Payne, senadora Janet Rice, Tonya Stevens y senador Peter Whish-Wilson.

En Austria, me gustaría dar las gracias al Dr. Friedrich Schwank.

En Bélgica me gustaría dar las gracias a Piet Blondé, Karel de Meester, Eva Palatova, Andrew Rettman, Alice Stollmeyer, Joris van Cauter y Guy Verhofstadt MEP.

En Brasil quiero dar las gracias a Ricardo Mioto y Jorge Oakim.

En Canadá quiero dar las gracias a Dean Allison MP, senador Raynell Andreychuk, James Bezan MP, Lincoln Caylor, Jonathan Cooperman, Irwin Cotler MP, Charlie Feldman, Chrystia Freeland MP, senadora Linda Frum, Hedy Fry MP, Garnett Genuis MP, Peter Kent MP, Tom Kmiec MP, Marcus Kolga, Alexéi Kovalev, Hélène Laverdière MP, Michael Levitt MP, Howard Liebman, John McKay MP, Rob Nicholson MP, Rob Oliphant MP, senadora Ratna Omidvar, Bob Rae MP, Murray Rankin MP, Andrew Scheer MP, Brandon Silver, Arif Virani MP y Borys Wrzesnewskyj MP.

En Chipre me gustaría dar las gracias a Christos Pourgourides MP.

En la República Checa me gustaría dar las gracias a Jakub Janda, Jan Lipavský MP y Jaromir Štětina MEP.

En Dinamarca quiero dar las gracias a Michael Aastrup-Jensen MP.

En España quiero dar las gracias a Ruperto Guerra, Juan Carlos Gutiérrez, Juan Fernando López Aguilar MEP, Fernando Maura Barandiarán MP, Javier Nart MEP, José Ignacio Sánchez Amor MEP y senador Jordi Xuclà.

En Estonia quiero dar las gracias a Marie Edala, presidente Toomas Ilves Hendrik, Andres Herkel MP, Riina Kionka, primer ministro Mart Laar, Silver Meikar MP, Eerik Niiles-Kross MP, Mart Nutt MP, Kristiina Ojuland MEP, Mailis Reps MP y Jaanus Tehver.

En Filipinas quiero dar las gracias a Maria Ressa.

En Finlandia quiero dar las gracias a Jessikka Aro, Pia Kauma MP, Joel Kontro, Leena Majander y Henrikki Timgren.

En Francia quiero dar las gracias a Safya Akorri, Pauline Benay, William Bourdan, Agnès Callamard, Mireille Clapot MP, Daniel Cohn-Bendit MEP, François Croquette, Emmanuel Daoud, senador André Gattolin, Raphaël Glucksmann MEP,

Eva Joly MEP, Axelle Lemaire, Noël Mamère, Laurent Muschel, Delphine O MP, Philippe Robinet, Laëtitia Saint-Paul MP, Günter Schirmer y senador André Vallini.

En Islandia quiero dar las gracias a Jonas Sigurgeirsson.

En Irlanda quiero dar las gracias a Ivana Bacik TD, senador Pádraig Ó Céidigh, Jason Corcoran, Remy Farrell, Brendan Howlin TD, Mary Lou McDonald TD, Catherine Murphy TD, Ann Phelan TD, senador Jim Walsh, y senador Barry Ward.

En Italia me gustaría dar las gracias a Laura Harth, Matteo Mecacci MP, senador Roberto Rampi, David Sassoli MEP y Antonio Stango.

En Japón me gustaría dar las gracias al profesor Akira Igata y a Shiori Yamao MP.

En Jersey me gustaría dar las gracias al senador Philip Ozouf.

En Kosovo querría dar las gracias a Muhamet Brajshori.

En Letonia querría dar las gracias al ministro Jānis Bordāns, Lolita Čigāne MP, Sandra Kalniete MEP y Valdis Liepiņš.

En Lituania quiero dar las gracias a Vilija Aleknaitė-Abramikienė MP, Laima Andrikiene MP, Petras Auštrevičius MEP, Leonidas Donskis MEP, Andrius Kubilius MEP, Gabrielius Landsbergis MP, Vytautas Landsbergis MEP, Žygimantas Pavilionis MP, Dovilė Šukytė y Emanuelis Zingeris MP.

En Luxemburgo quiero dar las gracias a Anne Brasseur MP.

En Moldavia quiero dar las gracias a Igor Munteanu MP.

En Montenegro me gustaría dar las gracias al presidente Milo Đukanović.

En Noruega me gustaría dar las gracias a Ivar Amundsen, Aage Borchgrevink, Carl Bore, Gunnar Ekeløve-Slydal, Ola Elvestuen MP, Bjørn Engesland, Peter Skovholt Gitmark MP, Knut Arild Hareide MP, Morten Høglund MP, Trine Skei Grande MP e Ingjerd Schou MP.

En Nueva Zelanda me gustaría dar las gracias a Simon O'Connor MP y Louisa Wall MP.

En los Países Bajos me gustaría dar las gracias a Leonoor Broeder, Coşkun Çörüz MP, Ingrid de Caluwé MP, Esther de Lange MEP, Kathleen Ferrier MP, Pieter Omtzigt MP, Kati Piri MEP, Marietje Schaake MEP, Sjoerd Sjoerdsma MP, Göran Sluiter, Sophie in't Veld MEP, Barend van der Have y Barbara van Straaten.

363

En Polonia quiero dar las gracias a Adam Bodnar, Sonia Draga, Anna Fotyga MEP, Ryszard Kalisz MP, Pawel Osik y Radoslaw Sikorski MEP.

En Portugal quiero dar las gracias a Ana Gomes MEP y João Soares MEP.

En Rumanía quiero dar las gracias a Cristian Ghinea MEP, Adrian Prisnel MP y Stefan Voinea.

En Rusia quiero dar las gracias a Yevgenia Albats, Maria Alejina, Roman Anin, Alexander Antipov, Valeri Borshchev, Vera Chelischeva, Evgenia Chirikova, Masha Gessen, Nikolái Gorojov, Sergei Guriev, Andréi Illariónov, Vladímir Kara-Murza, Mijaíl Kasyanov, Eugene Kiselev, Yulia Latynina, Dmitri Lipkin, Natalia Magnitski, Tamara Morschakova, Dmitri Muratov, Alexéi Navalni, Boris Nemtsov, Mara Polyakova, Olga Romanova, Oleg Ruchka, Lilia Shevtsova, Olesya Shmagun, Sergei Sokolov, Zoya Svetova, Nadia Tolokonnikova, Alexéi Venediktov, Petia Verzilov, Lyubov Volkova e Irina Yasina.

En Serbia quiero dar las gracias a Ivan Cvejic y Orhan Dragaš.

En Sudáfrica quiero dar las gracias a la premier Helen Zille.

En Suecia, me gustaría dar las gracias a Sofia Arkelsten MP, Walburga Habsburg Douglas MP, Gunnar Hökmark MEP, Mats Johansson MP, Oscar Jonsson, Kerstin Lundgren MP, Christer Sturmark, Martina Stenstrom, Caroline Szyber MP, Katarina Tracz y Hans Wallmark MP.

En Suiza quiero dar las gracias a Andreas Gross MP, Florian Irminger, Hikmat Maleh, Markus Mohler, Hillel Neuer, Mark Pieth, Elena Servettaz, Carlo Sommaruga MP y Daniel Tunik.

En Taiwán quiero dar las gracias a Wang Ting-Yu MP.

En Ucrania me gustaría dar las gracias a Serhiy Kiral MP y Maria Lilichenko.

Quizá haya olvidado algunos nombres (¡o los haya escrito mal!), de modo que si es así, por favor, perdónenme.

Como he explicado en este libro, y como ustedes mismos pueden comprobar, este ya no es un movimiento que llevo yo personalmente con un pequeño equipo, sino que ha adquirido vida propia. Ha sido un honor trabajar con todos y cada uno de ustedes, y llamar amigos a algunos.

Tristemente, la situación con los abusos de los derechos humanos y la cleptocracia en el mundo parece que se vuelve cada vez más oscura e imposible de vencer. Estoy seguro de que trabajaré con muchos de ustedes para enfrentarme a nuevos desafíos en los próximos días y años, y que juntos continuaremos luchando por la justicia y el imperio de la ley.

Pero por ahora, déjenme que les vuelva a dar las gracias.

Este libro utiliza el tipo Aldus, que toma su nombre
del vanguardista impresor del Renacimiento
italiano, Aldus Manutius. Hermann Zapf
diseñó el tipo Aldus para la imprenta
Stempel en 1954, como una réplica
más ligera y elegante del
popular tipo
Palatino

Orden de embargo
se acabó de imprimir
un día de primavera de 2022,
en los talleres gráficos de Liberdúplex, s.l.u.
Ctra. BV-2249, km 7,4, Pol. Ind. Torrentfondo
Sant Llorenç d'Hortons (Barcelona)